和润师能 香满园

小学教育教学经验论文集

主　编　马跃阳
副主编　赵海娟　董春艳

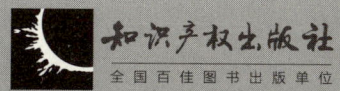
知识产权出版社
全国百佳图书出版单位

图书在版编目（CIP）数据

和润师能香满园：小学教育教学经验论文集／马跃阳主编 .—北京：知识产权出版社，2015.8
ISBN 978-7-5130-3721-1

Ⅰ.①和… Ⅱ.①马… Ⅲ.①小学教育—文集 Ⅳ.①G62-53

中国版本图书馆 CIP 数据核字（2015）第 197498 号

责任编辑：文 茜　　　　　　责任校对：董志英
文字编辑：文 茜　　　　　　责任出版：刘译文

和润师能香满园
——小学教育教学经验论文集
Herun Shineng Xiang Manyuan
马跃阳　主编

出版发行：	知识产权出版社 有限责任公司	网　　址：	http：//www.ipph.cn
社　　址：	北京市海淀区马甸南村1号（邮编：100088）	天猫旗舰店：	http：//zscqcbs.tmall.com
责编电话：	010-82000860 转 8342	责编邮箱：	wenqian@cnipr.com
发行电话：	010-82000860 转 8101/8102	发行传真：	010-82000893/82005070/82000270
印　　刷：	保定市中画美凯印刷有限公司	经　　销：	各大网上书店、新华书店及相关专业书店
开　　本：	720mm×960mm　1/16	印　　张：	18
版　　次：	2015年8月第一版	印　　次：	2015年8月第一次印刷
字　　数：	265千字	定　　价：	48.00元
ISBN 978-7-5130-3721-1			

出版权专有　侵权必究
如有印装质量问题，本社负责调换。

编　　委

王瑞刚　杨　波　王万丽
宋京妍　李玉娜　汪丽华
张雪娜

以文化人，促教师幸福成长

北京市朝阳区酒仙桥中心小学是朝阳区小学示范校和规范化建设先进学校。学校始建于1959年，已经书写了50余年的办学历史，目前一校三址，有47个教学班，近1 600余名学生。50多年的历史积淀，使学校形成了"和而不同，行稳致远"的校风。在推进优质均衡发展的进程中，学校确定了"和谐教育"的办学理念，其内涵是：创设一种适合每个孩子发展的教育。

教师是学校的第一资本，是学校最丰富、最有潜力、最有生命力的教育资源，拥有德才兼备、充满爱心、甘于奉献的骨干教师群体，才能办出最好的学校。近年来，学校在朝阳区教委的指导下，高度重视教师队伍的培养工作，把培养一支"会教、善教、乐教"的和馨教师队伍作为学校教师队伍培养的目标；按照"目标引领、分层培养、梯队建设"的思路，认真落实骨干教师培养工作。

教师文化是教师在学校环境里、在教育教学活动中形成与发展起来的价值观念和行为方式。教师文化是教师成长的土壤，它在深层次上对教师的发展产生无声的影响。

学校的"和"文化，浸润了教师文化的形成。学校洋溢着共生、共荣、共发展的五种校园精神：送人玫瑰，手有余香——乐于奉献的精神；宝剑锋从磨砺出，梅花香自苦寒来——刻苦钻研的精神；不用扬鞭自奋蹄——主动进取的精神；一枝花开不是春，百花齐放春满园——成己达人的精神；新竹生于旧竹枝，全凭老干相扶持——甘当人梯的精神。

校园精神是学校教师努力成为一名德艺双馨教师的精神支柱。为了让老师们工作有标准，学校制定了《酒仙桥中心小学和馨教师发展目标体系》，将标准分解为"展现自身高雅的气质美、展现专业技能的艺术美、

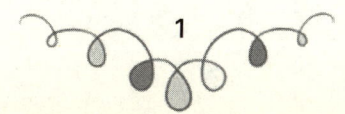

展现师德水平的高尚美"三要素。这三要素折射出酒仙桥中心小学教师人生价值的永恒追求,折射出一种朴素的、深刻的、和谐的大美。

教师职业道德不仅是对老师个人行为的规范要求,而且是教育学生的重要手段,起着"以身立教"的重要作用。因而,建设一支师德高尚、素质精良的教师队伍,是提高教育教学质量的关键。

学校以区级学科骨干为龙头,组建了"学科名师工作室";抓住"学科名师工作室"的骨干资源,开展了扎实有效的教学研究活动,在教师专业基本功培训中发挥了重要作用。同时,帮助教师横向、纵向把握教材的关联性,引领教师把新课标的理念落实在课堂教学行为中,提升教师学科专业技能。由开始的对基本功的引领,逐步走向每学期指导培训的常规化。先后对新任青年教师进行了教学设计培训和说课培训,在他们身上弘扬"一枝花开不是春,百花齐放春满园"的成己达人的精神。2013年年底,宋京妍老师的新课程理念课堂被《朝阳教育报》《辅导员杂志》刊登;2014年2月,毕春莉老师获北京市微课评选二等奖;2014年5月,董春艳荣获朝阳教育劳动奖章;2014年,"学科名师工作室"被评为朝阳区教育先锋号。赵海娟参加了"我们的价值观,我们的中国梦"精彩课堂网上展播活动。

教师队伍建设是学校可持续发展的动力,是学校综合办学水平的重要体现,也是学校个性魅力与办学特色的体现。学校现有北京市"紫禁杯"班主任8名,朝阳区十佳优秀班主任2名,朝阳区优秀班主任6名,朝阳区阳光班主任6名。2013年9月,班主任工作室被评为朝阳区班主任优秀工作室;2014年5月,1名老师申报北京市"紫禁杯"班主任特级,1名老师申报北京市学生喜爱的班主任,1名老师申报北京市"紫禁杯"班主任。2014年5月20日,1名老师代表朝阳区参加北京市班主任基本功大赛并获得一等奖。学校被评为北京市班主任基本功优秀组织奖。

近两年,在梯队建设总目标的指引下,学校有1名市骨干教师、20名区骨干教师及优秀青年教师、8名校级教师。骨干教师的数量,远远超出了学校既定目标,为学校的可持续发展奠定了基础。学校精品社团多次应邀参加各级各类展演活动。

以文化人，促教师幸福成长
YI WENHUAREN，CUJIAOSHI XINGFU CHENGZHANG

教师队伍建设促进了学校的发展。2015年，学校获得争创文明城朝阳区先进单位、朝阳区学科基本功A组团体优胜奖、朝阳区小学规范化建设先进集体、朝阳区心理健康关爱工程优秀学校、朝阳区小学食堂先进单位、朝阳区卫生工作先进单位、朝阳区小学素质教育示范校、朝阳区创新成果优秀组织奖、朝阳区中小学科技教育示范学校，并被评为首都文明单位。

一直以来，学校坚持把人才培养作为学校管理工作的第一要务，逐渐培养出一支素质高、作用发挥好、梯队发展的人才队伍，在人才培养和使用方面有多个成功案例。学校将继续培养各级各类突出人才，为朝阳区教育的发展做最大努力，成就教师，成就未来。

教育应该是一扇门，推开它，满是阳光和鲜花。和谐教育寄予着对学生享受和美人生的牵挂，寄予着对教师享受职业幸福的期盼，寄予着对学校内涵发展的热望。

"全面育人，共同寻求教育的真谛"是新一轮课程改革的核心思想，它要求每位教育人以及家长朋友，进一步转变教育观念。学校希望以"让每一个生命向着太阳，让每一颗心灵绽放光彩"的阳光特质和"健康、习惯、能力"这人生三原色，让学生各得其所、各有所乐，行进于"和"文化之旅，创造多彩的撒满鲜花的人生路。

马跃阳
北京市朝阳区酒仙桥中心小学校长

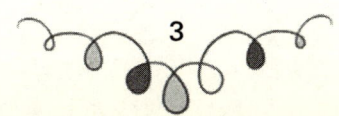

目 录

第一部分 论 文

第一辑 语文类

小学低年级学生有效倾听能力培养的研究 ……………………… 5
在语文阅读教学中培养探究式能力的研究 ……………………… 11
试析现代化教学手段在语文教学中的有效应用 ………………… 18
培养中高年级学生批注式阅读的习惯 …………………………… 23
小学低年级学生表达习惯培养的研究
　　——从说完整话开始 ………………………………………… 29
发掘乐学因素　巧用现代教育技术优化拼音教学 ……………… 34
论小学生阅读批注习惯的培养 …………………………………… 40

第二辑 数学类

"学生的起点在哪儿？"
　　——数学课堂教学中的"预设与生成" …………………… 47
小学低年级数学课堂教学中画图能力的培养 …………………… 54
小学数学如何提高课堂时效性的研究
　　——让学生在体验中学习数学 ……………………………… 59
说一说，让思维飞起来
　　——小学数学课堂教学中培养学生
语言表达能力的思考与实践 ……………………………………… 65

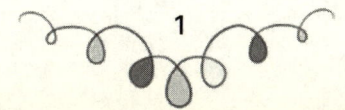

让数学课堂充满生活气息 …………………………………… 72
在几何教学中引导学生进行探究学习的研究 ………………… 79
数学教学中的指向标——创新思维 …………………………… 86
浅谈如何培养学生大声发言的良好习惯 ……………………… 90

第三辑　体育类

构建"2＋X"学校体育模式，培养学生终身体育能力 ……… 97
垒球偷垒技术在比赛中的应用研究 …………………………… 105
用充满真情的教育，促学生健康成长 ………………………… 113
健美操运动对发展小学低年级学生身体素质能力的研究 …… 121
把握学生的心理因素是触发学生运动的源泉 ………………… 126
实践研究：课课练"跳绳和家校相结合"，发展学生体能 …… 133
小学一年级体育教学中合作学习的调查与研究 ……………… 140

第四辑　英语类

多媒体技术在小学英语教学中的整合运用 …………………… 147
构建"立体"教学模式，培养学生创新能力 ………………… 155
英语课程中关于预习习惯的培养 ……………………………… 161

第五辑　其他类

青年教师国家课程实施能力培养的研究 ……………………… 167
将观察细化，从方法指导上培养学生善于观察的学习习惯
　　——浅谈小学劳动技术课堂中学生观察习惯的培养 …… 176
培养学生收集、处理信息能力的教学策略 …………………… 185
关注学生三个走"jin"，增强品德与社会课堂实效性 ……… 192
论心理教育与德育的关系 ……………………………………… 199

给予空间，展示才华，在规范的机制中促进队干部的成长 …………… 206

第二部分 案　　例

第一辑　教学篇

低年级学生倾听习惯的培养
　　——教学案例及反思 ………………………………………… 217
美术课？数学课！——换一种方式学数学 ………………………… 222
一次意外的美术实践课 ……………………………………………… 228
表达习惯微课题研究案例
　　——《让头脑转起来》 ……………………………………… 232
围绕概念核心，在"退"中完成知识迁移 ………………………… 236

第二辑　教育篇

做学生心灵的指路灯 ………………………………………………… 243
学会合作 ……………………………………………………………… 247
友善的魅力 …………………………………………………………… 253
耕耘结硕果，奉献获真情 …………………………………………… 258
知人者智　自知者明 ………………………………………………… 261
我们的低碳生活——主题班会设计 ………………………………… 264

第一部分

论 文

第一篇

第一辑　语文类

小学低年级学生有效倾听能力培养的研究

白颖洁

摘要： 倾听能力是人们进行日常交际的重要手段。人际交往成功的一个重要因素就是学会倾听。小学生的主要任务是学习各种知识和技能，不管采用何种学习方式，"会听"都是必要前提。本文试从小学语文这门学科入手，阐述如何培养低年级学生倾听能力的教学策略及一些具体的做法。

关键词： 低年级学生　倾听能力　有效

一、研究背景

新课程倡导在课堂教学中营造一种轻松愉悦的氛围，让孩子们大胆地发表自己的见解、展示自我，使学生的学习活动成为一个生动活泼、主动发展和富有个性的过程。但是，我们却常常看到这样的现象：

发言的学生讲得津津有味，别的学生或东张西望，或挤眉弄眼，或旁若无人地干着自己的事……

一位学生的发言还没有结束，旁边的学生却高高地举起了手，大声嚷道："老师，我来，我来……"

教师指名让一位学生作答时，其余举手的同学都异口同声地叹起气来，垂头丧气地顾不上听讲……

合作学习时，老师的要求还没有说完，学生已迫不及待地展开了讨论。老师的后半句话往往淹没在一片声浪中……

凡此种种，不由得引人深思。

众所周知，在语文的"听说读写"四大能力中，"听"居首位，可见"听"的重要性。放眼社会生活，倾听能力的运用非常广泛，大到听报告、听广播、听音乐，小到日常交流对话，时时处处都需要倾听。倾听的能力不是天生得来的，需要后天的培养和训练。2002年颁布实施的《语文课程标准》在"课程总目标"中明确提出"学会倾听、表达与交流，初步学会文明地进行人际沟通和社会交往，发展合作精神"。但新课程下的语文课堂，却往往侧重"说""读""写"的训练，对学生"听"的能力培养没有引起足够的重视，甚至有人认为"听"可以无师自通，不需训练。这样的认识，严重阻碍了学生倾听能力的形成，轻则影响听课质量，导致课堂教学效率降低；重则影响学生综合素养的形成，制约其综合能力的后续发展。

良好的倾听习惯是发展学生倾听能力的前提和必备条件。它不仅是学生学习习惯的培养，也是学生综合素养的体现；它体现了学生对说话人的尊重，学生接受信息、整合信息的能力和想象的能力，学生接受和掌握知识技能的能力。因此，培养学生良好的倾听习惯非常重要。

二、研究内容

（1）小学生倾听能力的发展情况。研究小学一、二年级学生倾听能力水平的差异和发展情况，以及男女学生倾听能力存在的差异情况。根据一、二年级倾听能力发展情况制定一、二年级学生具备良好的倾听习惯合适的标准。

（2）培养学生良好倾听习惯的策略。

（3）教师在教学中激发和维持学生倾听能力的相关教学策略。

三、研究策略

（一）拓宽"倾听"训练途径

一个善于倾听的人能在短时间内捕捉、筛选信息，并随即展开联想，

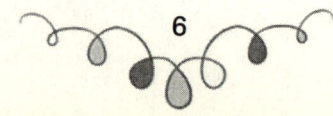

形成个人评价。这一系列的心智活动都须在瞬间完成，这种能力是必须经过长期训练才能获得的。因此，教师还得想方设法拓宽培养学生倾听能力的渠道，有意识地加强对学生"听"的训练。下面简述几种常见的倾听训练。

1. 练习中的"听"

苏教版小学语文实验教材在课后作业中安排了"听写"练习，这一貌似传统项目的重现，实则意味着对听的习惯、能力的重视。要准确地写词，必须专注地听。因此，学生得有细心听、用心听的习惯。仅有好的习惯还不够，学生在听的同时还需辨析、记忆，否则就难以写下来，而"写"可以用来检验和强化听的效果。可见，听写的过程是个耳听、心想、手写的过程，"听写"是训练学生听力的良好途径。

当然，随着年级的升高，听力训练的题型应有所变化。可由听写词语到听写句子、听写课文片断、听读文章回答问题、听讲故事复述并写下来等一系列训练，将"听"的训练与"说""读""想""写"结合起来。这样，听力的训练点就会更全面，由最初的听记、听辨扩展到听解、听评。

2. 合作中的"听"

培养学生良好的倾听习惯是保证小组有效交流的基础。合作中"听"的训练可分三步走：第一步，要求学生不随便打断别人的发言，努力掌握别人发言的要点，对别人的发言作出评价；第二步，提醒学生边听边想，听不懂时，有礼貌地请求对方作进一步的解释；第三步，要求学生听完小组发言，能根据他人的观点，作总结性发言。通过这样的长期训练，使学生在交流中不断完善自己的认识，不断产生新的想法，同时也在交流和碰撞中，一次又一次地学会理解他人、尊重他人、共享他人的思维方法和思维成果。

3. 交际中的"听"

口语交际双向互动，不但要求说者会说，还要求听者会听。这里的"倾听"有两层意思，一是"愿听"。听别人讲话要用心、细心、耐心，这是一种礼貌，表示对说话者的尊重。二是"会听"。要边听边想，思考别人说话的内容，还能记住别人讲话的要点。

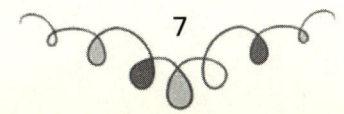

（二）全方位完善"倾听"训练

1. 细化"听"的要求

作为教师，我们常常在课堂上要求学生认真听，可到底怎样才算认真听呢？学生对此认识模糊，老师应该给他们一个具体的、操作性强的、细化的要求。因此，我在教学中明确提出"学会倾听要四心"，即在倾听时做到：一要专心。无论是听老师讲课，还是听同学发言，都要听清老师或发言人说的每一句话，脑子里不想其他事。二要耐心。不随便插嘴，要听完别人的话，再发表自己的意见，特别是当别人的发言有错时，一定要等他把话说完了，再用适当的方式指出。三要虚心。当别人提出与自己不同的意见时，要能虚心接受，边听边修正自己的观点。四要用心。在听取他人意见时不能盲从，要有选择地接受，做到"说""听""思"并重，相互促进。最后，还要求学生学会评价同学的发言，做到不重复他人的意见，自己的意见要建立在他人发言的基础上或者提出新颖的想法。

2. 树立"听"的榜样

小学生的向师性强，老师的一举一动都会带给孩子潜移默化的影响。要求学生养成倾听的好习惯，老师首先要做一个耐心、专心、悉心的倾听者。学生在发言的时候，老师首先应带头专心倾听，无论学生发言的质量如何，绝不在学生发言的时候做其他事；让学生把话说完，不轻易打断学生的发言，并在此基础上进行适当的指导和适度的评价；课后与学生谈心、受理学生的"告状事件"时，也要注意耐心听取学生的讲话，给孩子一个展现个人思维的机会。教师的"倾听"一方面有助于教师及时了解学生的认知水平，有针对性地调整教学，同时也是对学生人格的一种尊重，帮助学生树立学习的自信。这样一来，既达到了课内外相互交流的目的，又给学生营造了良好的倾听氛围。

3. "听"贯穿课堂始终

光靠说教，习惯的培养难以落到实处，有效的指导还应贯穿课堂教学的始终。平时，我总是要求学生等别人的发言结束后，再说出自己的看法。针对学生没有听完别人的话就举手抢着发言的现象，我没有大声地呵斥，而是善意地提醒他们："请等一下！"课堂上，我尽量利用手势和眼神提醒学生注意倾听，以免中断教学或影响发言的学生。有些学生既不打断别人的讲话，也听不进别人的发言，针对这种情况，我则有意识地"设疑布阵"："刚才这位同学的发言你听懂了？"这么一问往往就会激发学生的注意力，引起他们足够的重视。我还经常让学生以"小评委"的身份对其他学生的发言进行点评，并及时表扬会听、会评的同学，让学生体味到学会倾听的喜悦，产生不竭的动力，更加注意倾听。需要注意的是，在学生评价时，要引导他们善于发现别人的优点，然后再有礼貌地进行指正、补充。

（三）建立"倾听"评价机制

为巩固训练成果，应及时对学生"听"的习惯进行评价。

1. 即时的评价，在学生心理上形成一种行为倾向

在"倾听"习惯的培养中，教师千万不要吝啬你的赞扬，要让学生能够体会到成功的喜悦。如"这么一点小小的区别都被你找出来了，你听得可真仔细！""你听得最认真了，这可是尊重别人的表现呀！""你听出了他的不足，可真是帮了他的大忙！"……一句赞扬、一个微笑，不花时间、不费力气，却能收到明显的效果。

2. 设立"认真倾听奖"，形成长效培养机制

专门制作"认真倾听奖"的奖票，评选"认真倾听标兵"，对课堂上认真倾听老师和同学发言的同学，发放奖票予以表扬。每节课后感谢他们的优秀表现，激励他们别辜负自己的称号。然后，鼓励还没成为"认真倾听小标兵"的同学争取下节课荣获标兵卡。

通过评价，对那些倾听习惯好、倾听能力强的孩子进行及时、热情的表扬和鼓励，同时在下一阶段更加关注那些暂时落后的孩子，用一双善于发现的眼睛去捕捉他们的进步；让这些孩子也能享受到喜悦，促使他们更快地进步。

四、研究效果

训练刚开始时，显得有些困难，只有1/3的学生能够跟着教师走，比

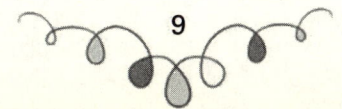

较认真地听。还有 1/3 的学生是因为能力稍欠，在听的过程中，不是每次都听清；就是听清楚了，口头表达也有一定的问题。另外，还有 1/3 的学生则是根本就达不到专注。但是越往后，情况就越好了，许多学生慢慢地可以听一些自己感兴趣的内容。经过一段时间的训练，有将近 2/3 的学生能够跟随老师、跟随同学进行互动学习，其他的学生也能参与进来。

新课标还要求每位学生能够在关注自己的同时，也关注他人、关爱他人、关注周围的环境。学生们觉得自己的眼中不再是"只有自己"了。就连班里最调皮，平时听讲程度很不好的学生，在他们感兴趣的问题上也能够关注他人、积极地回答问题。

经过一个学期的培养，大部分学生已养成良好的倾听习惯，表现为课堂坐姿端正，同学发言的时候，眼睛盯着老师或黑板看，插嘴现象减少。基本上，大部分同学已经意识到如何做个文明的倾听者。然而，在实验过程中，我发现有一部分学生存在"假听"、遗忘快的现象：他们双手平放在课桌上，身子挺得笔直，眼睛盯着教师或黑板一动也不动，而这些行为是为了引起老师的注意，渴望得到老师的肯定、表扬，或者是"左耳进，右耳出"。

学生倾听能力的培养方法是多种多样的，但是目的只有一个，那就是：让学生学会倾听。在实施新课程的今天，每一个教师都应该为这个目的去思考、去实践、去探索。

参考文献

[1] 张全祥："教师如何引领课堂"，载《语文教学通讯》2008 年第 4 期。

[2] 于漪主编：《语文教育艺术研究》，山东教育出版社 1999 年版。

[3] 卢家楣、魏庆安、李其维主编：《心理学》，上海教育出版社 1998 年版。

在语文阅读教学中培养探究式能力的研究

何 影

摘要：探究式学习是新课程积极倡导的一种学习方式，作为一种新的教育理念已渐渐走入课堂。小学语文探究式阅读是以学生的学习为出发点和归宿点，遵循学生的认知规律和心理特点，以发展探究型思维为目标，以学生主动参与为前提，以自主探究为途径，以合作讨论为形式，以培养创新精神和实践能力为重点，构建教师导、学生学的教与学。时代的发展要求学生形成新的学习方式，教师要责无旁贷地担负起此责，利用语文课堂这块阵地，培养学生的探究能力，使学生能够终生受益。

关键词：小学语文　阅读教学　探究能力

探究式学习是新课程积极倡导的一种学习方式，作为一种新的教育理念已渐渐走入课堂。小学语文探究式阅读是以学生的学习为出发点和归宿，遵循学生的认知规律和心理特点，以发展探究型思维为目标，以学生主动参与为前提，以自主探究为途径，以合作讨论为形式，以培养创新精神和实践能力为重点，构建教师导、学生学的教与学，使学生成为知识的发现者、研究者、探索者，满足每个学生发展的基本需求。

下面，我就自己对这一学习方式谈几点想法。

一、引导发现，注重自主探究的尝试性

爱因斯坦曾说："发现一个问题比解决一个问题更重要。"发现是自主探究的开始。好奇是儿童的心理特点，它往往可促使学生作进一步深入细致的观察、思考和探索，从而提出探究性的问题。让学生提出问题，自主合作探究，是以学生为主体的反映。只有学生自己主动提出问题，主体作用才能得以真正的发挥，才能体现自主探究发现。因此，教师要随时注意挖掘教材中隐藏的"发现"因素，创设一种使学生主动发现问题、提出问题的情境，启发学生自己发现问题、探索问题，使教学过程围绕学生在学习中产生的问题而展开。如教学《麻雀》，我讲到"老麻雀奋不顾身地救小麻雀"从而体会了伟大的母爱，随即有一个学生胆怯地说："课文里并没有说老麻雀是公的还是母的。"我微笑地表扬了这位同学敢于质疑、敢于提出不同的看法。这时，其他同学的思维也被激活，大家再次深入读课文。通过小组讨论、探究、交流后，大家一致认为："这是亲子之情。"

二、鼓励参与合作，追求自主探究的研究性

（一）创设条件，激发兴趣，提供自主探究的氛围

托尔斯泰说："成功的教学所需要的不是强制，而是激发学生的兴趣。"未来社会呼唤具有个性和合作精神的人，需要创新型、探究型的人才。我们必须相信孩子，乐于为孩子提供"探究"所需要的时间和空间，并且给予积极的配合与指导。教学中，只有创设条件，提供学生主动参与的空间，自主探究的效果才能得到增强。美国当代心理学家罗杰斯说："只有亲密融洽的师生关系，学生对课堂学习才有一种安全感，才敢于真实地表现自己，充分表现自己的个性，创造性地发挥自己的潜能。"如我在教《曼谷的小象》时，学生提出："小象的鼻子有哪些功能？"针对学生的质疑，我组织学生开展"小象鼻子功能"的探究性学习。学生通过读课文、查阅资料，发现小象的鼻子能"掀"——有"手"的功能，能"撬"——有"棍子"的功能，能"喷水"——有"刷子"的功能……

（二）给学生自由选择的权利，提供自主探究的动力

《新课程标准》指出："学生是学习语文的主人，语文教学应激发学生

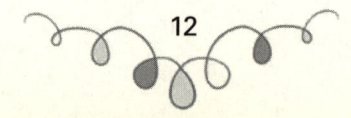

的兴趣，注重培养学生自主学习的意识和习惯，为学生创设良好的自主学习环境，尊重学生的个体差异，鼓励学生选择适合自己的学习方式。"每一个学生在自主探究中应该有一定的选择探究问题的权力。如果让学生根据自身的情况、自己的喜好去探究，那么学生的学习兴趣肯定非常浓厚，探究也会更深入、更持久。如在作文课中，写"你喜欢的一种小动物——蚂蚁"，教师不急于让学生马上写，而是让学生到野外去观察、探究蚂蚁"吃什么？""为什么它的力气那么大？""为什么能预报天气？"等问题。学生选择了自己感兴趣的问题津津乐道地探究着，课上探究得还不够，回家后还继续研究。每个学生在自主探究中充分行使了自己的权利，充分享受着探究的乐趣。

（三）建立合作小组，提供自主探究的合作伙伴

按照建构主义的教学论，学生是按照自己的方式来建构对事物的理解；由于已有经验、文化背景的特殊性，学生对事物的理解会各不相同。合作学习能使学生看到问题的不同侧面，对自己和他人的观点进行反思或批判，从而建构起新的和更深层次的理解，同时，也增强了集体精神和合作意识。学生是学习的主人。在教学中应改变学生单一、被动的学习方式，要给予学生更多的自主探究、合作学习、获取知识的机会。探究过程中，要强调学生之间的合作与交流。合作贯穿于学习过程的始终，对资料的搜集与分析、假设的提出验证、学习成果的评价都具有重要作用，每个学习者的智慧都是群体共享的学习资源。

交流是合作过程中不可缺少的环节，合作学习的过程就是交流的过程。学习小组成员之间必须通过交流，商讨如何完成规定的学习任务；学习任务完成的质量如何，也是通过学生之间的交流来反馈。其次，教师以学习者的身份与学生进行交流互动。把谈的自由还给学生，把思维的空间留给学生，把说的机会让给学生，使学生做学习的主人，自主探究，集思广益，从而以极大的学习热情去探究知识。

我在教学中喜欢营造一种民主、平等、和谐的学习氛围。当学生遇到有争议的问题，或是值得探究的疑难点时，我常常会让学生采用学习小组

合作学习的方式，交流思想，汇报想法，最终通过自己评议来解决学习中较难解决的问题。而在这期间，我绝不会只当一个旁观者；我喜欢参与到他们的学习小组中，把自己当成学习的一员，与他们共同探讨问题，倾听各组同学的意见，也发表自己的看法，很多较难突破的知识点在这儿轻松解决了。在教《猫》一课时，为了使学生了解课文为什么一开头便说"猫的性格实在有些古怪"，我设计了两个问题让学生在小组中探究：（1）猫性格的"古怪"表现在哪几方面呢？找出有关的词画一画。（2）猫的什么特点给你留下了深刻的印象？小组中每个同学就它的一个特点具体说一说。问题一提出，学生便四五个人一组，展开了热烈讨论。有的说猫老实时的表现，有的说猫贪玩时的样子，有的结合自己家养的猫说猫捕鼠时的尽职等。组长将组里同学的意见进行归纳小结，在班上进行汇报，最后得出了猫性格古怪的表现。学生通过自主合作、交流抓住了课文的重点内容，进行了深入探究，在轻松、愉悦的氛围中对课文内容有了更深的理解。

（四）巧妙设疑，加强自主探究的实效性

激发探究的兴趣是一切发现和探究的基础，学生的质疑是他们创造灵感的催化剂。新课改中，要求学生主动参与、乐于探究，正是把激发学生的探究兴趣放到了重要地位。语文教学中，巧妙地设疑，不但能对文章内容的感悟起到帮助，而且还能最大限度地调动学生参与思考、乐于探究和讨论问题的动机和兴趣，从而达到预期设定的教学目标。在选择问题时，应注意以下两个方面。

1. 设置的问题具有阶梯性

手指头有长短之分，一个班的学生成绩及认知能力也因人而异，参差不齐。因此，设置的问题应符合学生的年龄和知识特点，做到难易适度，由简到繁、由易到难，让学生乐于探究和讨论。如教《惊弓之鸟》这一课时，可以先用粉笔在黑板上画一张弓，让学生指出哪是"弦"，接着又画一支箭，这样有了弓、有了箭就能射鸟了。可是古时候有个叫更赢的人只拉弓不射箭，就能够把大雁射下来，这是怎么回事？这一系列的问题具有鲜明的阶梯性，符合学生的认知规律。既能轻而易举地把学生引入新课，感知了课文的大意，又激发了学生探究的兴趣。

2. 设置的问题具有启发性

在语文教学中，兼顾不同层次的学生设置开放性、启发性问题，能够激发学生探究问题的兴趣。如教古词《忆江南》时，我设置了这样的引入语："同学们，春天对于大家来说，都很熟悉。一提到春天，我们脑海中就会浮现出春暖花开、万木吐绿，好一派生机盎然的美景。古往今来，许多文人墨客用不同的方式赞美过春天、描绘过春天，大家能回忆一下学过的关于'春天'的诗句吗？"一时之间，"春眠不觉晓，处处闻啼鸟""春江水暖鸭先知，桃花流水鳜鱼肥""不知细叶谁裁出？二月春风似剪刀"等优美名句勾起了同学们对《忆江南》中相关场景的联想。这样就能激发了学生的求知欲望，促进了学生探索精神和实践能力的发展。

三、放手实践，品味探究成败的过程性

"落在猫脚里的夜莺是唱不出歌来的。"限制过多，指导过细，学生不能自由地表达自己的思想；只有给予表现自我的自由，给学生以心灵的解放，学生才有可能自由表达。所以，自主探究要重过程，要注重学生的"体验"；学生只有在参与探究的过程中去深刻体验成功、体验挫折、体验合作、体验质疑、体验挑战，才能健康成长。只要给学生充分的时间和条件，学生的表现会让我们去喝彩！即使探究失败了，对学生也是具有重要的教育意义的。如学《暮江吟》中的诗句"一道残阳铺水中，半江瑟瑟半江红"时，有同学提出，"'铺'字能否用其他动词呢？""'瑟瑟'的意思是'碧绿'，能把'瑟瑟'换成'碧绿'吗？"学生针对这两个问题进行了深入地自主探究。

当然，在多数探究中，教师要适时给予适当的帮助、引导，从而使探究在经历了一段努力之后有所结果，让学生体验到收获的喜悦和兴奋。否则，总是探究不出什么结果，学生也会丧失对探究的兴趣和信心。

四、张扬个性，培养自主探究的独创性

我们要充分尊重学生的个体差异，鼓励学生对教学内容进行独立理

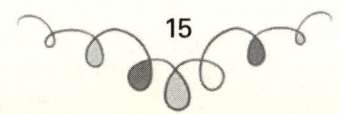

解、独立解读，赞赏学生的个人感受和独特见解；适时地把他们的新想法、新创意、新探索引向主动学习、主动发展之中，使学习过程成为一个富有个性化的过程。通过不同的途径，从不同的角度，用不同的方法解决问题，这样不仅活跃了学生的思维，开阔了学生的思路，同时也促进学生养成善于求异的习惯，对于培养学生的创新能力有着决定性的作用。贝费里奇教授说："独创性常常在于发现两个或两个以上探究对象或设想之间的相似点，而原来以为这些对象或设想彼此没有关系。"人们在理解知识的过程中，习惯运用某种思维方式，便会产生定式心理。在教师的教学中，创造多样化的思维环境，提高学生思维的变通性和广阔性。教师在教学中要不失时机地创设思想情境，千方百计地为学生提供创新素材和空间，用"教"的创新火种点燃"学"的创新火花，才能有成效地培养学生自主探究的独创性。教师在教学中一定要注意保护儿童的个性，千万不可以用成年人的所谓理智去命令孩子们。要引导学生批判地接受前人的各种成果，形成不唯师、不唯书、只唯实的思想观念；引导学生不断超越自我，逐步形成自我发展的能力。如教《坐井观天》时，教师讲到："青蛙在井底不了解外面的世界很精彩。"当即有一顽皮学生抢白："不对，青蛙知道外面的世界很精彩，但不敢出来，因为如今有很多人爱捉青蛙下酒；为保护自己的生命，尽管外面的世界很精彩，但还是不敢跳出来。"这时教师应加以引导，从而培养学生的求异思维，使学生的个性得到充分发展。又如教《穷人》，结尾只写到"桑娜拉开帐子"便戛然而止，这给读者留下想象的空间，也给学生尽显个性的好机会。

　　总之，时代的发展要求学生形成新的学习方式，教师要责无旁贷地担负起此责，利用语文课堂这块阵地，培养学生的探究能力，使学生能够终身受益。新课程改革积极倡导新型的学习方式，就是要让学生在已习惯的接受性学习之外，学会探究式学习方式。探究式学习是学生在自主学习的基础上进行的一种高层次的学习方式，是培养学生的创新精神和实践能力的重要举措。教育家施瓦布指出："如果要学生学习科学的方法，那么什么学习比通过积极地投入到探究的过程中去更好呢？"施瓦布认为，教师应该采用探究的方式展现科学知识，学生应该用探究的方式学习科学内

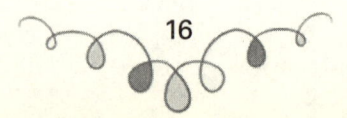

容。探究学习有利于发展学生的主体性，有利于学生自主地学习个性发展所需要的知识，使人类群体的智力资源有效地转化为个体智力资源；更有利于培养学生可持续发展的能力，让学生学会学习，培养健康的社会情感，培养学生的创造精神。这样，才能使学生达到"自能读书不待教师教"的美好境界。

参考文献

［1］张熊飞：《诱思探究教学导论》，陕西人民教育出版社1993年版。

［2］靳玉乐：《探究教学的学习与辅导》，中国人事出版社2003年版。

［3］林宪生：《多元智能理论在教学中的运用》，开明出版社2003年版。

［4］罗然：《让新课程走进课堂》，吉林教育出版社2003年版。

试析现代化教学手段在语文教学中的有效应用

蒋 悦

摘要：教育改革的不断深入，教学手段和方法的不断改进，加快了教育现代化的步伐。现代教学手段的应用，可以提供满足教学需要的集形、声、色、像为一体的信息，为教学和学生创造良好的教学情境，激发学生学习的兴趣；同时还突出了审美对象，优化、巩固了练习环节，大大提高了教学效果，使教育教学可根据学生的认知特点展开。

关键词：教学手段 现代化 应用

一、实践与探究

（一）现代化教学手段在创设情境中的运用

一节课的开始基本上奠定了该节课的基调，好的开始是成功的一半。而如何激发学生的兴趣，引导学生快速进入课堂情境、进入课文，是每个语文老师都需要思索的问题。

现代化多媒体的使用为我们创造了一个便利条件，对于低年级的教学更是如此。小学一、二年级的学生处于形象思维向抽象思维过渡的重要时期，因此，老师在创设教学情境时要根据学生的年龄特点以及自身的心理变化来设置教学情境。

如在进行小学一年级上册《小熊住山洞》这一篇课文的教学时，老师设计通过多媒体出示图片引发学生的注意。当出示森林的图片时，问学生："同学们，这节课老师带你们去美丽的大森林里看一看，好不好？"激发学生对森林的向往，初步感受林中环境之美。同时也告诉学生："小熊的家也住在这附近，今天我们就一起走进小熊的家，一起来学习第20课"。并板书："小熊住山洞。"兴趣是鼓舞和推动学生学习的一种力量，是开发儿童智能的一把金钥匙。直观的图片能引起学生的注意，老师根据这点设计了以上的教学环节，在课堂初始就一下子吸引了学生的注意力，激发学生对课文的喜爱，以便积极的进入下面课文的学习。

（二）运用现代化教学手段提高识字教学的效率

新《课标》指出"识字写字"是阅读和写作的基础，是第一学段的教学重点。识字教学要运用多种识字教学方法和形象直观的教学手段，创设丰富多彩的教学情境，提高识字教学效率。《义务教育教材》第一学段，学生的识字量非常的大。从表面看，学生识字任务比较简单，但是从实际的掌握结果来看，还是有一定难度的。如何解决这个问题？多媒体技术为我们提供了新的路子。用多媒体使合体字变成几个相对独立的部件，在引导学生记住这些合体字的时候，先整体感知字形，再将合体字分解成几个部件；在分步认识的基础上，再自然、巧妙地组合成一个新字，并借助田字格的板贴，边讲边写。这样，学生看得仔细，自然记得也牢固，而且这一切都是在师生面对面的情况下完成的。在学生掌握字形、理解字义、学习组词、扩词后，再出示一组相关的词语，这样的学习效果自然比较理想。

如在《小熊住山洞》一文中，"满"这个字的读音及其意思是学生认识的难点。针对这一点，老师设计了先让学生观察"满"这个字的偏旁是三点水旁，接着让学生试着猜一猜"满"是和什么有关；然后，运用多媒体课件，出示一个杯子，演示向杯中注水的过程；注到1/3，问学生："满了吗？"学生的回答肯定是："没有"；接着注水，注到2/3，问学生："满了吗？"学生的回答也是："没有"；等到全部注入水后，让学生理解满的含义，再引申"满"就是很多的意思。就这样，一步一步地利用课件演

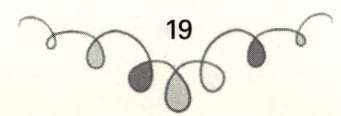

示，让学生深入理解"满"的含义。

（三）运用现代化手段提高阅读教学的效率

在阅读教学中恰当地采用现代化教学手段，可以收到"黑板+粉笔"无法实现的效果。特别是一些描写祖国大好河山、壮丽秀美景色的课文，在文字理解的基础上，讲到关键之处，可以配以高质量的图片或者色彩绚丽、解说动人的电视纪录片；随着学生入情入境的感受，既可以很好地达到教学目标、完成教学任务，又能激发学生的情感、陶冶学生的情操。此类文章的教学往往离不开朗读的训练。如果在学生的朗读中配上让人动情的音乐，再加上老师的指点，学生定能在理解的基础上，投入自己的感情，在阅读中感受文章的内容。

阅读教学的教学模式要根据课文的内容和体裁而定。在学习古诗文时，学生要在老师的引导下初步感知诗句后，深入思考，运用信息技术提供的知识自主进行更深入的研究，并以多种形式交流学习成果。有的学生把自己在网上查阅的背景资料和同学说说，有的学生把古诗做成了幻灯片给大家展示，有的学生把自己学了某一句诗的感受谈出来，还展开想象，填补诗中空白，这样更利于领略诗人思想感情的含蓄表达，正确理解其意。

有时，老师也可以给学生推荐此类题材或者题材相似的文章，再让学生在巩固已学知识的基础上拓展提升。现代化阅读教学更应注重课外阅读的指导。在信息化的社会，信息获取的渠道也在不断增加。如何指导学生面对众多信息，恰当地选择、获取，是现代化小学阅读教学中不容忽视的。教师应该在信息来源、信息获取方面指导安排。一位老师曾说："一位6年只读12本教科书的学生，很难成为一位品学兼优的好学生。"

（四）运用现代化手段提高写作教学的效率

作文教学是小学语文教学的重点戏。学生作文水平不高，是小学语文教学存在不足。小学作文教学应适当地借助一些现代化教学手段，提高写作教学的学习效率，提高学生的作文水平。中年级是起步阶段，但是写作的初始不应固守原有观念从中年级开始训练。在低年级学生学会汉语拼音

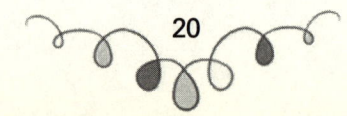

后，可以让学生试着用汉语拼音来记录下当天所发生事，一是锻炼学生使用汉语拼音的能力，二是为之后的写作进行培养。另外，在低年级，老师可以利用电脑多媒体每天给学生播放并讲解一个绘本故事，在培养学生语感的同时，让学生体会到语言文字的优美。中年级起步阶段，可以做一些听读仿写的训练，可以将一个简单的故事作为一个有声教材，让学生听，再让学生写。起步时，可以让学生听一段写一段，之后可以让学生听几遍后写一个故事，或者让学生看一段视频，写一个小练笔的观后感。这样，可以为学生提供统一的主题，使学生有话可写，并且，在直观的听觉和视觉的刺激下，使学生产生更为深刻的印象，激发学生的情感，丰富学生的体验。同时，在学生完成习作后可以在课堂上进行阅读或者实投学生的作品，这样无形中节省了时间，鼓励了学生的同时激发了其他学生的积极性。另外，大家都在同一时间即兴书写，思维都围绕着同一题材启动；思维启动的惯性，又能触发思维的兴奋点，使他们以各自独有的见解，对他人的习作提出肯定或者修改意见。这样的训练，使学生在视觉、听觉上既有信息输出的目标指向，又丰富了写的内容。高年级的作文教学还可以与看影视片段相结合。这个片段可以是有声的，也可以是无声的，看后要求他们在规定时间内，按有关的要求写出来。还可以将作文训练与听读、视读欣赏结合起来。听一段故事，看一段视频后，或完成有关的作业，或写一段视听感想等。

二、收获与体会

现代化的小学语文教学，更新了教学理念，促进了教学方法的改革，构建了新型的教学体系，培养了学生的创新精神、实践能力，提高了学生的知识素养，探索到了一条基于信息技术环境下教与学的新路子。

（一）更新了教学理念

随着现代化信息技术的普及、教学信息化水平的不断提升，在教学中渐渐打破了过去"以教师为中心"的教育理念，树立了"以人为本"的教学思想；重视培养学生的情感、态度、价值观，为学生自由、和谐、全面发展了可能，培养学生学会做人、学会求知、学会做事、学会生存。

（二）改变了学习方法

现代化教学手段的应用，改变了学生的学习方法，可以让学生在理解语文文字的基础上，通过视听盛宴来加强其直观感受，产生更大的冲击力。

当然，小学语文教学的现代化是一个需要更深入探索的问题。如何能更有效地运用以及如何避免滥用，需要我们继续探索。

培养中高年级学生批注式阅读的习惯

汪丽华

摘要：徐特立先生说："不动笔墨不读书。"阅读时边思考边动笔，可以抓住重点，深入理解。"圈点勾画和作批注"能充分发挥学生的思维潜能，加强对知识的理解，提高记忆的效率，而且能极大地激发学生揣摩研读文章的兴趣，有利于培养和提高自学能力。"做摘录，记笔记"可以及时记下心得体会，对积累资料和活跃思想十分有利。当然，"动笔"的方法因人而异。但针对小学生，教师应该授之以法，长期训练，才能促其养成习惯。所以我重点教给学生"圈点勾画""作批注""写读书笔记"等动笔读书方法。

关键词：中高年级　批注式阅读　习惯

古人云："授之以鱼，不如授之以渔。"浩渺的书海，我们不可能始终陪伴孩子遨游。只要学生掌握了学习方法，懂得了怎样学习，就可以根据社会发展和自身发展的需要，主动地去学习、探究。在阅读教学中，倡导学生选择以"作批注"为主，其他方法为辅的阅读方法，力图让学生通过重点的"字、词、句"批出问题，批出感情，让思考在批语入情的过程中开花结果。

所谓批注式阅读，是一种研究性阅读，是一种以主动探究为核心的阅读实践活动，是一个动态的思维过程。在这个过程中，学生根据阅读的主题，结合自身的特点，主动地运用已有的生活经验和知识储备，设身处地地与文本进行广泛的、深入的、全方位的直接对话，从各个层面对文本进行理解、感悟、阐释、发现和点评；直接在课文中圈点勾画，注明自己思维的轨迹，打上自己认识的烙印，表达自己的思想情感，从而获得自我发展的过程。简而言之，批注式阅读可以使学生变被动阅读为主动阅读。这是一种有思考的阅读，是有深度的阅读，是有个性的阅读，更是一种快乐的阅读！

一、动笔阅读的好处

（一）有利于对读物内容加深理解

平时读书，特别是读一些课外读物，学生走马观花地读一读，只了解一些大概内容，根本没有深入理解。读小说，只求曲折离奇的情节，而对其中人物形象、思想内涵、艺术方法毫无探究，读得再多，理解能力毫无提高，写作水平还是老样；至于读散文、科技文，就更不用说了。而一旦边读边动笔圈点勾画、旁批总评，肯定要动一番脑筋，对所读作品进行深入分析、探究，理解自然要深刻多了。

（二）有利于多种表达水平的提高

读书动笔，不仅要求圈点勾画，还要求对重点词语、语句、段落作批注、点评，对全文作出总的评价，并且要写出一定篇幅的读后感；在批注点评时，学生势必要考虑如何用词、怎样表达，时间长了，他们不仅评价的水平提高了，而且语言表达水平也提高了。文中的妙句多为描写性的，有点睛式的句子多为议论性的，学生在赏析这些句子时，便能提高多种表达水平。

（三）有利于写作水平的普遍提高

动笔读书是对所读文章的材料、结构、中心、技巧、语言等作具体地分析研究，这本身就有利于写作水平的提高，何况在这个过程中还要"动笔"批注、评论、写感想。更可贵的是，动笔读书中的"动笔"，是学生在无意识写作情况下进行写作，比平时作文时的有意识写作更能放得开，水平会发挥得更出色；久而久之，学生的写作水平自然会普遍提高。

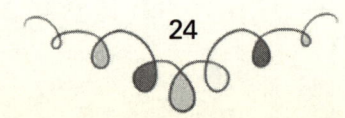

(四) 有利于自主、合作、探究式学习方式的使用

自主、合作、探究式学习是新课标大力提倡的学习方式，实践证明，这种方式对培养学生语文素养、提高学生综合能力极有好处。在动笔读书的过程中，这种方式能充分使用。在要求学生批注、评论文章时，提倡学生"合作"交流；在佳妙句赏析、疑难问题解决的过程中，学生不去认真分析"探究"，又怎么能达到好的效果呢？因此，动笔读书大有利于自主、合作、探究式学习方式的运用。

二、批注的类别

(一) 不同位置的批注

1. 于遣词造句精妙处

读懂重点内容，学习语言文字，是阅读教学的重要任务。因此，教师要引导学生对所读文章中精美的字、词、句、段进行分析、评价、鉴赏。

2. 于与作者共鸣处

读者在阅读文学作品时，总会有与作者产生共鸣之处。因此，我要求学生在触情点上随时记下自己的情感体验。

3. 于求异创新处

古人云："学贵有疑，小疑则大进，大疑则大进也。"《语文课程标准》要求学生："对课文的内容和表达有自己的心得，能提出自己的看法和疑问，并能运用合作的方式，共同探讨疑难问题。"由此可见，学生学会质疑太重要了。教师作为阅读过程的引导者，应多鼓励学生提出质疑，表现自我，让个性在阅读教学中尽情张扬！学贵有疑，有疑问才会有思考，才会带来阅读能力的提升。

4. 于课文留白处

在阅读时，不难发现，很多作者常常运用"留白"的艺术，把一些内容留给读者自己去揣摩、去思索。教师可以充分挖掘这些空白，指导学生在这些地方进行批注，把写得简练的地方补充具体，或者把写得含蓄的地方补充明白。这种阅读方法就是让学生顺着作者的思路，依照作者的写法，接着为作者补充，也可以称得上仿写、续写。它能活跃学生的思维，

打开学生的视野,让学生学习作者的写作方法,快速地提高写作能力。这样,不仅可以促使学生加深对课文内容的理解,而且可以提高学生的想象力和语言表达能力。

(二)不同形式的批注

1. 符号批注

所谓"符号批注",就是学生对自己认为重要的、应注意的字、词、句、段用各种符号加以标记。如用"○"圈出重点字,用"△△△"标出关键词,用"～～～"画出重点句,用"?"表示质疑等。

2. 文字批注

文字批注,即学生用文字形式把自己的看法、感想、疑问、评论、受到的启迪甚至产生的联想,简明扼要地写在书中空白处。这种批注具有内容具体、表达明确的特点。

3. 纲要批注

将学习内容进行分析、归纳和整理,提纲挈领地形成一个阅读纲要,以揭示内容的内在联系,使复杂的内容简单化、形象化;通过批注,学生对课文的文路、主人公形象及主旨一目了然,同时也很好地训练了学生的抽象概括能力。

(三)不同内容的批注

1. 识记批注

主要是有关识记字词方面的内容。如画出课文中的生字词,给生字列出形近字或分析易错部件、释词义、标段序及分析标点符号用法等,是预习课文时应达到的常规要求。

2. 质疑批注

批注的内容是学生读课文时遇到的障碍以及由此产生的疑点和困惑。由此,可培养学生的问题意识,引导学生养成边读边思的阅读习惯。针对课题或重点词句提问并且标在书上,就是运用较多的质疑批注方式。

3. 感悟批注

批注的内容是,学生在读书过程中得到启迪、受到教育而有所收获的课文内容或语言文字。

4. 联想批注

批注的内容是学生阅读课文时由此及彼产生的联想。

5. 归纳批注

这是对文章的句段、篇章进行归纳，概括其主要内容的批注方式。

三、课文批注的阶段安排

（一）课前预习批注

课前预习是学生初次接触课文。此时，他们的想法、疑问最多，涉及面也最广，诸如课文的内容、思想感情、表达方法、精彩语句，富有特殊功能的字词、句段等，都有可能成为学生感兴趣的内容。让学生作自由批注，也就是给他们自主阅读、自由表达感受的机会，同时也使教师获得了预习的反馈信息，及时调整原有的教学方案。

（二）课中专题批注

教学中要引导学生围绕教师设计的专题或学生感兴趣的热点、疑点、难点，进行深入地研究和探索。通过阅读思考、批注以后，学生对课文主旨了然于胸，一个真实形象跃然纸上，阅读的效果也就理想地达到了。

（三）课末拓展批注

这是在学生学完课文之后，作趁热打铁式的深化批注。这既是对原有批注的补充、修正、巩固和提高，又是其适当地扩展。

四、课文批注的操作引导方式

根据我的教学实践，采用以下几种操作引导方式有助于课文批注落到实处，真正有效地提升阅读质量。

（一）师生各自批注

这是指上课前师生分别从教与学的不同角度对课文文本进行品读批注。阅读教学的理想状态是，学生带着课文和自己的初步理解、感受走向教师。学生是开展课文批注的主体，他们以独特的视角品读文本，从而形成独到的理解力、感悟和评价等。而教师不仅仅要站在读者的角度，还要

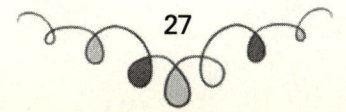

在引领学生正确理解和感悟课文内容的方法策略、深度广度和教学目标达成等方面进行批注。因此，这是一个先分后合的过程，最后要通过课堂教学环节统一起来。

（二）批注成果交流

批注成果交流，其实是教师与学生、学生与学生一起感悟、一起探讨，发表己见的过程。这个不断修正、不断完善的过程，最能体现学生的成长。学生的阅读感悟有别于成人的完全自主学习，需要在与同学、教师的相互交流和启发中进行，需要教师为学生创设展示自己批注成果的氛围，搭建交流批注成果的平台。教师在必要时引导一下，适时地组织一下，在关键处点拨一下，就可以在主体间的相互对话中碰撞出智慧的灵光。

让课文批注成为阅读教学的助推器只是手段，促使阅读者用心理解和感悟才是目的。让学生的心灵与文本进行真诚的对话，从而提升阅读质量，提高学生综合素养。当然，课文批注能力的培养和习惯的养成，非一日之功，不可能一蹴而就。但只要教师方法得当，并坚持不懈，正确引导，就一定能让课义批注成为学生阅读的好助手。

小学低年级学生表达习惯培养的研究
——从说完整话开始

孙洁颖

摘要：小学低年级学生词汇量少、抽象思维能力较弱，这些从一定程度上影响了学生的语言表达能力。虽然他们在生活中已经不断地学习和运用语言，但还不能明白、准确地表达自己的意思，语言表达往往不能很连贯，不能说上一句完整话。他们的通病是说半句话。因此，教师要在低年级注意培养学生说完整话、正确地表达自己的思想感情，帮助学生提高语言表达的能力。

关键词：低年级 表达习惯 完整话

一、研究背景

《语文课程标准》中指出："语文是最重要的交际工具，是人类文化的重要组成部分。"要教会学生熟练地运用母语进行交际，最为基础的则是说话，即表达。这是与他人交流思想、表情达意的一个重要途径。同时，学生将所学知识用自己的语言表达出来，也是一个由内化到外化的过程。低年级学生词汇量少、抽象思维能力较弱，这些从一定程度上影响了学生的语言表达能力。作为一名语文教师，怎样指导低年级学生进行有效的表达，使学生真正做到"能说会道"，是低年级语文教学的重要任务。低年级学生正处于语言和思维发展的黄金时期，所以是说话训练的最佳时期。对于刚入学的一年级学生来说，养成说话习惯、培养说话能力尤为重要。因此，教师要根据低年级学生生理、心理发展的状况及学科的教材特点，帮助学生养成良好的表达习惯，规范语言的表达，提高语言表达能力。

二、研究内容

（1）了解低年级学生语言表达的习惯特点以及语言表达能力的发展。

低年级学生的语言表达特点与他们的年龄、说话习惯、语言积累等多方面有着密不可分的关系。了解低年级学生语言表达的习惯特点以及语言表达能力的发展，对培养学生的表达能力有很重要的作用。低年级的小学生，在从幼儿期向儿童期发展的过程中，生理及心理上都需要一个转变的过程。因此，受心理及生理的影响，以及长辈的过度宠爱，刚入学的小学生在语言表达上往往还延续着幼儿时期叠字、唱说的表达习惯。受生活经验的影响，在语言表达的内容方面简单而不丰富、单调而不多彩，前言不搭后语、散乱而不具体。教师可以基于这些特点，对学生进行相应的表达训练。

（2）指导低年级学生进行有效表达的方法。

（3）以引导学生说完整话为切入点，对低年级学生进行语言表达习惯的培养。

三、研究策略

（一）让学生在复述和模仿中练习说完整话

刚入学的孩子，虽然在生活中已经不断地学习和运用语言，但还不能明白、准确地表达自己的意思，语言表达往往不能很连贯，不能说上一句完整话。他们的通病是说半句话。例如，老师问："谁坐在小小的船里？"学生就会回答："小女孩。"语言表达的不完整就是思维的不完整。这时教师就要因势利导地继续问："小女孩怎么样？你能把话说完整吗？"在学生回答出"小女孩坐在小小的船里"后，教师就要马上给予肯定："你说得对，像这样说出了'谁干什么'或是'谁怎么样'的句子才是完整句。大家以后都要学着说完整句。"虽然低年级认识句子的组成，了解什么是完整句子的教学是安排在汉语拼音与字词教学之后,但是若等到学句子时再进行说完整话的指导与练习,既延误了学生语言表达能力的发展,又容易使学生形成不良的口头表达习惯。因此,教师一开始就要注意培养学生说完整话,正确地表达自己的思想感情。此外,教师还可采用领说的方法。根据低年级儿童内在语言发展不够完善和富有模仿性的特点,可先由教师领说。如教师口述"我们在教室里上课""同学们在操场上做游戏""大家一起学习真快活"等句子,然后让学生分别照说。这种模仿式的口语训练,既可帮助学生说完整的句子,又能克服方言土语。

(二)充分利用语文教材特点训练学生说完整话

低年级的教材有一个显著的特点,即一篇课文中的几个段落句式大体都是相同的。例如第一册语文课文《菜园里》,其中三段都是以对话的形式出现,都是先写燕子妈妈让燕子去菜园里找冬瓜和茄子的不同点,再写燕子观察后的发现。在学这篇课文时我就让学生用文中的句式(燕子妈妈说:"你说得对。你能不能再去看看还有什么不一样?"燕子回来说:"冬瓜、茄子。")练习说"冬瓜"和"茄子"的不同点。学生通过训练,知道除了课文中说的二者在大小、颜色、外形特点上不同外还有很多的不同。由此,既积累了语言,运用了语言,丰富了语言,又提高了语言表达能力。

(三)立足课堂,帮助学生利用积累的词语说完整话

《小学语文课程标准》明确指出:小学语文教学要"指导学生正确地理解和运用祖国语言,丰富语言的积累,使学生具有初步的听、说、读、写的能力,培养良好的语文学习习惯"。可见,学生语文素养的提高,很大程度上取决于对词语的积累和运用。低年级学生语言随意性强,经常会说出不合语法逻辑的话,有时会让人无法听懂,让人摸不着头脑。平时在课堂上我强调,学生要说完整的话,学会正确清楚地表达自己的意思。在识字教学中,我选择一些常用字引导学生组词说话。例如,"花",学生组词"荷花",说话"荷花开了"。我引导学生:"什么时候,什么样的荷花开了?谁能把这句话说得更美一些?"学生们纷纷举手。有的说:"夏天到

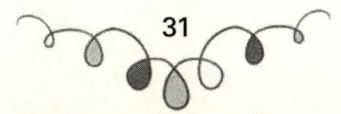

了,粉红的荷花开了。"有的说:"夏天到了,公园的湖里开着美丽的荷花。"在课文的学习中,我紧扣重点词句,让学生在具体的语言环境中感受词语的用法,并学会正确使用。如在学习《在家里》一课中"爸爸妈妈笑了,我也笑了"这一句时,引导学生用"也"说话。开始,有的学生说"我也在做作业",也有的学生说"小马爱吃草,小狗也爱吃肉"。我把正确的句子板书在黑板上:小马爱吃草,小牛也爱吃草;哥哥在做作业,我也在做作业。让学生们进行对比,体会到了"也"的正确用法。教会学生正确地说一句话,并把句子说得具体、说得生动,不是一次两次训练就有效果的,要在平时的课堂教学中长期不懈地训练。

(四)重视兴趣培养,在情境中发展语言

学生的学习和发展是个体生命不断建构和重构自身经验的过程,是自由的思想表达和交流的过程。在这个过程中,教师要注重调动学生主动参与的积极心理。例如,在学习《小小的船》一课时,以学生感兴趣的太空为激发点,首先以优美的语言描述:"在一个晴朗的夜晚,妈妈带着你来到堤坝上。你躺在妈妈的怀里望着深蓝色的夜空,和妈妈一起数星星。忽然,你觉得自己飞到了天空中。小朋友们,你都看到了什么?"紧接着,课件就出示文中的画面。学生们一个个热情高涨,有的说:"我看到了满天的星星,我还和它们说话呢。"有的说:"我坐在月亮上,月亮像小船,摇啊摇。"孩子们是天生的想象家。放飞了他们的想象,抓住了语言表达的契合点,正是对学生个性的尊重,也让学生在对话过程中语言得到了发展。

四、研究的效果

对于学生说完整话的训练,在学生刚刚入学初期,效果并不明显。大部分学生往往是在老师提醒下才会意识到,老师不提醒就反复。低年级学生最大的特点就是可塑性比较大,教师往哪个方向引导,学生就会往哪个方向发展。因此,教师要多角度地考虑问题,成为拓宽学生思路的引导者。另外,也要注意自己语言的完整性,善于听学生说话,时刻引导学生说完整话,帮助学生在反复的过程中形成习惯。现在,到了二年级下学

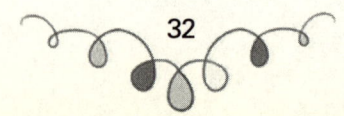

期，班里学生对于简单的句式表达不成问题，80%以上的学生形成了完整表达的意识。而且班里有2~3名同学，在语言表达上不仅完整，而且有一定的逻辑性。此时，教师就应该及时表扬、鼓励，适时地加以点拨，使学生的思路更加开阔。这样，既充分地发挥了学生的想象空间，又激发了学生口头表达的兴趣。久而久之，学生不但会说完整话，而且大大地激发了语文的学习兴趣，为今后的作文训练提供了有利的条件。

五、结　论

总之，在当前的素质教育中加强对学生的说话训练，对于提高学生的全面素质具有不可替代的作用。因此，只要我们在平时的教学过程中，根据学生的年龄特征进行不同层次的训练，让说话训练真正贯穿学生课内外实际生活中；多给学生机会，激发其表达的欲望；把握契机，有步骤、循序渐进地进行指导，学生的语言表达能力就一定会得到很大的提高。更为重要的是，在这过程中培养了他们想说、敢说的心理素质和语言的适应能力，形成了良好的表达习惯，为学生今后语文素养的形成与发展奠定了良好的基础。

发掘乐学因素　巧用现代教育技术
优化拼音教学

张　立

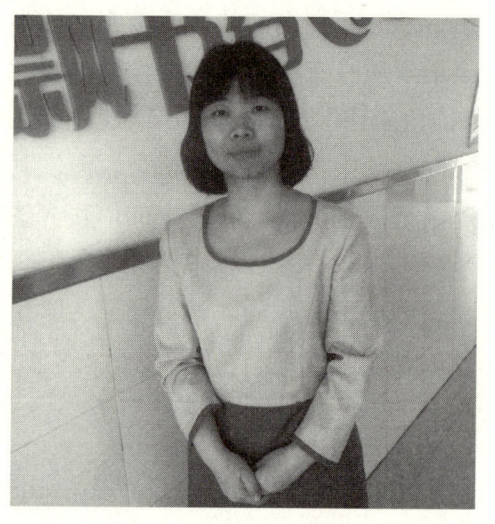

摘要： 汉语拼音是学生识字、阅读、学讲普通话的工具，但汉语拼音的教学相对抽象和枯燥，对刚入学的儿童来说要掌握这一工具是有一定难度的。如何提高汉语拼音的教学效率，让学生轻松、愉快、有效地学习汉语拼音呢？我认为巧用现代教育技术，通过生动多彩的画面、动听的音乐，创设美妙的情境，优化拼音教学，可获得事半功倍的学习效果。

关键词： 动画　情境创设　儿歌

汉语拼音是学生识字、阅读、学讲普通话的工具，但汉语拼音的教学相对抽象和枯燥，对刚入学的儿童来说要掌握这一工具是有一定难度的。如何提高汉语拼音的教学效率，让学生轻松、愉快、有效地学习汉语拼音？我认为巧用现代教育技术，通过生动多彩的画面、动听的音乐，创设美妙的情境，优化拼音教学，可获得事半功倍的学习效果。

一、借助电脑动画　激发学习兴趣

兴趣是学好知识的首要因素，让学生对汉语拼音充满兴趣是学好汉语拼音的关键。爱看动画片几乎是每个孩子的天性。教学光盘采用计算机多媒体技术，将课文内容变成动画片呈现在每个学生面前，无疑为课堂教学注入了新鲜血液。我在拼音教学中抓住学生心理，化抽象为形象，以形激趣。如在教学单韵母"e"时，我播放光盘，把一幅生动形象的白鹅戏水图展现在学生面前，然后绘声绘色地描述："大白鹅，水上漂，头戴一顶小红帽，弯着脖子水中看，看看倒影像什么？"孩子们便异口同声地回答："像e!"此时，我进一步指导学生发音："嘴巴扁扁ｅｅｅ。"这样，学生既学得形象又轻松。又如教学声母"j"，我展示"一只母鸡尾巴向左弯"的图像；再点击"蝴蝶"，把它拖到"母鸡"头顶上，边拖拉"蝴蝶"边说："母鸡尾巴向左弯，伸长脖子捉蝴蝶，小鸡见了直叫好，叽叽——真好听。"生动形象的画面帮助学生牢牢记住了"j"的形，有趣的儿歌强化记忆"j"的音，学生兴趣盎然，印象深刻。

二、巧妙创设情境　优化课堂教学

汉语拼音是一串枯燥无味的字符，要让学生想学、乐学，就要巧妙创设情境，变无趣为有趣。要根据教材，结合学生的学习情况，紧密联系生活实际，充分发挥电教优势，创设情境，让学生在具体环境中熟练掌握汉语拼音。

（一）播放课件　读准四声

儿童的思维往往是借助色彩、形象来进行的。多媒体软件提供的画面色、形、声并茂，就像一位神奇的"魔术师"。它可以充分调动学生的各种感官参与学习活动，启动大脑左右两个半球交替兴奋，既可减少疲劳维持注意力，又能激发兴趣，促进学生主动学习。教学"ā"的四声，既是重点，又是难点。我播放课件：

画面一：一辆小汽车在平坦的公路上行驶，汽车喇叭"嘟（dū）——"一声响（教师解说并比手势：一声高高平又平"āāā"。学生跟着发音）。

画面二：小汽车开足马力上山坡，喇叭"嘟（dú）"一声响（教师口述并比手势：二声就像上山坡"ááá"。此时，有些学生轻声与老师齐发音）。

画面三：小汽车下坡又上坡，喇叭"嘟（dǔ）"一声响（教师描述并结合手势：三声下坡又上坡"ǎǎǎ"。学生不由自主地读起来。教师要注意及时正音）。

画面四：小汽车从山坡上向下疾驶，喇叭"嘟（dù）"一声响（教师边说边比手势：同学们，请看赛车惊险的表演，四声又像下山坡"àààà"。生动的画面，别有风趣的汽车喇叭声引起同学们的共鸣，大家齐声发音）。

同样，"o""e"的四声，在"汽车"喇叭的启迪下，同学们学得津津有味，兴致勃勃。

由此可见，采用多媒体技术创设情境，进行直观、形象的教学，既突破了难点，又调动了学生学习积极性，获得特佳的教学效果，为后面读准音节声调奠定了扎实的基础。

（二）声像结合　正确拼读

运用多媒体技术直观、形象、动感等特点，创设一种学生喜闻乐见的教学氛围，生动地展现课文的思想意境美、艺术形象美，能使学生沉浸在美的享受之中，为正确拼读音节起到"润物细无声"的功效。

在较难的三拼音节教学"qiāng""chuáng""xióng""xiàng"中，可以先让学生看卡片读"āng""áng""óng""àng"，再分别欣赏动画，正确拼读：(1) 丁丁手里握着一把玩具手枪，连扣三次扳机，分别射出"q""i""āng"后，丁丁拼读"q－i－āng→qiāng"，并笑着问："小伙伴们，你会拼吗？"（同学们齐声跟着拼读）(2) 文文是个爱劳动的好孩子。早晨，他起床后自己整理床铺。文文摆正枕头，上面印有声母"ch"；放好枕巾，上面印有介母"u"；铺平床单，床单边上有韵母"áng"。文文领读"ch－u－áng"（同学们拼读"chuáng"）。(3) 一只熊大摇大摆地走过来了，它张大嘴巴，屏幕上出现了"x""i""óng"。老师风趣地问："同学们，熊也想学拼音，你们教教它，行吗？"（全班同学大声拼读"x－i－óng→xióng"）(4) 一头大象潇洒地走过来，它连续扛了三根木头，木头上分别刻有记号"x""i""àng"（老师让同学们自己拼读，交流）。这样，采用多媒体技术，提供实物图像，结合音响，同学们学得生动活泼，有滋有味。

（三）开展活动　巩固音节

用一个多月的时间学习汉语拼音，学生还不能熟练掌握，教师要善于为学生创造一个学习拼音的环境，为学生提供训练的空间，让学生结合生活实际，长期巩固，扎扎实实地学好拼音。比如，安排学生读注音儿歌、注音故事，借助拼音看广告、看商店或某个单位名称；也可以画自己喜欢的画，并学习注上拼音；还可以通过做游戏，因为游戏是孩子们最喜爱的活动。我曾经在班上开展"游快乐农庄"的游戏活动，学生学得活，效果好。

1. 听音乐表演

巧妙地导入是学生学习的动力。首先录音播放《小司机》，全班同学边唱边表演："小汽车呀真漂亮，真呀真漂亮。嘟嘟——嘟嘟——嘟嘟嘟，喇叭响。我是汽车小司机，我是小司机，带着同学去农庄，去农庄。"

2. 看图选音节

老师把同学们分成四组，分别参观"快乐农庄"的果园、菜园、鸟语林和水族宫，并让同学们看卡片，相互合作学习拼音，准备汇报。老师通过投影仪，先后投影"果园""菜园""鸟语林"和"水族宫"图片，让学生看图选音节，说说自己看到了什么。同学们跃跃欲试。

3. 听音响想象

美妙的声音能唤起学生抒发的热情，给学生美的享受和无限的想象空间，活跃学生的思维。我先后播放清脆的鸟叫声（jī）、憨厚的牛叫声（mōu）、汽车的喇叭声（dū）、自行车的铃声（dīng līng）、小河的流水声（huā huā）、同学们的欢笑声（xī xī）……让同学们听（听录音）、想（想画面）、看（看音节）、说（说见闻）。如：我去快乐农庄听到小鸟在树上 jī jī 叫，黄牛在树下 mōu mōu 叫……这不仅丰富了学生的想象，而且巩固了拼音，训练了语言表达能力。

4. 唱着凯歌归

同学们满载着收获，准备回家去。录音再次播放乐曲，全班同学放声歌唱："小汽车呀真漂亮，真呀真漂亮。嘟嘟——嘟嘟——嘟嘟嘟，喇叭响。我们坐着小汽车，坐着小汽车，高高兴兴回家去，回家去。"

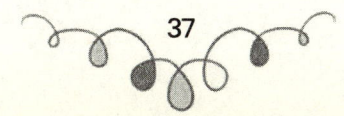

三、多形式念儿歌　突破拼音难点

儿歌内容简单,多数还押韵,助理解,容易记,读起来朗朗上口,颇有趣味,为低龄儿童所欢迎。因此,采用多种形式念儿歌,能生动有趣地帮助学生学好拼音,尤其是突破拼音难点。

(一) 念一念,比一比

声母 b 和 d, p 和 q, 学生最容易混淆。为了帮助学生正确记住它们的形,我录音播放儿歌,让学生听了以后一边念,一边跟着老师比手势:"b 和 d, 肚皮对肚皮,兄弟俩,一起地上坐(学生双手握拳,竖起大拇指演示);p 和 q, 脑袋对脑袋,兄弟俩,一起对面看(学生将握拳竖拇指的双手向下翻180度,大拇指朝下演示)。"这样学形象逼真,有的同学在书写中一时忘记了,通过比手势,便一清二楚。

(二) 念一念,学一学

正确给音节标声调,对一年级学生而言也是一大难点。我用课件出示儿歌:"韵母 ā 是老大(dǎi),没有 ā 找 o e(fēi、shǒu),i u 并列标在后(huì、jiù)。"这样,让学生反复念儿歌,多次拼读音节,增强记忆,学会正确标声调的方法。

(三) 念一念,看一看

ü 与声母 j、q、x 和 y 相拼,是学生学习拼音的一个障碍,他们往往会把"ü"读成"u"。教学中,我播放课件,让学生念儿歌,看图像,助掌握:"小 ü 小 ü 有礼貌,只要碰到 j q x 和大 y, 去掉头上两点还念 ü。"(课件中一位小男孩头戴"ü"帽,见到长辈 j q x 和大 y, 便笑脸相迎,摘下两点,弯腰鞠躬;离开了 j q x 和大 y, 又戴上两点,高高兴兴往前走) 形象生动的电脑动画,让学生看了以后记忆犹新。

(四) 念一念,记一记

为了帮助学生记住整体认读音节,特别是记住 y、w 开头的 9 个音节,我用影屏展示。先让学生一个字对着一个整体认读音节连一连,再按顺序读一读,记住整体认读音节,并通过念儿歌"不拼读,直接呼:只吃十日子次丝,一无雨,也月圆,因云影",以增强记忆。

总之，运用现代教育技术，给学生营造一种轻松愉快学习拼音的氛围，让学生在这种氛围中领悟新的学习方法，掌握活的拼音知识，打好实的拼音基础，以便今后把汉语拼音运用到更广泛的实践活动中，达到一生受用的目的。

论小学生阅读批注习惯的培养

尤湘鹏

摘要：《语文课程标准》中强调："阅读是学生的个性化行为，不应以教师的分析来代替学生的阅读实践。应让学生在主动积极的思维和情感活动中，加深理解和体验，有所感悟和思考，受到情感熏陶，获得思想启迪，享受审美乐趣。"学生的阅读训练，应该是基于学生良好的阅读批注基础上的。

关键词：阅读习惯　批注训练　方法指导

一、阅读习惯是阅读的基础

"忘记了课堂上所学的一切，剩下的才是教育。"这句话是在一次教师培训中听到的，当时只觉得是一句俏皮话，可细来想想却发现这句话说得是多么睿智。抛开了教科书和听课笔记，忘记了为考试而死记硬背的细节，剩下的东西才有价值。其实，我们教给孩子们的知识细节是很容易忘记的，一旦需要它们，又是很容易在书中查到的。因此，把精力放在教孩子死记硬背知识细节上，既吃力又无价值。假设学生多年后把课堂上所学的这些东西全忘记了，那就意味着我们做了无效的教育。那种应该剩下的、配称为教育的东西，用怀特海的话说，就是完全渗透入你身心的原理，一种智力活动的习惯。我认为，简单地理解，教育中能剩下的部分，就是习惯。

"一只蝴蝶在巴西扇动翅膀,有可能会引起得克萨斯州的一场龙卷风",这是众所周知的蝴蝶效应。此效应说明事物发展的结果对初始条件具有极为敏感的依赖。用在教育中,就是家长和老师要把握孩子的初始条件。这里所说的初始条件就是良好的行为习惯、学习习惯。孩子们就如同美丽的蝴蝶,他们的各种习惯会成为造就他们人生种种结果的必然原因。良好的习惯将会成为一个人前进道路上的助推剂,反之,不好的习惯则会对一个人的成长有着不可估量的负面影响。

著名教育学家洛克说过:"事实上一切教育归根结底都是为了培养人的良好习惯。"今天,我要和大家交流的是学生阅读批注习惯的训练。只有好的阅读习惯,才能为学生阅读乃至语文学习打下良好的基础。

二、不动笔墨不读书

学而不思则罔,思而不学则殆。学生阅读的过程正是学生与文字内容的作者思维上交流的过程。三、四年级的学生,大部分在阅读初期是坐不住的。静不下心便不能认真思考,所谓读书也只成了眼睛扫过,却未进脑子。这便体现了边读边画批的重要性。阅读时边思考边动笔,不但可以抓住文章重点,还可以使学生的注意力集中到文本中、笔尖上。阅读过程中进行"圈点勾画和作批注"能充分发挥学生的思维潜能,加强对知识的理解,提高记忆的效率,而且能极大地激发学生揣摩、研读文章的兴趣,有利于培养和提高自学能力。

三、授之以渔 传授方法

在我们的课堂上,学生是有差异的。要想减少学生之间的差距,让每个学生都能学会批注式阅读,教师就要让学生懂得批注阅读从何入手。因此,在开始实施时,为消除学生的畏惧心理,教师可以专题介绍有关批注阅读的知识,提供批注范本,让学生熟悉批注的内容和方法,为独立批注打基础。

建构主义提倡在教师指导下的、以学习者为中心的学习。也就是说,既强调学习者的认知主体作用,又不忽视教师的引导作用。教师是意义建构的帮助者、促进者,而不仅是知识的传授者与灌输者;学生是信息加工的主体、是意义的主动建构者，而不是外部刺激的被动接受者和被灌输的对象。批注式阅读教学的终极目的是："学生自能读书，不待老师讲。"（叶圣陶语）在指导批注式阅读中，要经历一个由讲到不讲的过程。由起初教师带领学生一步步进行画批的"教"，到学生与同伴运用所学方法互助画批的"扶"，再到学生自己画批的"放"，逐渐教会学生画批方法。

1. 案例描述

以下是我教三年级上册第17课《孔子拜师》时的两个教学片段。

【教学片段一】在精读文章的过程中，我提出了一个问题："默读第二自然段，看看你能感受出孔子是个怎样的人？从哪感受到的？"问题提出没多久，就有好几个学生争先恐后地举手了。"我能感受出孔子非常好学，因为文中说他走了很久才到洛阳，很不容易。""对，孔子千里迢迢地去拜师，非常好学。你还从哪里能感到他的好学呢？""还有……还有……"学生支支吾吾地、慌忙地满篇乱找。

【分析】学生在回答我的问题时，没有仔细分析、精细读文章，只是看到一点说一点，没有条理，找到的答题点不全面。对于相同答题点不懂得归纳。

【教学片段二】老子说"你就是仲尼啊，听说你要来，我就在这儿迎候。研究学问你不比我差，为什么还要拜我为师呢？"你从老子的话能体会到老子是个怎样的人呢？"我认为老子是个谦虚的人。老子说你不比我差就体现出他很谦虚，承认别人的实力"。班里的小班长自信地回答，其他同学默默地点头表示同意。

【分析】学生只注意到了后半句老子谦虚的品质，对于前半句的"我就在这迎候"并没有进行分析。没有做到抓重点词逐句分析。

2. 案例总结

从上面的案例中可以清晰地看到，学生在精读文章、分析文章时，并没有做到精细阅读，大多还是大概齐的分析。这说明在平时教学中忽略了对学生精读方法的细致指导。学生没有养成逐句分析、逐句画批的习惯，导致他们在读书分析中出现不具体、答题要点不完整的情况。因此，在教学中必须教孩子边读边画批，抓住阅读材料的重点和关键词。

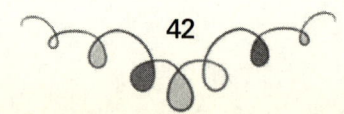

（1）阅读三步法——画、批、品。在阅读学习过程中，特别是须精读的部分，找出课文的重点、难点、疑点、精彩词句等，用上一些简明的符号和简洁的语言在原文的字里行间和四周的空白处做上批注，或提出问题，或写下自己的感想。可以引起阅读的专注，促进阅读的深入。

为学生规范出阅读方法：画、批、品。画，即画关键词，画出文中的关键句、重点词。批，即批注出关键词句给自己的感受。品，即再次带着感悟出的情感感受，有语气地品读文章。

（2）教——教师带领画批。例如："你就是仲尼啊，听说你要来，我就在这儿迎候。研究学问你不比我差，为什么还要拜我为师呢？"通过这句话，带领孩子逐句理解、进行画批。第一句，找到关键词"迎候"圈出来。从迎候能感受到老子的谦和有礼，在旁边批注这两个词，继续往下读。"研究学问你不比我差"，这里感受到老子的谦虚，在旁边批注。

带领孩子一步步地进行批注，用真实的题目带领孩子感受所教方法，运用方法。

（3）扶——合作学习。给出相应题目，让学生自己先练习批，之后进行小组交流。课堂小组讨论，是语文课堂教学的主要实践活动。合理地组织课堂小组讨论，可以调动学生学习语文的积极性，激发学生的学习兴趣，有益于培养学生主动探索的学习习惯和语言表达能力。同时，学生可以在小组交流中相互学习，相互讲述方法，补充、完善自己的批注答案，更加深了孩子对所教方法的记忆和运用。

学生交流、集体交流批注结果、教师再次总结方法，加深了记忆。

（4）放——自主批注练习。通过以上几步的带领，学生已经掌握了批注的内容及方法。此时，放手让孩子自己去思考、阅读、批注，给他们自主学习的机会，充分让他们自己运用方法解题。最终，教师发现问题再集中讲解，以检验孩子们的批注成果。

四、让阅读批注成为终身习惯

正所谓"不动笔墨不读书"。在读中思，在思中悟，悟后再读；做到鲁迅所说的"眼到、口到、心到、手到、脑到"，对于加强学生自主阅读的能力，满足不同程度学生对语文学习的需求，开发学生学习的潜能，发展个性，培养学生良好的阅读习惯和方法具有良好的效果。叶圣陶先生曾指出阅读程度不够的原因：阅读太少是一个，阅读不得法尤其是重要的一个。多读固然重要，但尤其重要的是怎样读。因此，在教学中必须充分重视阅读习惯的培养、方法的传授和思路的点拨。我相信，良好的阅读方法可以伴随孩子们的一生。在今后教学中的阅读，都要求孩子进行画批，学会灵活运用这一方法，让画批成为终身习惯。

参考文献

[1] 白若云："小学生良好阅读习惯培养之我见"，载《科技创新导报》2014年第36期。

[2] 郑志长："语文批注式阅读教学研究"，载《现代中小学教育》2008年第9期。

[3] 韩中凌："'小学语文批注式阅读教学'的阶段性反思"，载《内蒙古教育（综合版）》2010年第8期。

第二辑　数学类

"学生的起点在哪儿?"
——数学课堂教学中的"预设与生成"

董春艳

摘要:有这样的一句话:"学生不是接受知识的容器,而是一支有待点燃的火炬。"如何使这支火炬燃烧得更旺、散发更亮的光彩就是我们教师所要探索的方向。这就需要我们去营造、创设一个有效的课堂。

关键词:数学 预设 生成

一节课成功的前提是做充分的准备。需准备的内容很多,我认为最关键的是备好学情,准确把握所教学生的理解能力、他们对旧知识的掌握情况,以及对新知识的联系状况,因材施教,有效教学。下面谈谈人教版四年级上册第四单元的《平行四边形和梯形的认识》的教学实践。

一、第一次实践

(一)片段一:揭示平行四边形概念

教师:(指板书:教师自己做的图形)请你仔细观察,平行四边形和梯形有哪些共同的特点?

学生1:这些图形四个角都是直角。

教师:再继续观察,还有什么特点?

学生2：这些图形有四条边。

教师：这就说明平行四边形和梯形都是几边形？（板书：四边形）

学生3：有平行线。

教师：她说到了平行的问题。

教师：这是我们通过观察得出的结论的，真的是这样吗？我们需要验证！验证对边是否平行，需要什么工具？（直尺和三角板）请你拿出工具，两人一组，验证刚才的发现。

（学生自由操作）

教师：我们先来看平行四边形。你们是怎么验证的？

学生1：实物投影说明——我们使用验证平行线的方法进行操作。

教师：（紧追不舍，学生边操作，教师边追问）你发现什么了？这组对边怎样？你又发现什么了？这组对边也怎样？能完整的说说你的验证结果吗？

学生：上下两条边平行，左右两条边平行。

教师：这组对边平行，这组对边也平行。那也就是说，具备什么特点就是平行四边形了？能说的简练一点吗？

学生：两组对边平行。

教师：这两组对边是怎么样平行的？（教师接着指板书，手势引导）就是这样一个动作，表示这组对边平行，这组对边也平行。能不能用一个词语表示这个意思？（学生想不到）老师想到了一个词，你想听听吗？——"分别"（分别平行）（板书：两组对边分别平行。反思：费劲！在不好理解的词语上较劲，有点浪费时间！）

教师：谁明白这个意思？什么叫分别平行？

学生：这边和这边平行，那边和那边平行。（学生的认知原点）

教师：说说吧，什么叫作平行四边形呢？（教师板书：叫作平行四边形）

教师：还有其他的验证方法吗？

学生：（学生操作）在平行四边形的对边之间画垂线，然后测量这些垂线的长度，发现它们都一样长。

教师：所以你们也得出了什么结论？（指板书说）通过验证，我们发现了平行四边形的两组对边分别平行。（梯形的反馈过程大致相似，对"只有"费劲省略……反思：理解只有时，学生没有需求，要为学生创设一个有效地问题情境，教师给予的知识较多）

（二）片段二：建构关系

教师：到目前为止，我们都研究过哪些四边形了呢？

学生：平行四边形、梯形、长方形和正方形。（学生说后，课件呈现1：四种图形名称）

教师：你能用自己喜欢的方式来表示他们之间的关系吗？

学生1：（展示错的）这样能不能表示这几种图形之间的关系呢？为什么？请你说明理由！

学生2：（展示对的）这幅图怎么样？你看懂了什么？

教师问：为什么分成两类？为什么长方形属于平行四边形？

学生3：（展示好的）再来看看这幅图，一目了然，特别有新意。

教师：呈现关系图。我们可以用这样的图来表示各种四边形之间的关系。谁能结合图说说它们的关系？（反思：与学生的原认知脱节。知识没有建构，孩子们如何下手？只有凭着感觉走）

上完了这节课，感觉整节课顺畅，学生在教师的引领下能掌握平行四边形和梯形的概念，并能应用概念进行判断。但教学过程中教师引得过于多，学生几乎没有出岔儿的机会；在理解"只有""分别"两个词较为困难时，教师最后引出，学生就接受，是整节课过于平淡的课堂。为什么出现这样的状况呢？上完课后，我进行了反思：这样的一节课，学生的认知起点在哪儿？我抓住它了吗？

学情分析是科学预设的有效保证，它包括分析学生学习的准备状态、学生原有知识与经验等，其核心是建立学生数学学习的平台。这个平台是教与学的起点，创建这个平台，是为了更深层次地了解怎样地教和怎样地学。

现代教育理论要求，教师设置问题和学习活动的时候要让学生"跳一跳摘到桃子"，教师要关注学生的"最近发展区"：已有发展水平和可能达到的发展水平,两者之间的矛盾推动学生的发展;学生的发展不仅仅是指当下的发展,更是指未来的、终生的发展,是学生未来适应能力、继续学习能力、接受挑战并改造环境能力的发展。有了上述的认识,我对本节课进行了改进,并进行了第二次尝试。

二、第二次实践

(一) 片段一:揭示平行四边形概念

教师:你们真善于观察,找到了这么多四边形。你们能创作出四边形吗?

教师:请你们在点子图上画四边形,画出的四边形尽可能的多。为了便于交流,我们把这些图形编上号。先来看看这位同学创作的四边形,仔细观察,你能发现什么?(释放学生原认知)

学生:都有四条边,都有四个角。对,有四条边就可以围成一个四边形。

教师:在这些图形中,哪些是我们最先学习的呢?(长方形、正方形)我们先来观察长方形。仔细看,你观察到什么了?(贴长方形)

学生1:四个角都是直角。

教师:他找到了直角,说明它的这两条边具有怎样的关系呢?哪两条边互相垂直?请这位上前面指指,长方形还有哪两条边互相垂直?(学生上前指)也就是说,相邻的两条边互相垂直。

学生2:对边平行。

教师:互相平行也是线的位置关系。你能指一指平行线在哪儿呢?你们能从边的位置关系来判断出长方形的对边是互相平行的。(板书:平行)

学生3:对边相等。

教师:你是怎么知道的?你真善于积累。

教师:看到长方形你又想到哪个图形了?(贴正方形)为什么?特殊在哪儿呢?观察正方形,你又能发现什么?

学生:直角、对边平行、四条边都相等。

教师:这上面还有哪个图形也是画了两组平行线围成一个四边形呢?

（平行四边形）谁能指出这两组平行线在哪儿？（贴平行四边形）

教师：还有几号四边形你能看懂了？（贴梯形）谁找到了他说的这组平行线？

教师：（出示：一般的梯形）这个图形你画到了吗？（补充学生的认知）能指指它的平行线吗？

教师：（出示一般四边形：凸四边形和凹四边形）你能看懂吗？发现了什么？观察这些四边形，刚才我们从边的位置关系，读懂了这些图形。

（在分类中完善概念）

教师：现在能根据对边是否平行，（板书：平行）给这些四边形分分类吗？请你们从信封中拿出这些图形，把分类的结果在这张纸上摆摆。（学生动手操作）谁说说你们是怎么分的？

教师：谁读懂这个意思了？她是按照什么标准来分的？按平行分的还可以怎样分？

教师：谁读懂这个意思了？她是按照什么标准来分的？是按平行线数量来分，她这种分法是在前面的基础上分的更加具体了！讲的也很有道理。

教师：仔细观察每一类图形，它们最大的区别是什么？

教师：（指第一类）这一类图形，有两组平行线的图形，叫作平行四边形。（板书：平行四边形）老师再加上一个词，这样就使概念描述得更加严谨了！

教师：（指第二类）这类图形，我们管它叫梯形。（板书：梯形）你们能用自己的话说说什么是梯形吗？

学生：只有一组对边平行。

教师：这么表述就更加准确了！用这么一个小小的"只有"，就涵盖了大家的意思。既然用得那么好，我们就写在黑板上跟大家共享吧！这就是我们这节课主要研究的两个图形。（板书：和）

教师：（指第三类）这还有两个图形呢，给他们也起个名字吧？（板书：不规则四边形）

（二）片段二：建构联系

教师：猜想验证——关于平行四边形，除了对边平行，还有怎样的特点？

学生1：对边、对角相等。

教师：你怎么知道它的对边相等？你有什么办法？请你在小组内自己验证一下。

（学生2：实物投影验证过程）

教师：刚才我们动手操作发现了平行四边形不仅对边平行，而且对边相等、对角也相等。

教师：这是什么图形？（梯形。教师课件演示让上边的一条边动）

教师展示（一般梯形——直角梯形）：我这个梯形是在变化的，它还是不是梯形？这个角是直角说明什么？能给这个梯形起个名字吗？

教师展示（直角梯形——一般梯形）：为什么？产生异议了，怎么办？

教师：不管梯形的位置、形状怎么变，只要满足只有一组对边平行的四边形，就是梯形。

教师：这是什么图形？（平行四边形。教师课件演示让一个角动）

教师展示（平行四边形——长方形）：还是平行四边形吗？为什么？长方形特殊在哪？长方形和平行四边形有怎样的关系？

教师展示长方形——正方形：这是刚才的长方形，它与正方形又是怎样的关系？

教师：看来平行四边形和长方形、正方形之间是有联系的！长方形和正方形都是特殊的平行四边形，特殊在哪儿？正方形是特殊的长方形，特殊在哪儿？

教师：如果用一个大圈表示四边形，你能在里面画一些小圈表示这些四边形的关系吗？

教师：这样划分，你的分类标准是什么？

（这里所有的空白的地方都属于不规则的四边形）

教师：我们用这样一幅图来表示它们之间的关系。你能结合图再来说说四边形的关系吗？（水到渠成）

好的预设是成功的开始，教师备课时要充分预设学情。站在学生的立场考虑难点所在，选择合适的教学方法，让学生在活动中发现问题、解决问题，并得出结论，最后师生一起验证结论的正确性。这样的生成是以预设为基础的，在教师的引导下，学生通过探究完成知识的学习，同时也在探究过程中体验到成就感。

三、总结反思

布卢姆指出："没有预料不到的结果，教学就不能成为一门艺术。"因此，教师应加强课前教学设计的研究力度，充分预设教师、学生、文本之间多边对话而出现的可能情况。如：学生在课堂活动中的状态与需求，他们的学习兴趣是什么？学习方法与思维方式？充分预设学生会提出什么问题、喜欢怎样的学习方式、生活有怎样的体验、解读会有哪些感悟、探究会有哪些答案、练习会出现什么错误……我们只有尽可能地把课堂生成纳入自己的教学预设中来，才可能在课堂教学中做到游刃有余，真正实现预设中有生成，生成中有预设。

四、结束语

课前备课、写教案固然重要，但课后反思，进行二次备课，更有利于学生学习和教师的专业成熟与提高。教案的价值并不仅仅在于它是课堂教学的准备，教案作为教师教学思想、方法轨迹的记录，也是教师认识自己、总结教学经验的重要资料。在教学实践中，课堂一旦放开，真正活起来，就会有很多突如其来的可变因素，学生的一个提问、一个"发难"、一个突发事件，都会对原有的教学设计提出挑战。

教师在课后把这些突发事件记录下来，对自己的教学观念和教学行为，学生的表现、教学的成功与失败进行理性的分析，通过反思、体会和感悟，可以帮助自己总结和积累经验，形成一套能适应教学变化的、能出色驾驭课堂教学的知识体系和本领。我觉得，所谓关注原点，也就是关注学生最真实、最本质的状态。从真实的状态出发、从学生已有的认知出发、从学生的内心需求出发引导组织课堂教学，真正使我们的教学"取之于学生，用之于学生"，真正让学生在课堂中得以提高。

小学低年级数学课堂教学中画图能力的培养

李玉娜

摘要： 小学低年级学生的思维以形象思维为主，对抽象知识的接受和理解能力还比较弱。本文从北京市朝阳区酒仙桥中心小学低年级教学中画图能力培养展开分析，针对问题提出相应的措施，最终实现在教学中培养学生的画图能力。

关键词： 解决问题　策略　数形结合

小学低年级学生的思维以形象思维为主，对抽象知识的接受和理解能力还比较弱，在学习概念及解决问题过程中常常需要借助直观图来帮助理解。另外，在小学数学教学中，学生解决问题的策略历来就是重点和难点，他们往往在课堂教学上学懂知识，在运用时却又可能出现茫然失措的情况。我认为主这主要是学生欠缺一些数学思想方法的缘故。在众多数学思想之中，最重要的又是数形结合的思想。在低年级数学课堂教学中，学生主要通过画图来学习、理解、体会数形结合的思想。

一、我校低年级数学教学中画图能力培养的问题分析

（一）学生的画图作品得不到重视

在小学低年级，学生的具体形象思维还要经历一个相当长的发展、变

化过程，他们的思维是带有明显的具体形象性的。他们需要形象的、直观的帮助才能理解抽象的、超出个体经验感受的字和单词，他们还需要借助实物或者手指帮助才能进行运算。但是我们很多教师，往往在授课时只是为了完成教学任务，从而忽视了低年级学生的认知发展特点，在如何培养低年级孩子画图能力方面不作思考。

（二）教师画图策略教学不到位

在数学教学中，有时会碰到文字叙述抽象、数量关系复杂的问题，小学生的思维处于形象思维向逻辑思维过渡的阶段，对于一些抽象问题理解比较困难。学生学得不扎实，对数学学习的兴趣也会大大降低。

（三）学生画图解题意识能力薄弱

另外，在中高年级数学教学中，随着知识难度的增大，我们发现，会做题的学生不画图，不会做题的学生找不到画图的思路、想不到画图。学生利用画图来解决实际问题的意识不强，画图的能力也不强，利用画图来检验自己的解题过程和结果的学生更是寥寥无几。

针对以上现象和问题，我认为在低年级就应该开始培养学生的画图能力，力求在数学教学中让学生学会自主地应用画图策略解题。因此，我总结了一些平时的点滴做法。

二、在低年级数学课堂教学中培养学生画图能力的做法

（一）创造机会，鼓励学生画

实际上，我们的数学教材根据学生的认知特点和学习需求已经作了有针对性的安排：一年级出现了大量的情境图、实物图，画图策略处于萌芽阶段；二年级（下册）开始出现直条图呈现信息，逐步抽象数量关系；三年级（上册）正式教学线段图……这样的安排从具体到抽象，符合学生对画图策略逐渐认识、理解、运用的过程，为学生积累了足够的表象与经验。可以说，画图策略十分清晰地孕伏于低年级的教材中。另外，在平时的教学中不难发现，孩子喜欢用"画图"策略解决问题，而且，通过画图还能看出孩子的思维能力与水平。作为教师，我们应该抓住这个契机，为学生创造机会，鼓励学生多用画图策略来解决问题。

例如，一年级加法的认识，教师设计情景：小丑一只手拿3个气球，另一只手拿1个气球，把两只手的气球合并起来；你能不能用自己喜欢的方式把这个过程记录在纸上？

低年级儿童正处于"解决问题"的启蒙阶段，老师在学生已有知识的基础上，引导学生用图画表示数学情景和问题，让学生在画图的过程中认识整体与部分之间的关系这一低年级数学问题的基本结构。让学生知道，两个部分可以合并成一个整体，一个整体可以分为两部分；整体中去掉一部分，就剩下另一部分；求整体（总数），就把两部分合起来，用加法算；求部分数，从整体中去掉另一部分，用减法算。学生在画图的过程就是一个"数学化"的过程，这不仅能促进学生理解题意，掌握基本的数量关系，更能帮助学生从中找出解决问题的方法。

（二）善用资源，教会学生画

在最初的计算教学中，我只是教给学生计算的方法。因此，学生便知其然而不知其所以然，对计算的兴趣不高，感到枯燥无味，进而导致计算正确率低，数学思维能力也没有得到应有的培养。重新审视自己的计算教学后，我采用了让学生主动地在小棒图中圈一圈、画一画等方式，帮助其理解算理。例如，二年级上册100以内的进位加，利用竖式进行计算。这时我采用开放式教学，因为班中学生已经有了用画图来解决问题的意识，所以我设计了：35＋37＝72，请你用自己喜欢的方式来进行解释说明。班中很大一部分学生采用了画图来解释说明。

通过画图，把原本抽象的题意形象地展示给学生，帮助学生把抽象思维建立在具体图画的基础上。如果能在低年级就学会这样的解题策略，那在以后对于较难找到解题方法的题型，学生也能利用画图来尝试解题；这样就提高了解题能力，提升了数学素养。

又如：小丽前面有3人，后面有2人，这一队有多少人？对于一年级的学生来说，有时很难想到题中还有个隐含的"小丽"，往往列出来的算是"3＋2＝5（人）"。

要是借助直观图形展现出排队的情况，学生就会非常明显地发现队伍由3部分构成,前面的人、小丽和小丽后面的人,算式也自然会变成"3+1+2=6(人)"。在这个过程中,教师要引导学生体会示意图对解决这个数学问题的重要作用,感受画图策略的价值。学生也在不断地学习中积累经验,丰富解决问题的方法。遇到像"从前往后数,小丽排第4,从后往前数,小丽排第3,这一队一共有多少人"的问题,学生就会联想起直观图的作用,以直观图形作桥梁,分析题中的数量关系,从而解决数学问题。

(三)拉动内需,引导学生画

数学是一门抽象的学科。画出图形让学生从直观图入手,把抽象问题形象化,有助于学生掌握基本概念、提高计算能力,从而有效地解决生活中的数学问题。在小学数学教学中适时渗透画图策略,切实利用好"画图"这根"拐杖",可以使抽象的数学概念直观化,使计算中的算理形象化,使复杂的问题简单化,从而提高学生的思维能力和数学素养。

例如,在二年级上册学习相差问题时,掌握"已知一个数比另一个数多(少)几,求这个数"用加法(减法)计算,是这节课的重点;"为什么要用加法(减法)计算",是这节课的难点。

伴随着学习的过程,教师要鼓励学生动手尝试画图。在教学中,教师利用实物图而且借助线段图来帮助学生突破难点,引发联想,化抽象为直观,揭示概念本质;化复杂为简单,呈现数量关系;化隐性为显性,再现想象模型。使学生在画图的过程中,读懂题目、明确问题、寻找条件,把文字转化成图画,发现数量关系,再把图画转成思维:到底什么时候需要画图?画怎样的图?画图时有什么注意点?有了图怎样进一步思考……当学生面对复杂的文字叙述解决问题有困难时,教师通过启发引导,使学生产生了画图的动机和需要。

三、取得的效果

经过两年的培养和训练,我们班学生的画图能力有了明显提高,孩子们不但乐意画,而且已初步养成了用画图解决问题的策略。很显然,低年级的孩子喜欢画画,喜欢图文并茂的形式,这源自低年级学生正处在形象思维为主、渐渐向简单的逻辑思维转变的过程，而这一时期也正是求异思维比较活跃的一个时期。如果在这一时期做好了"数"与"形"的衔接，对孩子以后的抽象思维能力以及空间想象力的培养都能够起到事半功倍的作用。同时，用孩子自己的方式去解决问题，孩子快乐了，学习也更有趣味了，数学也就更有味道了！

　　策略不是教会的，而是体会之后形成的一种意识。这种遇到什么问题就想到用什么合适方法的意识，就是策略。在学生解决问题的过程中，画图不是最终目的，画图是一种中介，画图是为了更好地思维。通过画图，成功解决问题，让学生真正感悟到其作为策略的价值。

参考文献

　　[1] 沈雅艳："小学低年级数学教学中创新能力的培养分析"，载《高中生学习》2013年第10期。

　　[2] 李季："小学低年级数学课堂教学要注意兴趣的培养"，载《中国新技术新产品》2008年第14期。

　　[3] G.波利亚：《怎样解题》，科学出版社1982年版。

小学数学如何提高课堂时效性的研究
——让学生在体验中学习数学

王晨杰

摘要：《数学课程标准》提出："要让学生在参与特定的数学活动，在具体情境中初步认识对象的特征，获得一些体验。"所谓体验，就是指"通过实践来认识周围的事物"。体验性学习，就是指学生主动经历学习活动并获得相  应的认知和情感的直接经验的活动。学生亲身体验了学习的过程，才能更好地在体验中逐步掌握数学学习的一般规律和方法，逐步建构自己的知识体系。因此，教师要以"课标"精神为指导，让学生不再被动地接受知识，而是在体验、领悟和创造中学习知识。

关键词： 小学数学　体验性学习　课堂实效性

一、走进生活，体验有价值的数学

心理学研究表明，学习内容和学生熟悉的生活越贴近，学生领悟并且接受知识的程度就越高，原因是具体、生动、形象的生活更容易让学生产生共鸣。教师应该充分利用学生已有的生活经验，创设生活化的教学情境，引领学生走进熟悉的情境中，去感受，去体验品味，这样才能在头脑中形成更鲜活的形象，进而更好地发现和学习数学知识。

新课程指出"数学知识源于生活"。教师只有从现实生活中引入活水，充分挖掘现实生活中蕴含的数学信息，把书本上枯燥无味的知识和学生所熟悉的现实生活有机地联系起来，找到最佳的学习切入点，才能引领孩子走进数学的王国，让学生在情境中得到深刻的感悟，在感悟中加深对知识的理解，在理解中感受数学的价值所在。

例如，在进行《等量代换》的教学中，可以以教师出国旅游为背景，创设兑换钱币的生活情境：在国外购物时，有些地方是不收人民币的，怎么办呢？（用人民币兑换相应的新元或泰铢）为了便于兑换，来看看当时导游是怎样帮我们进行交换的，课件：1新元=5元人民币，4泰铢=1元人民币。

提出问题：那你知道1新元相当于多少泰铢吗？力图在真实的情境中引领学生去探求新知，运用等量代换的思想去思考、解决生活中的实际问题。

现代建构主义的情境认知理论认为，生活情境是知识经验建构的、最可靠的生长基石，它是知识经验得以保持其生命力和价值的根本条件。数学源于生活，服务于生活。如果我们能把生活中的问题转变为数学学习中的探究对象，就能够让学生真正体验到数学本身的价值，进而产生强烈的探究学习动机。

二、创设有趣情境，体验有趣味的数学

夸美纽斯认为："应该用一切可能的方式把孩子们的求知与求学的欲望激发起来。"课堂上，教师应尽可能设计出生动有趣、直观形象的数学教学活动，充分利用学生的兴趣把握教学的有利时机，点燃孩子们心灵的智慧火花。例如，做游戏，使学生全身心地置于数学活动环境中，增加实际体验，切身地感受到数学的趣味。在教学过程中，教师要多为学生创设情景。例如，在教《平行四边形与梯形》一课中，在认识了平行四边形与梯形的概念后，教师设计了一个猜图形的游戏：用数学书挡住一个图形，逐渐移开数学书，让学生观察，利用所掌握的知识猜图形；再在不断移动数学书的过程中，逐渐否定自己的猜想，最终确定正确的答案。

在这个游戏中，学生的积极性可以说是被完全地调动了起来，参与的热情高涨，真正体验到了数学的趣味性。不仅如此，学生在愉悦的氛围中再次复习、巩固了长方形、正方形、梯形、平行四边形的概念，并深刻地

理解了各个图形间的联系与区别，对知识有了更为深刻的感悟。

三、实践操作，体验知识的建构

心理学家皮亚杰曾说："思维是从动作开始的，切断了动作和思维之间的联系，思维就得不到发展。"小学生的思维特点是，从以具体形象思维为主要形式逐步过渡到以抽象思维为主要形式。因此，要实现这个过渡，实践操作就自然而然地成为了学习数学重要的途径和方法之一。操作是智力的起源、思维的起点。在操作活动中，学生的各种感官能被充分地调动起来，积极参与探索、学习知识的过程，进而带动大脑进行思维。

例如，在教《面积的初步认识》一课中，我为学生提供了丰富的学具帮助他们学习面积大小的比较方法。在比较过程中，学生运用了剪拼、重叠、折、摆等多种方法进行操作比较。这样全面、主动地参与到学习过程中，使不同的学生在数学学习中获得不同的发展，个性得到张扬。

在教学《等量代换》一课中，让学生思考：1新元相当于多少泰铢？提出问题后，要求学生以小组为单位，通过画一画、摆一摆、算一算等不同的方法来解决这个问题。然后比一比，看哪个组方法多，并且能让别人一眼就看懂你们的想法。学生利用学具，进行实践操作；摆、画的过程，就成为帮助学生分解知识的形成过程。借用具体形象的操作来驱动内在的思维活动，并把具体形象的操作过程抽象成数学的表达，最终顺理成章地得出算式。

实践操作活动既能激发学习兴趣，又能发展学生智能，让学生从中感悟并理解新知识的形成，体验学习数学的方法和过程，获得数学活动的经验。因此，在教学中要多为学生创设实践操作的机会，让所有学生都通过实践操作活动，去发现学习的乐趣，体验学习的魅力。

四、合作探究，体验知识的交融、学习的乐趣

著名作家萧伯纳说过：如果两个人各有一个苹果，交换后每人还是一个苹果；如果两人各有一种思想，交流后每人至少拥有两种思想。教师若能够在课堂中为学生构建平等自由的对话平台，那么，就会使学生处于积极、活跃、自由的状态，进而在课堂中出现始料未及的体验和思维火花的

碰撞，产生更多的有价值的数学知识，真正让我们的孩子体验"数学"的乐趣。在这个过程中，不仅可促进学生进行资源共享，发展思维，培养合作意识，而且还可以促进学生不断反思，不断完善自己的认识。

"小组合作学习是以小组活动为主体而进行的一种教学活动。"以小组合作的形式组织教学，能促进彼此间进行有效的思想交流，进而使学生的思维能力得到进一步提升、学生之间的合作交往意识日益增强。在小组合作学习的过程中，学生的积极性会得到充分的提高，乐于表达自己的见解，由此，自身的才能也得到了充分地发挥。

在探究测量各种图形周长的方法时，为了倡导方式方法多样化的理念，并培养孩子有效地进行学习，我们采用了小组交流的合作方式。学生的想法各异，积极性特别高，在小组内展开了激烈的讨论。最后，乏味的数学测量突然间变成了有趣的问题。经过积极交流探讨，学生们想出了很多办法。在交流的过程中，优等生有效地起到了引导作用，给学困生以思想上的点拨和指导，使小组合作学习真正促进了学生的发展和教与学的目标达成。

儿童心理学家认为，"儿童具有一种与生俱来的学习探究的能力，他们渴望在学习中获得乐趣"。在教学活动中，教师应该充分相信学生的智慧，该放手时就放手，让学生的大脑在课堂中真正的"活跃起来"。学生们在合作学习中所体验到的不仅仅是对知识的感知，更是同学之间情感的交流、思维火花的碰撞。

五、适时恰当的评价，让学生体验学习数学的愉悦

如果说富有情趣的情境是学生"学习兴趣"的开始，那么有效的课堂评价则是学生参与下一次学习活动的强大动力。在课堂上，对于学生的精彩表现要及时给予肯定性的评价。肯定性的评价语言是最好的激励词，教师精彩的课堂评价语可以深深地打动每个孩子的心灵，产生心与心的交流，从而使课堂焕发青春的活力。所以，我们应该赞誉、鞭策优秀生，肯定、鼓励中等生，宽容、激励后进生，坚持捍卫每一位学生在课堂上发言的权力，并鼓励他们自圆其说、张扬个性，让每一位学生都能体验到成功的喜悦，感受到表达的快乐，让课堂更具吸引力。

六、联系生活，再次体验数学的价值

《数学课程标准》中指出："教师应该充分利用学生已有的生活经验，指导学生把所学的数学知识应用到现实中去，以体会数学在现实生活中的应用价值。"

（一）用数学知识解决实际问题

课后，引导学生将所学的基本知识与技能应用到现实生活中去，使他们真正感悟到数学的价值所在，培养他们解决问题的能力。

例如，学习《位置与方向》后，让学生独立画出校园示意图：想一想，就我们学校的校园建设方面，你有什么建议吗？

（二）用数学方法进行综合实践活动

数学知识在实际生活中有着广泛的应用，只有让学生真正地运用数学方法解决生活实际问题，实现数学与生活的紧密结合，才能帮助学生学会生活，提高生活实践能力。

学完折线统计图后，让学生去调查某个班级在1~6年级近视眼的人数，制作成折线统计图，并思考：根据折线统计图，你能发现什么问题吗？对这些近视眼的学生，你有什么好的建议？

数学知识来源于生活，又服务于生活。因此，在数学教学中，我们不仅要教学生掌握知识，更重要的是学会应用。教师应善于捕捉生活中的数学现象，引导孩子用数学的眼光去发现、解决现实生活的问题，从而让学生真正体会到生活中处处有数学，感受到数学的无穷魅力。

体验性学习，就是指学生主动经历学习活动并获得相应的认知和情感的直接经验的活动。学生亲身体验了学习的过程，才能更好地在体验中逐步掌握数学学习的一般规律和方法，逐步建构自己的知识体系。因此，教师要以"课标"精神为指导，用活用好教材，进行创造性地教，让学生经历学习过程，充分体验数学学习；让学生不再被动地接受知识，而应是在体验、领悟和创造中学习知识，感受到数学的趣味和作用，体验到数学的魅力。

参考文献

［1］中华人民共和国教育部：《数学课程标准》，北京师范大学出版社2011年版。

［2］皮亚杰"认知结构的平衡"，见［瑞典］皮亚杰著，姜志辉译：《心理发生和科学史》，华东师范大学出版社2005年版。

说一说，让思维飞起来
——小学数学课堂教学中培养学生语言表达能力的思考与实践

岳雪媛

摘要：本文从数学教学中的学生课堂表达现状出发，阐述了在数学教学中培养学生语言表达能力的重要性。从激发学生数学课堂的语言表达欲望、引导学生课堂语言表达、有效地让全体学生在数学语言表达上有所提高这三方面出发，结合自身教学经验，提出了数学课堂教学中学生语言表达能力培养的几点思考与实践：创设良好的表达环境，激发学生说的意愿；教会语言表达的策略，发展学生说的思维；规范课堂表达语言，强化学生说的能力；通过不同的表达方式，培养学生说的习惯。

关键词：小学数学　语言表达　课堂　实践

语言是人类最重要的交际工具，它同思维有密切的联系，是人类思维和表达思维的手段。现代心理学、教育学认为，语言的准确性体现着思维的周密性，语言的层次连贯性体现着思维的逻辑性，语言的多样性体现着思维的丰富性。要提高学生思维能力，就必须培养学生的语言表达能力，即通过听、看、想、说等活动充分挖掘学生的潜能，促进其思维能力的充分、有效发展。培养学生的语言表达能力不仅是提高学生观察力、思维力、想象力的重要依据，而且对于发展学生的智力也有极大的帮助。

在平时的课堂教学中也不难发现，学生在课堂交流时，都是少数几个学生争相发言，绝大多数学生却变成了光听不说的"听众"，即使被迫发言也是吞吞吐吐，声音很轻。这部分学生由于经常不表达自己的想法，对于别人的想法总是被动接受，被动学习，缺乏兴趣。他们即使表述自己的意见，语言也会变得啰唆、词不达意、条理不清、疙疙瘩瘩，有的干脆站立不语。长此以往，极大地影响了学生思维能力的发展。

一、数学课堂上长久持续地进行语言表达能力培养的作用

数学是一门思维严密的学科，数学课堂的语言表达同样具有其独特的逻辑性、严密性、科学性。学生通过语言表达不断地内化数学概念、公式、定理、法则等，从根本上理解这些数学知识。通过语言表达能力的培养，可以提高思维的有序性，提高解决问题的能力，最终学好数学，所以在课堂上长久持续地进行语言表达的培养非常有必要。其作用主要表现在以下几方面。

（一）活跃课堂气氛，激发学生兴趣

教师单一形式的讲解往往使课堂变得死气沉沉、缺乏趣味性，导致学生学习兴趣低，学习效率差。教师要引导学生既动手又动口，并辅以其他教学手段，寓教学于游戏、娱乐之中，活跃课堂气氛，调动学生的积极性，激发学生的学习兴趣，提高课堂效率。

（二）可以帮助学生建立良好的逻辑思维

新课标指出："学生的数学学习内容要有利于学生主动地进行观察、实验、猜测、验证、推理与交流……"而以上"观察、实验、猜测、验证、推理与交流"等行为及思维形式都得由语言作为手段来进行。教师在教学活动中经常地、有意地让学生有条理地、清晰地阐述自己的观点，有利于学生逐渐形成良好的思维习惯，从而建立对数学学习乃至对生活都有帮助的逻辑思维。

（三）提高表达和理解能力，促进有序思考

在不断的、有序的语言表达中，学生说多了，自然表达的能力会越来

越好。说多了，自然就逐渐形成了思考的习惯，从而有序地思考。学生具有良好的口头表达能力和语言的理解能力，对数学的学习有着重要的帮助作用。所以，教师根据教材有计划地并严格地要求、引导学生表达，有利于培养孩子的表达能力，特别是理解能力，从而形成良好的思考习惯。

综上所述，数学课堂上的表达训练，不但可以活跃课堂气氛、锻炼学生的口头表达能力，更重要的是培养了学生有条理、有系统地进行思维的良好习惯，增强了其思维的流畅性，促进了学生的智力发展，提高了学生的数学学习能力。那么，如何激发小学生数学课堂的语言表达欲望？如何更有效地让所有的学生在数学语言表达上都有所进步？如何在数学课堂中引导学生的语言表达？这些问题值得我们思考。

二、数学课堂教学中培养学生语言表达能力的实践

（一）创设良好的表达环境，激发学生说的意愿

通过调查发现，在课堂上沉默不语、怕说错、不想说的学生占70%左右。而不想说的原因有："老师说得太快，来不及说，不让我们说""说错了同学要取笑，说了也没意思"……究其原因，主要是教师在课堂上的主导性、权威性较突出，课堂设计上过于死板、沉闷，学生个性内向、自卑，同学之间包容性差，导致学生不愿想、不敢说。所以，要让学生自信地张口，教师首先必须做的就是建立民主平等的师生关系，在课堂上以一个共同学习的伙伴出现，使学生在课堂中有安全感、有主人翁感。同时，教师作为课堂的组织者应努力使课堂气氛欢快、愉悦。通过这样的气氛激发学生的思维，使学生有说的欲望，让学生敢想敢说。

教师在课堂上应积极鼓励学生多说。学生在不断得到鼓励时，他们的语言表达才能完全与流畅的思绪一致，他们的智慧和创造力才能得到充分释放的机会，感受到成功的愉悦，也才有畅所欲言的欲望和兴趣。所以，在课堂中，教师提问时面向全体学生，尽量让每一个学生都可以各显其才，有意识地根据问题的难易程度选择不同水平的学生回答。难度偏低的问题，让一些学生回答，哪怕是说头丢尾，也以鼓励为主；再请其他同学补充，让一些学生拿别人之长补自己之短，并记忆更深，又不打击他们说

的积极性。让一些学生回答一些思考性较强的问题,不太难的问题则安排另一些学生回答。这样,调动每个学生说话的积极性和主动性,使各类学生的思维水平和表达能力同时在原有的基础上得到发展和提高。

课堂提问时也要注意方式方法,尽量采用"你知道这是为什么呢?""你来讲一讲好吗?""我们共同来探究好吗?"等协商、诱导的语气,使课堂氛围变得民主、和谐,让学生思想上变得轻松,愿意勇敢提出问题并发表意见。也可采用"谁听懂他的话了吗?你能用自己的话再来说一说吗?"来提问,使每个同学以各自不同的理解表达相同或不同的观点,让学生在说的同时展现自己的个性和观点,使课堂丰富多彩、个性突现。

(二) 教会语言表达的策略,发展学生说的思维

当学生具备一定的语言表达意愿时,我们又发现,学生的语言表达存在用词不当、句意不连贯、语句不完整等毛病,缺乏数学语言所特有的逻辑性、完整性,语言的组织能力相对比较弱,这就阻碍了对数学知识的正确表达,数学思维得不到正常反映。由此,课堂的组织者——教师,就需要充分发挥引导的作用,有目的地为学生提供准确的语言表达模式及策略,让学生知道应该怎样有条理地表达。

在教学计算时,要训练学生条理清晰地叙述算理。如在教"除数是一位数的除法 $432 \div 5$"时,引导学生观察并交流:被除数的前一位数比除数 5 小,商不够 1 个百,就要把 4 个百和 3 个十合起来是 43 个十;除以 5 得 8 个十,8 要写在十位上;再把十位上余下的 3 和个位的 2 合起来是 32,除以 5 得 6,余 2;所以,商是 85 余 2。让学生通过语言表达,明确算理,深化算法,进一步准确计算。

在实践操作时,要训练学生表达得完整连贯。如在教《平行四边形面积计算》时,首先引导学生怎样剪、怎样拼,之后再让学生动手操作;操作完成后,让学生依次回答下面的问题:(1)割补的长方形与原平行四边形面积大小怎样?(2)长方形的长、宽与平行四边形的底、高有什么关系?(3)长方形面积怎样计算?那么,这个平行四边形的面积呢?通过连续完整的语言,推导出平行四边形面积的计算公式。

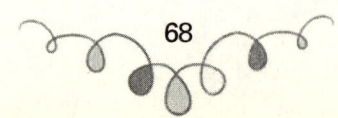

在教学解决问题时,思路的表达要简明精练。如在教学两步计算"李伯伯家养了42只鸡,养鸭的只数是鸡的一半,李伯伯家一共养了多少只鸡鸭?"训练学生表达思路:"要求李伯伯家一共养了多少只鸡鸭,就要先求出李伯伯家养了多少只鸭;通过养鸭的只数是养鸡的一半,可以求出鸡的只数,然后再加上鸭的只数就可以了。"让学生在数学课堂口头语言表达过程中,认识自己的思考过程,提高解题能力,提高学习效率,改变学习方式。

教给学生有条理地用数学语言来表达和思考的策略,把知识的获取与发展数学语言有机结合起来,以语言促思维,让学生能说、善说。

(三)规范课堂表达语言,强化学生说的能力

数学语言是一种特殊的语言,它要求用词精确、简练,具有逻辑性强的特征。教师对学生进行规范数学语言的训练,实质是训练习学生思维的过程,因此,在数学教学中应重视对学生规范数学语言的训练,通过规范语言表达,使学生做到善想善说。

我在平时的教学过程中,经常要求学生们用语言表达出自己的思维过程,学生通过表达可以及时纠正自己思维中的不足。同时,不断地表达也有利于学生对自己的表达语言的自我规范,有利于学生在今后的学习过程中对概念、性质、法则及公式的学习。长此以往,学生数学语言的表达才能越来越精练、简洁,有逻辑性。

首先,当学生语言表达有困难时,教师应起到示范作用。小学生具有较强的模仿能力,作为教师本身应注意语言的规范化,让学生在模仿中形成规范的数学语言。所以教师语言要具有准确性、示范性,教师说话时必须语法规范,用词恰当,言简意明。

其次,学生的数学语言表述缺乏规范性,无序时,教师可规定一定的格式。如"要求什么必须先求什么""我根据什么知道了什么""我是这样想的""我们小组认为……""我认为××是对(错)的,因为是……"等,这样表述,使人感到观点明确,思路清晰,理由充分,值得信服。当学生表述得不够完善时,老师可在此基础上加以修正;让学生在老师的修

正中感受到数学语言表述的严密性,学生的数学语言表达能力才能得以提升,表达思维也得以拓宽。

(四) 通过不同的表达方式,培养学生说的习惯

数学语言是严密的,同时又是枯燥的。为了让学生能说、会说、善说,教师应采取多种形式来训练学生的数学表达能力,如同桌互说、指名说、小组说、竞赛说、边操作边说等形式,以培养学生语言表达的习惯。

指名说,在课堂上最为常见。学生通过倾听别人的发言,修正自己的意见,改进自己的思路,表达自己的想法;通过合作交流表达,得以深化知识及概念,达到数学课堂的真实提升。

小组讨论、同桌交流。学生在教师的组织下开展小组讨论、同桌交流。组内同学先从小组内获得思维与知识的碰撞,在争辩中取长补短,锻炼说的能力,以加深对所学内容的理解。同时,通过小组的有序活动,使每一位同学都能参与其中。通过表达互相交流,理解思路,举一反三,提升数学课堂活动的灵活性,特别有助于后 1/3 学生表达能力、思维能力及活动能力的提高。

竞赛说。以竞赛的形式,使学生思维越来越敏捷,促进学生思维的发展。如:比比谁说得更完整,看看谁说得更简洁。通过活动,使学生的数学语言越来越简洁,越来越严密,有逻辑性。

边操作边表达。操作是学生动手和动脑的协同活动。学生边操作边表达,由于有操作的帮助,通过表达协同发展思维,内化知识。老师在指导学生动手操作时,要多让学生用数学语言有条理地叙述操作过程,表述获取知识的思维过程,把动手操作、动脑理解、动口表达有机地结合起来,从而理解知识,内化知识,提升学生智力水平。

总之,提高学生的数学语言表达能力,不是一朝一夕的事,需要教师在课堂中多下工夫,让学生通过表达,呈现主动学习的意愿,活跃课堂气氛,锻炼学生的口头表达能力;以不同的方式表达,学习伙伴间相互的知识碰撞,培养学生养成系统条理的思维习惯,提高思维的能动性,最终促进学生的智力发展。

参考文献

［1］吴汝萍："有效提高学生的数学语言能力"，载《小学数学教育》2008年5月。

［2］邵光华，刘明海："数学语言及其教学研究"，载《课程·教材·教法》2005年第2期。

让数学课堂充满生活气息

张卫红

摘要:《数学课程标准》要求"学生的数学学习内容应当是现实的、有意义的、富有挑战性的",指出了数学与生活是紧密联系的。本文就以此为基本理念,提出教师应注重数学课堂中的"生活化"教学。文章首先阐述了注重数学课堂中的"生活化"
教学是符合小学生的认知特点的,接着再阐述在实际教学中应如何注重数学课堂中的"生活化"教学,要求做到以下四点:(1)数学语言生活化,理解数学;(2)数学问题生活化,感受数学;(3)数学情境生活化,体验数学;(4)数学作业生活化,运用数学。论述时理论联系实际,深切地感召广大教师能朝这个方向去努力,让数学课堂充满生活气息。

关键词: 生活化 语言 问题 情境 作业

《数学课程标准》十分重视数学与生活的联系,指出:"学生的数学学习内容应当是现实的、有意义的、富有挑战性的。"一句话,道出了数学教学的生活性,体现了"数学源于生活,寓于生活,用于生活"的思想。生活离不开数学,数学离不开生活,数学知识源于生活而最终服务于生活。在小学数学课堂中,应注重"生活化"教学,把教材内容与生活实际有机结合起来教学,使学生体会到数学就在身边,领悟到数学的魅力,感受到数学的乐趣。

数学家华罗庚曾经说过:"宇宙之大,粒子之微,火箭之速,化工之巧，地球之变，日用之繁，无处不用数学。"这是对数学与生活的关系的精彩描述。数学源于生活，生活中又充满着数学。学生的数学知识、数学活动经验、运用数学解决问题的策略，不仅来自于课堂，还来自于现实生活。在课堂教学中，应把数学和学生的生活实际衔接起来，让数学贴近生活，使学生感到生活中处处有数学，学起来自然、亲切、真实。如何让生活问题走进数学课堂，实现"人人学有价值的数学；人人都能获得必需的数学；不同的人在数学上得到不同的发展"？我在教学中注意从以下四个方面入手。

一、数学语言生活化，理解数学

苏联数学教育家斯托利亚尔曾说过："数学教学也就是数学语言的教学。"在课堂教学的师生交往中，主要是通过言语交流。同一堂课，不同的教师教出来的学生接受程度不一样，主要还是取决于教师的语言素质如何，尤其是在我们数学课堂教学中，要使学生形象地接受、理解抽象化的数学，没有高素质的语言艺术是不能胜任的。看似枯燥无味的数学，实则蕴藏着生动有趣的东西。鉴于此，教师的数学语言生活化是引导学生理解数学、学习数学的重要手段。教师要结合学生的认知特点、兴趣爱好、心理特征等个性心理倾向，在不影响知识的前提下，对数学语言进行加工、修饰，使其通俗易懂、富有情趣。

如教学"百分率"。

教师：成语"十拿九稳"的意思谁能用百分率来表示？

学生（稍作思考后）：90%。

教师：请同学们自己找一些能用百分率来表示的成语，让大家猜猜。

（学生兴趣盎然地找出了一些成语，在小组内讨论，选出代表在全班交流）

学生1："百发百中"——100%的命中率。

学生2："百里挑一"——1%的可能被选中。

学生3："九死一生"——死的可能性为90%，活的可能性为10%。

学生4："大海捞针"——形容可能性几乎为零。

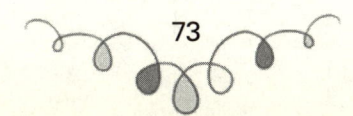

简洁的百分数还可以用来表示含义丰富的成语，多有趣呀！让数学语言生活化，就能让学生爱上数学，让学生觉得数学不再枯燥，真正理解数学的魅力。

如认识"＜""＞"，教师可引导学生学习顺口溜："大于号、小于号，两个兄弟一起到；尖角在前是小于，开口在前是大于；两个数字中间站，谁大对谁开口笑。"区别这两个符号对学生来说有一定的难度，这个富有童趣的顺口溜可以帮助学生有效地区分。

又如把教学"长度单位"改成"长长短短"，把教学"元、角、分"改成"小小售货员"，把"比大小"说成"排排队"等。学生对这些生活味十足的课题知识感到非常好奇，感到学习数学很有趣，更容易理解抽象化的数学。

二、数学问题生活化，感受数学

新的课程标准更多地强调学生用数学的眼光从生活中捕捉数学问题，探索数学规律，主动地运用数学知识分析生活现象，自主地解决生活中的实际问题。在教学中，我们要善于从学生的生活中抽象数学问题，从学生的已有生活经验出发，设计学生感兴趣的生活素材以丰富多彩的形式展现给学生，使学生感受到数学与生活的联系——数学无处不在，生活处处有数学。因此，通过学生所了解、熟悉的社会实际问题，为学生创设生动活泼的探究知识的情境，从而充分调动学生学习数学知识的积极性，激发学生的探索欲望。

例如，在教学"小数减法"一课中，老师提出了如下问题：商店里的圆珠笔每支3.05元，书包每个20.4元，钢笔每支12.4元，小刀每把0.65元，文具盒每个8.45元；如果给你带上人民币有50元、10元、5元、5角、5分各一张（或一枚），而每次只能买一件商品，请你决定买什么物品，应找回多少钱？列出算式进行计算。这样的生活化问题，学生在参与过程中的自由度会很大，他们会不知不觉地利用平常的生活经验去解决问题、去感受数学。

又例如，学习"比和比例"时，组织学生实践，要求学生测量操场边龙爪槐的高度。有的学生提出爬上去量，有的提出砍倒后量……都不是好办法。怎么办？这时，老师拿来一根2米长的竹竿，笔直地插在龙爪槐的旁边。此时阳光灿烂，操场上树影、竿影立即出现。老师问："竹竿长与影长有何关系？"学生们茅塞顿开，悟出了应用比例知识解决这个问题的方法，算出了龙爪槐的高。像这样把数学问题生活化，数学就变得有血有肉、富有生气、丰富多彩了。

又如，生活中每时每刻都要用到估算，要求学生估算一下每天上学到校需多少时间，以免迟到；或估算一下外出旅游要带多少钱，才够回来等。在教学中引导学生寻找生活中的数学问题，不仅可以积累数学知识，让学生通过如此切身的问题感受到学数学的价值所在，更是培养学生探索意识和应用意识的最佳途径。

三、数学情境生活化，体验数学

教育心理学的研究表明，学生在没有精神压力，没有心理负担，心情舒畅，情绪饱满的情境下，大脑皮层容易形成兴奋中心，思维最活跃，实践能力最强。在日常的教学中，应该提供这样的思维环境，创设与学生生活环境、知识背景密切相关的、又是学生感兴趣的学习情境，使学生感觉到在课堂上学习就像在日常生活中遇到了数学问题一样，需要大家一起来实践解决；通过自己的动手操作，集体的共同研究，最终得出学习结论。

如一年级学"圆柱、正长方体、球的认识"，通过看一看（看圆柱有什么感受？）、找一找（学具盒中哪个是圆柱）、摸一摸、比一比（它们是圆柱体吗，鸡蛋、灯泡等的形状是球吗?）、想一想（生活还有那些物体的形状是圆柱）、玩一玩（玩玩圆柱，你发现了什么?）等活动，让学生动眼观察，动手操作，动脑思考，动口叙述，多种感官参加活动；在活动中发现问题，提出问题，解决问题，以动促思，体现了"动中有学""玩中有学"的思想。

如"长方体的认识"这一课的教学，因为长方体中各个部分之间总是存在着"相对"或"相交"的位置关系，所以抓住了这两种关系，就抓住了长方体的结构特点，也就抓住了这节课的核心。那么，如何才能使学生看到并重视这两种关系呢？在生活中常见的鼓掌这一动作上，就可以找到研究"相对"与"相交"的切入点。在上课开始前：（1）请同学们用热烈的掌声向前来与我们共同上课的老师表示欢迎（学生鼓掌）。（2）研究鼓掌动作：①鼓掌动作看似简单，人人都会，但要认真研究起来还真有学问呢。比如这样鼓掌行吗？（教师只用一只手在胸前煽来煽去）②两只手就一定能行吗？（教师用两只手前后交错地在胸前煽来煽去）③那么鼓掌时，两只手的位置应该做到掌心相对。④通过教师手势使学生认识"上下相对""左右相对"和"前后相对"。⑤我们再继续研究鼓掌："你们看这样行吗？"（教师用两手在胸前不断地做十指交叉的动作，当然也没有声音。学生回答："不行，这叫交叉。"）两只手互相交叉，可以称之为"相交"。最后，教师小结："'相对'和'相交'是两个物体间或物体中某些部分间的两种十分重要的位置关系，这种关系在研究鼓掌的动作中有，在我们学习的数学知识中也有。今天我们就要在学习长方体的过程中进一步研究'相对'与'相交'的关系。"利用捕捉到的"生活现象"引入新知识的教学，使学生对数学有一种亲近感，感到数学与"生活"同在，并不神秘。同时，也激起了学生大胆探索的兴趣。

又例如教学"元角分的认识"，组织学生开展一次"我是一位出色的售货员"活动，让他们在逼真的买卖中掌握、消化和应用知识。再如，相遇问题应用题教学，教师采用学生登台表演、情景再现的方法，让学生迅速地理解抽象相关的各种数学术语，既活跃了课堂气氛，又高效率地完成了教学任务。

数学情境生活化，能让学生在现实情境中体验数学知识的产生、形成与发展的过程，获得积极的情感体验，感受数学的力量，同时，掌握必要的基础知识与基本技能。

四、数学作业生活化，运用数学

数学来源于生活而最终服务于生活，尤其是小学数学知识，在生活中都能找到其原型。把所学的知识应用到生活中，是学习数学的最终目的。由于课堂时间短暂，所以作业成了课堂教学的有益延伸，成了创新的广阔天地。

　　比如，有位教师引导学生学习了"时、分、秒"之后，设计了这样的一个生活情境：小明7：00起床，2分钟洗脸、3分钟刷牙、把牛奶和面包一起放进微波炉转5分钟、10分钟吃完牛奶和面包、15分钟走到学校，问他能否在7：30准时到达学校？通过这样与实际相结合的应用情境，既促进了学生用所学的"时、分、秒"的知识计算出经过时间，又在其中培养了学生学会如何合理安排时间，学以致用。

　　例如，教学长方体的表面积后，我设计了这样一份作业：学校准备在暑假中对教学楼进行粉刷，请你帮助学校总务处统计一下，大约需要用多少钱买多少桶涂料？这份作业要求学生观察、了解粉刷教学楼包括哪些部分，通过测量或调查计算出粉刷面积后，还要去市场上调查，一桶涂料大约可以涂多少面积的墙面、涂料的单价等。解答这份作业，还需要学生分工合作，否则很难在规定时间内完成。

　　认识了人民币，可以让学生用自己的零用钱买需要的东西。还可以给学生一些钱，让学生设计一些买奖品的方案，这不仅需要学生去调查同学们对哪些商品比较喜欢，还需要去调查商品的价钱；既要保证数量充足，又要能体现奖项等次。学习了统计知识和百分比应用题，可以去统计本校学生人数以及男女生比例。会计算图形面积，可以算一算自己家里的面积、所用瓷砖的块数等。再如，布置学生"观察你家中的物品，找出几道乘法算式""你家一天的生活费用是多少，记录下来，制成表格，再进行计算"，让学生比较使用"液化气"和"电"哪个便宜；又如，让学生设计校园绿化方案、怎样筹备装修事宜、模拟购物、存款……这些活动既提高了学生的兴趣，又培养了学生实际测量的能力，让学生在生活中学、在生活中用。

　　带有具体性、直观性、开放性、体验性的生活化作业，更贴近生活，让学生带着轻松愉快的心情，学会用数学的眼光观察周围世界，解决实际生活问题。提高学生收集、处理信息的能力、观察能力、实践能力，为他们的终生可持续发展奠定良好的基础。

　　将数学教学与生活相衔接，让学生从生活中寻找数学素材，感受生活

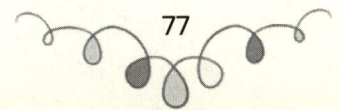

中处处有数学，学习数学如身临其境，就会产生强烈的亲近感和认同感，有利于形成似曾相识的接纳心理。教学实践使我体会到：数学即生活，只有将学生引到生活中去，切实地感受数学在生活中的原型，才能让学生真正地理解数学，使学生感受到我们生活的世界是一个充满数学的世界，从而更加热爱生活，热爱数学。

参考文献

[1] 黄爱华：《黄爱华与智慧课堂》，北京师范大学出版社2006年版。

[2] 杨庆余：《小学数学课程与教学》，高等教育出版社2004年版。

[3] 教育部基础教育司，数学课程标准研制组编：《全日制义务教育数学课程标准解读（实验稿）》，北京师范大学出版社2002年版。

[4] 梁镜清主编：《小学数学教育学》，浙江教育出版社1993年版。

在几何教学中引导学生进行探究学习的研究

张雪娜

摘要：小学数学探究性学习是以学生探究为基本特征的一种数学活动形式。具体是指在教师的启发下，以学生已有的知识经验和生活经验为基础，以现行教材为基本探究内容，为学生提供充分自由表达、质疑、探究、讨论问题的机会，让学生通过个人、小组、集体等多种解难释疑的尝试活动，自己发现问题、提出问题、分析问题、解决问题的一种教学活动形式。它可使学生学会学习和掌握科学方法，为学生终身学习和发展奠定基础。而这种学习方式在小学几何教学中起着重要的作用。我在几何教学中尝试着从以下几方面进行了探究学习的研究：创设情境，激发探究欲望；在探究活动中，使学生亲身经历"做数学"的过程；在实际应用中深化探究意识。

关键词：几何　引导　探究　研究

小学数学探究性学习是以学生探究为基本特征的一种数学活动形式。具体是指在教师的启发下，以学生已有的知识经验和生活经验为基础，以现行教材为基本探究内容，为学生提供充分自由表达、质疑、探究、讨论问题的机会，让学生通过个人、小组、集体等多种解难释疑的尝试活动，自己发现问题、提出问题、分析问题、解决问题的一种教学活动形式。它可使学生学会学习和掌握科学方法，为学生终身学习和发展奠定基础。而这种学习方式在小学几何教学中起着重要的作用。

一、创设情境，激发探究欲望

人的思维起始于"问题"，问题情境具有情感上的吸引力，容易使学生产生学习的兴趣，形成寻求问题答案的心向，从而促使学生运用已有的知识或经验独立地解决问题。苏霍姆林斯基指出："如果不想办法使学生产生情绪高昂和智力振奋的内心状态，就急于传授知识，不懂情感的脑力劳动，就会带来疲倦，没有欢欣鼓舞的心情，没有学习兴趣，学习就会成为学生的沉重负担。"因此，教师要善于通过情境引入新课，激发学生主动探索的动机。有了良好的开端，就等于成功了一半。

例如：在教学"长方形正方形周长公式推导"这节课时，我先出示了一幅图：两个不同的长方形的草地，一只兔子，一只小鹿和一只小猴，并介绍：森林中即将召开一年一度的长跑比赛了，由小猴子做裁判。规则是这样的：要求小兔、小鹿各沿一块草地跑一圈，谁最先跑完即为获胜方。小兔听后马上表示反对，它认为两块草地的大小不同，比赛不公平。怎样才能知道到底公平不公平呢？这回小猴犯了难。哪位同学愿意帮帮它？由于课前学生已认识了长方形的周长，我根据学生已有的知识水平和生活经验，创设一个解决实际问题的情境，引发了学生学的兴趣。

二、在探究活动中，使学生亲身经历"做数学"的过程

"做数学"是目前数学教育的一个重要的观点。简单地说，"做数学"就是让学生在"做"中学数学。也就是让学生在自己的（独立或是几个伙伴的）探索性数学活动中，根据自己的经验，用自己的思维方式，"创造"出自己的数学。这里所谓的"做"就不仅仅指学生的"摆一摆""剪一剪""拼一拼"等这样的动手操作，还包括探索、尝试、验证、合作交流等多种智力参与的行为活动，更包括抽象、概括、演绎、归纳、分析、综合 等逻辑思维活动，不仅指学生"看得见、摸得着"的行为活动，还指那些学生头脑中的"看不见、摸不着"的思维活动。

（一）在探究活动中使学生获得知识

苏霍姆林斯基认为："在人的心灵深处，总有一种根深蒂固的需要，

这就是希望自己是一个发现者、研究者。"学生一旦在自己的活动中无意识地发现了新的知识，就"触及了他的精神需要"，他就会有一种需要探究和满足的欲望，此时，教师应创设一定的情境，给学生一个活动的空间，使学生在这样的活动中获取知识。如在教学平行四边形的认识时，让学生拿出学具袋中的学具以小组合作的形式研究一下平行四边形有哪些特征。在探究活动中有的学生利用测量工具测量出边及角的特点，而有的学生是利用先剪再比的方法也得出了同样的结论；有的学生在对边中间做了许多条垂线，又量得垂线长度相等，从而得出对边平行的结论。在充分探究的基础上，老师再和学生一起整理、归纳出了平行四边形的特征。由于这些知识是学生自己研究发现的，因而理解更加透彻，记忆也更加深刻。

（二）在探究活动发展学生的能力

在几何探究性学习中，学生知识的获得与能力的发展是同步的，包括培养学生的空间观念与空间想象能力，也包括培养学生观察能力、分析能力、逻辑能力、实际操作能力、实践能力等。"能"要渗透于学生"知"的各个环节中，如在"长方体、正方体的认识"一课中让学生观察长方体的各部分及特征时，引导学生按照顺序如"面—线—点""前后—左右—上下"进行观察。这样不但懂得了各部分的特征，更重要的是掌握了一定的观察方法，提高了观察能力。

再如教学梯形面积计算时，让学生利用已有的知识和方法探究梯形面积计算的方法，学生拿出准备好的学具，通过剪一剪、拼一拼，把梯形转化成可以利用公式求面积的各种图形的组合体，通过各种不同的途径推导出了梯形面积计算的公式。以下是学生探究活动的成果：

（1）两个完全一样的梯形可拼成一个平行四边形。

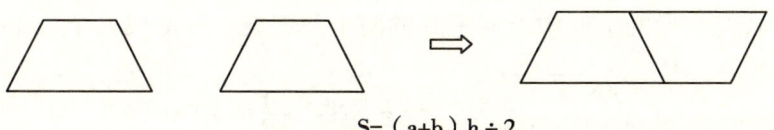

S=（a+b）h÷2

图1　由两个梯形拼成的平行四边形图

两个完全一样的直角梯形可拼成一个长方形。

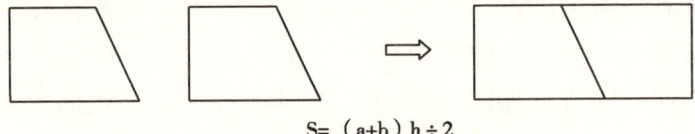

图 2　由直角梯形拼成的长方形图

(2) 沿梯形的一条对角线剪开,分割成两个三角形。

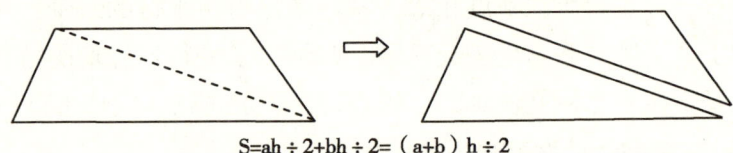

图 3　由梯形分割成两个三角形图

(3) 沿等腰梯形的对称轴剪开,拼成一个长方形。

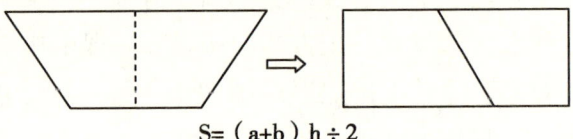

图 4　由梯形拼成长方形图

(4) 沿梯形的中位线剪开,拼成一个平行四边形。

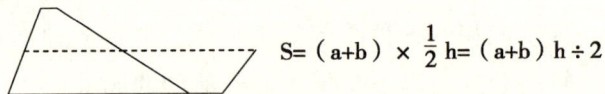

图 5　由梯形拼成平行四边形图

(5) 在梯形的下底中点向上底的两个角连线,分割成三个三角形。

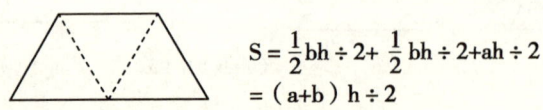

图 6　由梯形分割成三个三角形图

(6) 沿梯形上底的两个角向底边做两条高，剪开，可分割成一个长方形和两个三角形。

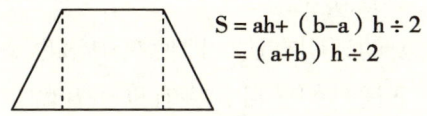

图7　由梯形分割成长方形和三角形图

在这个过程中，学生不但创造性地掌握了梯形面积计算的公式，更主要的是培养了的空间观念、分析能力、逻辑思维能力、概括能力及实践能力，这对学生终身发展都是非常有益的。

（三）在探究活动中向学生渗透数学思想

数学的思想方法是数学的精髓，在初中数学新大纲中已把它列入基础知识范畴，因此在小学数学教学中适当渗透一些数学思想方法，对于开发学生智力，培养良好的思维品质以及加强中小学数学教学的衔接都将是十分有益的。

1. 渗透转化思想，构建知识网络

事物在一定条件下相互转化是最基本的唯物主义思想，可以及早地让学生有所了解。如在几何知识复习中设计了这样一组题：说出下面即将出现的几个几何图形的特征及它们之间的联系。(1) 长方形长10厘米，宽8厘米；(2) 将长方形的长缩短至和宽同样长，这时的图形是什么？(3) 捏住长方形的两个对角向外拉，这时的图形是什么？(4) 将平行四边形的一条底由8厘米减少到6厘米，其他条件不变，这时的图形是什么？(5) 当这条6厘米的边继续减少，减到长度为0，其他条件不变，这时的图形是什么？

这样就构建了长方形、正方形、平行四边形、梯形、三角形的知识网络，让学生看到它们之间的内在联系，加深了知识的理解和记忆。

2. 渗透化归思想，促进知识迁移

将生疏的问题转化成熟悉的、已知的问题，这是运用化归思想解题的真谛。随着问题的解决，认知不断拓展，促进了知识的正迁移。例如三角形的内角和是180°，任意四边形的内角和是多少度呢？连接对角线将四边形分割成两个三角形,这样就得到四边形的内角和是360°,以此类推不难求出凸五边形、凸六边形……的内角和,学生很容易接受。

3. 渗透反证法,训练缜密思维

反证法是一种重要的证明方法,即使在中学也是一个难点。倘若有选择地让小学生接触一下浅易的题目,将有助于开阔学生视野,训练良好的思维品质。例如三角形中三个内角大小不等,若其中一个角60°,它一定是中等大小的角。这是一个真命题,但无法直接证明,若用反证法便很容易。这个角只可能有三种情况:小角(三个角中角度最小)、中角(三个角中角度中等)或大角(三个角中角度最大)。如是小角,另外两个角都大于60°,这样三个角之和大于180°,所以不可能;如是大角,另外两个角都小于60°,这样三个角之和小于180°,也不可能。所以60°的角一定是中等大小的角。让学生明白需把可能出现的反面情况一一排除,以防产生单纯"非此即彼"的错误。

三、在实际应用中深化探究意识

数学知识,特别是几何知识教学的目的不仅是学知识,更重要的是让学生能把知识运用于实践活动,解决实际问题。不但使学生更深刻地领会知识,而且要让学生学有所用,这才是我们教育的终极目标。例如学习完几个基本平面图形面积计算方法后设计了这样一道题:自然老师打算在学校的小农庄种植一些蔬菜,平面设计图如下:

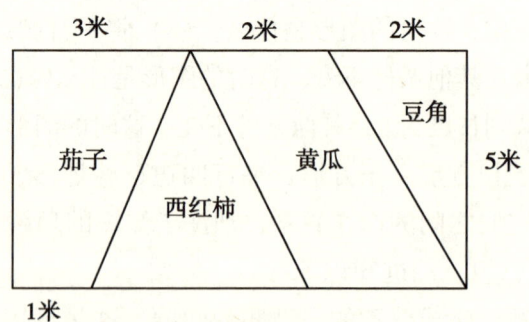

图8 小农庄种植平面设计图

要求求出每种蔬菜的种植面积。对于这道题学生的积极性特别高。

再如学习了圆的周长后，可以让学生用自己的自行车计算出学校到家里的大约距离；学习了长方体、正方体、圆柱体、圆锥体的体积之后可以让学生计算一些不规则的物体的体积（可通过割拼的方法；也可以将非常不规则的物体放入装有水的圆柱体、长方体、正方体的容器中，通过计算上升水的体积来计算）。

总之，在几何教学中转变学生的学习方式，给学生提供充分的数学活动和交流的机会，让学生在自主探索、亲身实践、合作交流的氛围中学习，有利于学生掌握知识，提高能力，开阔思维。

数学教学中的指向标——创新思维

翟 静

摘要：培养学生的想象力和创造精神是实施创新最重要的一步。教师要启迪学生创造性地"学"，标新立异，打破常规，克服思维定式的干扰，善于找出新规律，运用新方法。开放型问题设计是数学教学的一种形式，又是一种创设问题情境的意识和做法。在这样的训练中，学生就能从多个角度来解决这个问题。数学教学中，发展创造性思维能力是能力培养的核心，而逆向思维、发散思维和求异思维是创新学习所必备的思维能力。实践操作可以开拓学生思路，能使学生从摸一摸、做一做、看一看、动一动的过程中学习新知识，沟通了知识之间的联系，锻炼利用所学知识解决实际问题的能力，有利于学生素质的提高。

关键词：思维　创造　发散　求异　实践

"以人为本"是新课程的一个重要理念。要深刻地理解"以人为本"必须关注人的生命世界。生命是人智慧、力量和一切美好情感的唯一载体。确立以人的生命为本的教育理念，才能使我们从知识课程观的狭隘眼界中走出来，使学生的学习不仅是知识技能的掌握，更应当是生命的整体生成，换言之，以"生命为本"的教学，才可能让学生的认知、情感、意志、态度等都参与到学习中来，使学生在理解和掌握知识的同时，获得精神的丰富和完整生命的成长。数学学习正是一种内在的思想交流、对话、质疑、反思以及生成新见解的过程，这个过程的实质是自觉、自愿和自由的，任何外在的强迫和过多的约束都无助于启动和维持这一过程。在教学中充分激发学生的主体性、能动性和创造性，在课堂里留出一段"空白"时间，让学生自由地看书、交流、练习。启迪他们主动思维、主动学习、主动想象、主动实践，使其创新精神和创新能力得到培养。

一、探索问题的非常规解法，培养思维的创造性

培养学生的想象力和创造精神是实施创新的最为重要的一步。教师要启迪学生创造性地"学"，标新立异，打破常规，克服思维定式的干扰，善于找出新规律，运用新方法。激发学生大胆探讨问题，增强学生思维的灵活性、开拓性和创造性。教学中的切入点很多：题目的新颖解法来源于观察分析题目的特点，以及对隐含条件的挖掘。因此，教师应从开发智能、培养能力这一目标着眼，有意识地引导学生联想、拓展，平时教学中注意总结解题规律，逐步培养学生的创新意识。我们教师要努力去发现学生的创造性思维。在课堂教学中，教师要尊重学生的主体地位，从灌输知识转变为引导思考，从让学生死记硬背转变为鼓励学生探索与创新，努力创设一个无拘无束的思维空间，让学生处于一种轻松愉快的心理状态，能够积极思维，驰骋想象，注意表达，敢于标新立异。一个具有较强创新思维的学生，他往往对某些问题有独特的思路和想法。如那些爱别出心裁，爱问一些怪问题的学生，他的提问也许会与老师的内容安排有时间上的冲突，作为一名教师，你是否对学生转瞬即逝的思维火花加以了保护？又如，学生的作业如果没有按老师的要求去做，老师能否从中捕捉和发现一些新思想和新方法？在二年级学生刚接触乘法教学时，我们对一组应用题进行了对比并列式：

（1）有2盆花，每盆开4朵，一共开了几朵？

（2）有2盆花，一盆开4朵，一盆开5朵，一共开了几朵？

学生分别列式为，第1题$4 \times 2 = 8$（朵），第2题$4 + 5 = 9$（朵）。这时，有位学生举手："老师，第2题还可以这样列式$4 \times 2 + 1 = 9$（朵）。"

老师问:"为什么?"孩子非常清晰地回答:"可以把5看成4+1,这样算式就成了4+4+1,有2个4就可以写成4×2,那整个算式就成了4×2+1=9(朵)。"所有的孩子都为他精彩的想法不由自主地鼓掌。对一个刚刚学习了乘法意义的孩子来说,这其中包含了多么强烈的创新精神啊!对这样的学生,老师当时就要给予表扬和鼓励,让学生体验到创新的喜悦。反之,即使不成功,也不要急于否定,以免挫伤他们的自尊心和自信心。总之,教师要有责任去发现和细心培养学生的创新精神,为他们将来的发展奠定良好的基础。

二、开拓思路,诱发思维的发散性

在教学中,教师的"导"需精心创设问题情境,组织学生进行生动有趣的"活动",留给学生想象和思维的"空间",充分揭示获取知识的思维过程,使学生在过程中"学会"并"会学",优化学生的思维品质,从而得到主体的智力发展。教学中不仅要求学生的思维活跃,教师的思维更应开放,教师只要细心大胆挖掘。如教学生补充这样一道应用题:"停车场有8辆卡车,13辆小汽车,_____?(补充成一道减法应用题)"教师问学生:"除了'卡车比小汽车少几辆?'这个问题外,还可以怎样补充?"步步引导,学生就提出了以下问题:小汽车比卡车多几辆?再来几辆卡车就和小汽车同样多?再开走几辆小汽车就和卡车同样多?卡车和小汽车相差多少辆?此类题往往称为"开放型"试题。开放型问题设计是数学教学的一种形式,一种教学观,又是一种创设问题情境的意识和做法,具有很好的导向性。在这样的训练中,学生就能从多个角度来解决这个问题,不但对应用题的数量关系有了更深层次的理解,而且使思维得到了培养和发展。

三、创新多变,探索思维的求异性

求异思维是指在同一问题中,敢于质疑,产生各种不同于一般的思维形式,它是一种创造性的思维活动。在教学中要诱发学生借助于求异思维,从不同的方位探索问题的多种思路。如在教学解决问题这一部分知识,出了一道题是:小刚家的养鸡场共有84只鸡,第一周卖了45只,第二周买了56只,还有多少只鸡?学生列式为:84-45+56=95(只)84+

56－45＝95（只）84＋（56－45）＝95（只）。

　　学起于思，思源于疑，疑则诱发创新。教师要创设求异的情境，鼓励学生多思、多问、多变，训练学生勇于质疑，在探索和求异中有所发现和创新。这样，通过一题多变，拓展了思维空间，培养学生的创造性思维。数学教学中，发展创造性思维能力是能力培养的核心，而逆向思维、发散思维和求异思维是创新学习所必备的思维能力。数学教学要让学生逐步树立创新意识，独立思考。

四、动手操作，体验思维的实践性

　　实践操作是数学教学中构建新知识最常用的手段，也是创新思维的基础。如"把一张长方形的纸用剪刀剪一刀，可以得到几个角？"这道题学生通常是借助想象求出答案，学生的答案没有条理性。如果让学生实际操作一下就能得出诸多的答案：对角剪能得到三个角，和一个长或宽平行剪，或是从一角剪，还是四个角，留下这一角得到的就是三个角，而从纸上剪去一个直角，得到的则是五个角，如果留下剪去的一角，则相反得到三个角，亲手实践，得出结论。实践操作可以开拓学生思路，能使学生从摸一摸、做一做、看一看、动一动的过程中学习新知识，沟通了知识之间的联系，锻炼利用所学知识解决实际问题的能力，有利于学生素质的提高。

　　爱因斯坦说过："发展独立思考和独立判断的一般能力应始终放在教育的首位，而不应把获得专业知识放在首位。"因此，我们在培养学生数学创新思维的同时，既要针对学科特点，做到适时、适度，自然结合；又要针对年龄特点，做到有趣、有力，动静相宜。这样，经过多次引导，努力挖掘，就能为培养学生的创新思维提供多种有效途径，学生的创新思维就会在课堂教学中的惊讶、发现和惊喜中逐步发展起来。

浅谈如何培养学生大声发言的良好习惯

李佳丽

摘要：习惯是一种巨大的力量，它可以主宰人生，我国古代教育家孔子曾说："少成若天性，习惯如自然。"近代教育家叶圣陶说："教育就是培养好习惯。"孩子的良好发言习惯，是小学中年级阶段学习习惯中重要的一个方面，也是影响学生学习的一个关键因素。在小学中贯穿发言习惯教育是培育新时代人才的迫切需要。应结合学生的心理特点，注重实施良好发言习惯教育，以促进学生全面、健康、和谐地发展。

关键词：小学生 发言习惯 沟通能力

一、问题提出

现如今，小学生发言习惯普遍存在的一些问题主要有：（1）学生的"发言"是被动的，部分学生发言不积极；（2）学生在课堂发言中由于缺乏自信，不能大声地表达自己的想法。直到高年级，还有很多学生缺乏一种良好的发言习惯，存在说话断断续续，语言句子不完整，声音小，意思表达不清楚等情况，且由于对教学的看重，导致学生发言习惯的养成极其容易受到忽视。当前，小学教学改革进入了一个新阶段，对学生的"与人交流沟通的语言能力"提出了新的要求。在小学中贯穿发言习惯教育是培育新时代人才的迫切需要。应结合学生的心理特点，注重实施良好发言习惯教育，以促进学生全面、健康、和谐地发展。

二、案例描述：

以下是发生在我上三年级语文课上的两个教学片段。

【教学片段一】在一次作文课的讲评中，一个男孩的作文写得很好，我让这个同学到前面来朗读一下自己的范文，结果在朗读的过程中，这个学生声音特别小，微微地低着头一直到读完。

【分析】男孩的发言是被动的，他没有想要表达自己的欲望，不想在全班面前表达自己。这实际上是一种非常不好的习惯，不愿与同学老师进行交流表达自己的想法。

【教学片段二】何思彤是我班一个不起眼的小女生，踏实，听话，认真是她给我留下的最深的印象，但是就有一个缺点，上课不爱举手发言，在一次语文课上，我请同学来到讲台前领读大屏幕上的词语，我想这个问题应该很简单大部分同学都应该会举手，但是出乎我意料的是举手的依然是那几个在课堂上经常活跃的几个人，我一眼扫到了何思彤，结果我点到了她的名字，她慢慢来到讲台前，用很小的声音带着大家领读。

【分析】这个学生在领读的过程中，没有完全的自信能够把词语读正确，以至于她的声音很小，她怕自己读错学生会嘲笑她。这实际上是孩子缺乏自信的表现。

三、案例反思

从上面的案例清晰地看到，我们在平时的教学中，没有足够地重视对孩子"说"的习惯的训练、培养。没有在孩子缺乏自信的时候给予及时的鼓励。那么，如何培养小学生良好发言的习惯呢？作为一线的语文老师，在实际教学工作当中，结合小学中年级学生的心理特点，积极运用发言习惯养成方法，可以从以下几个方面着手。

（一）激励目标，培养发言兴趣

新课标中指出："兴趣是学生最好的老师，要使学生有高效的学习方法，科学的学习态度，要从学生的兴趣出发，生动直观和趣味盎然的学习会激发学生对学习的欲望。"恩格斯说："人们通过每个人追求他自己的自觉期望的目标而创造自己的历史。"所谓目标激励，就是设置或确定适当的目标，激发人的动机，达到调动人的积极性的激励方法。激励有利于肯定学生主动积极的学习状态和富有成果的学习成效，尤其是当学生发言出现问题时，我们常以批评为主要的教育方式，结果使学生养成了拘谨、缺乏自信的人格特征。现在的教育要求要学会倾听、沟通，特别是当学生犯错时，不妨绕个弯，表扬他们说得好的地方，还要说清楚好的原因，不仅"知其然"，更"知其所以然"。

（二）立足课堂，给予学生锻炼平台

现代课堂教学是在平等、民主、和谐的新型师生关系下，学生与教师之间、学生与学生之间（有时也包括学生与媒体之间）的合作与交流。在班级授课制中，师生中的有序发言是完成这种合作与交流的一种重要形式和渠道。在孩子们说的过程中，不断巡视随时要注意纠正孩子错误的读音和用词，还要教会他们把话说清楚说完整。用示范的方法调控语速，使孩子们养成正确、有序、说完整话的好习惯。学生知道什么该做、怎么做，课堂上学生回答的好，给出他们好的原因，大大激励学生正确思考问题的能力。

（三）多种学习形式，全方位养成习惯

各种活动形式中的训练。将学生良好的发言习惯训练有机渗透到日常的晨会、思品课、班会课中，对学生良好的发言习惯的养成作重点指导和训练。学生良好的发言习惯是在学习活动中通过练习和不断重复固定下来的学习方面的行为方式，也是一种定型化、自动化的行为方式。在班级中，通过小组、组间、师生之间的合作讨论，互相交流信息，共同解决新问题。良好的发言习惯应是在尊重同伴或辩论对方的同时，超越自我、表现自己，这就是竞争。辩论对于小学生来说是一种较高层次的语言训练，它最能锻炼人的口才，培养了学生主动参与，与人合作交流的意识。更重要的是使全班不同层次的学生都能得到不同程度的提高和发展。采取引申、讨论式教学方法。

（四）融入集体，加强榜样环境感染

榜样的示范作用是巨大的，能触动学生心灵的是学生直接交往中的一些榜样，这是一种无形的力量，对学生产生一种持久的潜移默化的作用。

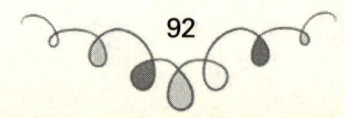

正如班杜拉所认为的:"事实上,由直接经验导致的所有学习现象都可以在替代的基础上发生,即都可以通过观察他人行为及其结果而发生。"要学生养成良好的学习习惯,教师本身的示范作用就尤为重要。语言示范:脸上的表情写满了一个人情绪。我们的工作对象是有生命、会思想的孩子。教师应时时以饱满的情绪、高涨的热情去感染每一个学生。要充分发挥集体每个成员的积极性,使实现目标的过程,成为教育与自我教育的过程。使学生认识到自己所做的行为规范和不规范,直接影响到班级的集体荣誉,这样也能增强了学生的集体荣誉感。

此外,在积极发言的基础上还要注重培养学生们能大声讲话。高效课堂中重视孩子综合能力的提升。为了发挥说的作用,让全体学生听得清楚,学生敢大声说话是关键,必须培养"大声说"的能力。因此学生积极发言大声讲话的习惯的养成非常重要,作为老师我们应该在语文课堂上扎扎实实地进行相关训练,帮助学生形成有效的大声发言的习惯。

"未来强者心理重建法"的第一个方法,是"大声讲话法"。大声讲话是克服心理素质缺陷的有效训练手段之一,也是提高社会行为能力、社会生存能力的重要训练。要让孩子能够大声地、自然地、清楚地表达自己的思想、愿望和情感。对于胆小的孩子,方法很简单:只要孩子能大声说句话,或者大声表达一个观点,就表扬肯定他,使他体验成功的喜悦和树立自信,时间长了就敢说爱说。要注意由易而难。如果讲得虽然大声,但是还不够清楚,就要求他说清楚一点,慢慢就会表述准确了。千万不要觉得让孩子大声说几句话就是委屈他了,孩子会终身受益。一定要训练孩子大声讲话。

家长的培养很重要。孩子不是比较怯生,不敢大声讲话吗?那么,在某一个场合,如果孩子说话的声音比原来大了一些,立刻夸奖,立刻鼓励。训练孩子讲话一定要由易而难。不能一开始就让他见一个他最害怕的陌生人,或者带他到一个特别严肃的场合让他大声讲话,这样会把他吓住。要由易而难:先在家里大声讲话;再和熟人大声讲话;再在某种轻松的场合大声讲话。

语言是思维的外壳。在语文学习中,学生的"说"能有效促进学生听、看、想、问。因此,从低年级开始,教师就得有目的、有计划对学生进行"积极说"训练。

（1）教师要努力创造机会让学生"说话"。在教学中，凡是学生通过思考能够讲得出的问题一定让学生自己讲。可提供实物、演示、图形、板书等，精心设计问题，引导学生按一定的顺序观察、比较、思考，并让学生用清晰的数学语言完整地、有条理地、准确地叙述图意、复述题意、说明计算过程、分析数量关系和回答问题，增强语言表达能力。

（2）给学生留有充分的从事数学活动的时间和空间，在自主探索、亲身实践、小组讨论、合作交流的氛围中，解除困惑，并有机会与他人进行交流，发表自己见解，分享同伴的想法，体验说的乐趣。

（3）关注全体学生，尽可能使每一个学生都有发言的机会，对于那些不善于言语的学生，教师要给予更多的热心和鼓励，并有针对性地设计一些有坡度的容易回答问题引导他们敢说、会说、善说，活跃他们的思维，激发学习积极性。

四、总结

对于小学阶段的儿童来说，习惯具有惰性，已经形成的习惯难于改变，没有建立的习惯也较难形成。良好的发言习惯是经过多次反复训练才能形成，要让它成为一种比较巩固的动力定型，还需要教师在整个小学阶段不厌其烦地训练、耐心引导、精心培养，为学生能适应社会发展的需要和终身发展打下坚实的基础。

参考文献

[1]《朝阳区小学学习习惯评价标准》2010年11月。

[2] 周静芳："培养小学生良好学习习惯刍议"，载《贵州教育》1999年第9期，第34~35页。

[3] 闫玉琼："培养良好习惯，提高个体素质"，载《四川师范学院学报》1999年第6期，第94~96页。

[4] 刘汉军："良好的习惯培养是小学素质教育的重点"，载《内江科技》1999年第1期，第26~27页。

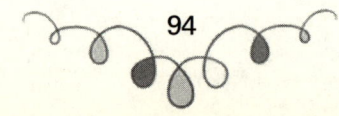

第三辑　体育类

构建"2+X"学校体育模式，培养学生终身体育能力

蔡文静

摘要：酒仙桥中心小学体育组在全校学生中的调查发现，学生经常参加体育锻炼的比例不高；能够在校外进行身体科学锻炼的学生更少；学生的体育活动时间更少，不是父母忙，就是被大量的辅导班所挤占，因而学校必须要抓住学生在校时间，通过学校的体育教育行为培养学生自觉进行科学锻炼的终身体育意识和体育行为。结合学校体育工作的特点，构建了"2+X"（体育课、体育校本课程+体育活动）学校体育模式。经过实践研究发现，这种学校体育模式通过课堂体育可以向学生传授科学的体育基础知识、基本技能和科学锻炼方法；通过课外体育小组、课间操、兴趣小组、体育比赛、大课间活动等丰富的内容提高学生的身体素质，培养学生的终身体育的能力和意识。

关键词：学校体育模式　终身体育能力

一、问题的提出

人的生命的全过程离不开体育。从婴儿保健到延缓衰老，从提高人口素质、改善人的生活质量到振奋民族精神无不与体育发生联系。现代体育的功能已成为全社会的需要、全民的需要。所以，体育过程是包括学校体育在内的全社会化的过程。这就是"大体育"观。学校教育的对象是学

生，他们是人类社会的一部分，因此在"大体育"观下，体育最终培养什么样的人、如何培养人、用什么来培养人等成为学校体育深思的问题。"学校体育是依据学生身心发展的特点，以适当的身体练习和卫生保健措施为手段，通过体育课、课外体育锻炼、体育训练、体育竞赛等多种组织形式，进行的一种有计划、有组织的教育活动。"❶ 学校体育的目的是有效地锻炼学生身体，促进学生正常的生长发育，增进健康，增强体质，培养学生的体育能力，进行思想品德教育，为培养身心全面发展的社会主义现代化建设人才服务。学校体育要培养出具有体育素养的人才。在学校体育教育过程中，要让学生掌握体育知识、技能，培养学生的体育意识和体育个性以及体育道德。走出校门的人应该能够科学地独立锻炼身体，具有身体娱乐能力和体育欣赏能力，也就是说学校体育要培养具有健康身心的、有终身体育能力的人。鉴于以上思考，学校研究制定以课堂体育——2（体育课、体育校本课程）和学校丰富的体育活动——X 相结合的学校体育模式，培养具有终身体育意识和社会体育能力的人才。

二、研究对象

酒仙桥中心小学校一年级至六年级956名学生。男生504人，女生452人。

三、研究方法

（1）调查问卷法：在研究前后对学校956名学生分别进行运动兴趣方面的问卷调查。发放调查问卷956份，收回有效问卷920份。

（2）行动研究法：根据学生参与体育活动的兴趣和习惯的调查发现没有经常参加体育锻炼的习惯的问题；由学校主管体育领导和组内教师共同研究学校体育模式方案；体育教师负责计划的具体实施；通过实验的结果分析总结经验，提出不足和改进措施。

（3）文献资料法：查阅有关本研究的相关书籍和资料，了解本研究的状况和相关的理论知识，为本研究提供理论支撑。

---

❶《辞海》编辑委员会：《辞海》，上海辞书出版社1999年版，第3196页。

四、研究结果与分析

（1）通过学科类体育课（体育课、体育校本课）向学生传授体育的基础知识、发展学生的运动技能以及科学的锻炼方法，为终身体育能力打基础。

体育教学工作是学校体育的核心和基本内容，对于全面贯彻教育方针，实现学校体育的目标任务以及对体育学科的育人，都有独特的重要作用。它是学校、教师向学生传授体育知识和体育技能以及科学锻炼方法的有效途径。学校体育教学的目标是传授体育知识技能、为终身体育打基础、发展创造能力、完善人格个性。王策三教授曾在《教学论稿》中说"教学对体育也提供了特别有利的条件，首先，也是提供科学的基础。专设的体育课其根本职能就是对学生保护身体健康和科学锻炼身体提供理论知识和方法的指导。至于在每周几节有限的课时内对学生身体运动和体质发展所产生的影响，那还是第二位的事情。这种指导将影响学生一生身体的健康发展。"❶ 因为人自然形成的体育意识是不完整的、零散的，甚至可能是不正确的，要通过学校的体育教学给予正确的引导。学生通过体育课教学活动学会一定的运动技能，知道如何正确运用运动技能科学锻炼。例如在学校体育课上不但要学会打篮球的技能，还要知道为何打篮球，怎样利用篮球的技能科学锻炼身体，了解篮球运动的相关知识、规则等。当然增强体质也是体育教学的任务之一，而在 40 分钟的体育课上学生的体质能得到多大的提高呢？体育课的教学内容、学生技能的形成与学生体质是互为手段的。增强学生体质就能使学生更好地掌握运动技能，通过运动技能的练习可以促进学生身体素质的提高。

国家实施三级课程计划，给地方和学校结合自身条件和特点选择教学内容更大的空间。酒仙桥中心小学结合学校条件、学生兴趣和教师特长开发了健美操、软式垒球、跳皮筋和抖空竹的校本课程。学校一年级至六年级在体育课每周安排一节软式垒球课。低年级的学生喜欢节奏快，有刺激性的体育运动。健美操运动对于学生来说有较大兴趣，可以满足学生的心

---

❶ 王策三：《教学论稿》，人民教育出版社 2005 年版。

理需要；健美操的学习可以培养学生的节奏感和审美能力，这是今后参与体育活动必不可少的素质之一；此项运动对于学生的协调能力、控制身体的能力等具有很好的锻炼价值；由于这是一项高强度运动，学生的体质可以得到进一步提高，通过学生两年的练习为今后的运动技能的学习打下良好的心理和生理的基础。

软式垒球是新兴的一项体育活动，它安全无忧，利于在课堂上开展，通过练习，培养学生的集体主义精神，团队意识，顽强拼搏的精神，这些在学生的一生都有重要的作用。酒仙桥中心小学近两年两次参加全国软式垒球比赛，分别获得第三名和第六名。同学们用忍耐、坚持、团结、服从诠释着垒球的精神，通过比赛，同学们懂得了什么是孝，什么是礼，什么是服从，什么是尊重，什么是果断，什么是团队精神，什么是集体的力量，而这些构成了一个队员优秀的素养，我们以此作为队员守则，激励每一个队员更快地进步成长。

（2）通过形式多样的体育活动培养学生的运动兴趣和运动习惯，为终身体育意识打基础。学校的体育活动包括课间操、兴趣小组、体育课外小组、体育竞赛、大课间活动等。此内容可以根据不同学校、不同时期进行调整，它是灵活多变的。以下是研究前后学生体育兴趣和锻炼习惯的问卷调查对比（见表1）。

表1 研究前后学生对体育兴趣、表现的问卷结果比较表

序号	问题	选择内容	研究前		研究后	
			人数（人）	%	人数（人）	%
1	你喜欢上体育课吗？	A. 喜欢	806	87.6	876	95.2
		B. 一般	78	8.5	36	3.9
		C. 不喜欢	36	3.9	8	0.9
2	每次上体育课感觉累吗？	A. 很累	236	25.7	102	11.1
		B. 一般	215	23.4	192	20.9
		C. 不累	469	50.9	626	68

（续表）

序号	问题	选择内容	研究前 人数（人）	%	研究后 人数（人）	%
3	体育课上你有获得成功和胜利时的喜悦心情吗？	A. 经常有	496	53.9	672	73
		B. 偶尔有	328	35.7	228	24.8
		C. 没有	96	10.4	20	2.2
4	当体育课上需要他人帮助时，你会主动寻求帮助吗？	A. 会	550	59.8	670	72.8
		B. 有时会	300	32.6	230	25
		C. 不会	70	7.6	20	2.2
5	课余时间你参加体育活动吗？	A. 经常参加	570	62	720	78.3
		B. 有时参加	198	21.5	180	19.6
		C. 不参加	152	16.5	20	2.1
6	你参加体育活动的目的是什么？（多选）	A. 强健身体	355	38.6	346	37.6
		B. 消遣娱乐	272	29.6	161	17.5
		C. 结交朋友	246	26.7	301	32.7
		D. 考试达标	222	24.1	370	40.2
		E. 获得比赛胜利	76	8.2	244	26.5
		F. 减肥	52	5.7	245	26.6
7	促使你参加体育活动的最重要原因是什么？	A. 养成习惯	144	15.7	203	22.1
		B. 老师布置	380	41.3	51	5.5
		C. 受伙伴影响	188	20.4	173	18.8
		D. 提高体能	196	21.3	477	51.8
		E. 其他	12	1.3	16	1.7
8	你认为自己在体育活动中的表现如何？	A. 积极的	788	85.7	850	92.4
		B. 被动的	132	14.3	70	7.6
9	你经常和父母一起参加体育锻炼吗？	A. 经常	355	38.6	466	50.6
		B. 偶尔	501	54.4	418	45.4
		C. 没有	64	7	36	4

从表1不难看出经过两年的行动研究,学生对体育课的兴趣变化不大,学生一直喜欢上体育课;在体育活动中学生向同伴主动寻求帮助的人数增加,说明学生可以通过体育主动与他人交往能力有所提高;促使学生参加体育锻炼的因素正在发生变化;学生经常与父母一起参加体育锻炼的人数增加了;学生在体育兴趣和参加体育锻炼的习惯方面有了一定的提高;学生参加体育活动的目的从以前的强健身体和为了考试达标向多元化发展。所以,学校的"2+X"体育模式能够使学生产生参加体育锻炼的兴趣,逐步养成参加体育锻炼的习惯,是学生将来终身体育发展的条件保障。

学校的课间操是全校学生在相对固定的时间内集体进行身体锻炼的一种形式。多年来学校课间操内容枯燥乏味,学生不愿参加,即使参加课间操锻炼也是敷衍了事,根本达不到锻炼的效果。根据这种情况,学校对学生进行了问卷调查,了解到学生不愿意参加受内容等多因素限制的体育活动。但是课间操这样的组织形式对于学校和教师来说确实简单易行。于是学校体育组根据学生调查的结果,筛选出课间操的内容,进行了一定的调整。学校课间操每月更换一次内容,内容包括国家颁布的一套广播操、学校的团体操、校园集体舞和学生组织创编的操(游戏、舞蹈、体育活动)为主。学生在课间操的组织和内容上有了一定的自主空间,提高了学生参与课间操锻炼的兴趣。

学校结合8位体育教师的特点和兴趣分别将学生按照每学段在每周的同一时间组织学生1个小时的兴趣小组活动。兴趣小组有软式垒球组、篮球组、皮筋舞组、田径组、定向越野组、跳绳组、空竹组、健美操组。同一学段的学生可以在同一时间自己选择兴趣小组参加活动。但是为了保证兴趣小组的质量和锻炼的连续性,兴趣小组每学期是相对固定的,学生一学年可以选择参加两个项目的小组活动。这种形式同样给了学生一定的自主权,学生根据自己的兴趣来选择内容是保证兴趣小组活动质量的条件。

体育课外小组是学生自己组成的体育锻炼小群体。每班分成5个体育课外小组,每组利用放学后的时间参加体育锻炼40分钟,每周两次。锻炼的内容可以由小伙伴商量决定,由一名组长组织实施,所需器材到体育组借用并及时归还。往往这些小伙伴兴趣、爱好相投，关系融洽，喜欢一起参加锻炼。促进同伴之间的交流与互动，学会在小团体中参加体育活动，也是促使学生参加体育活动的动力之一。利用体育锻炼的时间学会与他人进行交往，从体育活动中共同获得快乐。

学校为了丰富学生的学习和生活，减轻学生学习的压力，每月会组织一次小型的运动会。有些比赛还会邀请家长一同参加，要求学生和家长一同准备，促进家长与学生沟通，提高家庭参加体育锻炼的意识，唤醒家长注意学生身体健康的意识。学生在报名、积极准备的过程中，参加体育活动的兴趣得到很大的提高。他们为了班级的荣誉，刻苦锻炼，相互支持、帮助，增加了班级的凝聚力和主动参加锻炼的积极性。

学校在学生没有体育课的当天组织学生参加大课间活动，保证学生每天1小时的体育活动时间。大课间体育活动主要以学生参加各种体育游戏为主。大课间的内容每月轮换一次。以班级为单位，体育教师负责组织安排内容，班主任老师负责管理。

学生在学校组织的形式多样的体育活动中提高了学生的锻炼意识，由于每天学生都有体育活动的内容，不是兴趣小组就是大课间活动；不是比赛的准备就是课外锻炼小组，总之学生渐渐习惯了操场上的活动，每天都要参与体育活动。这不但补充了体育课和校本课活动时间不足，促进学生体质的提高和身体的健康发展，而且从学生的兴趣出发，逐渐使学生养成参加体育锻炼的习惯，逐步培养学生终身体育意识。

五、结论

（1）"2+X"的学校体育模式，有利于学生掌握体育基础知识、基本技术和基本技能。

（2）"2+X"的学校体育模式，可以激发学生参与体育活动的兴趣，有助于养成良好的体育运动习惯。

（3）"2+X"的学校体育模式，有利于培养学生的终身体育的意识和能力。

六、建议

（1）学生升入初中后学校可进行跟踪调查。

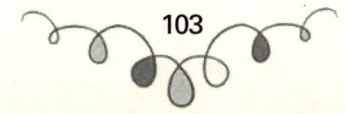

（2）设计学校体育模式，充分利用中小学体育教师的有利资源。

（3）学校体育模式的构建必须结合学生、学校、教师的实际条件和水平进行设计。

（4）在研究的过程中还应加强学生体质监控的内容以及学生科学锻炼身体相关基础知识和基本技能的测试内容，此项研究会更具说服力。

参考文献

[1] 曲宗湖、尚大光：《素质教育与学校体育模式》，北京体育大学出版2001年版。

[2] 季浏、汪晓赞：《小学体育新课程教学法》，高等教育出版社2003年版。

[3] 曲宗湖、杨文轩：《学校体育教学探索》，人民体育出版社2000年版。

[4] 薛岚：《体育素养导论》，科学出版社2000年版。

[5] 陈荫生、陈安槐：《体育大辞典》，上海辞书出版社2000年版。

[6] 佟庆伟、胡迎宾，孙倩：《教育科研中的量化》，中国科学技术出版社1997年版。

垒球偷垒技术在比赛中的应用研究

曹艳辉

摘要：软垒球运动作为一项新兴的体育项目随着北京奥运会软垒球比赛的成功举办，在广大中小学校已经慢慢地开展，其特点是集智慧、勇敢、艺术、反应于一身的综合性体育项目，它的技术主要包括跑垒、跳、投球、击球、传接球及滑垒等动作和技巧。在软垒  球比赛中要取得胜利，主要是通过击球、跑垒等得分手段去完成。笔者根据多年基层带队实践，就如何在训练过程中抓好跑垒中偷垒技术的训练这一关键技术，谈谈自己的一些肤浅看法。

关键词：跑垒　偷垒　探究

一、研究背景

现代软垒球开始于美国，后来传入我国，在我国已有百年历史。软垒球是一项趣味性与竞技性很强的运动，集智慧、勇敢、艺术、反应于一身。它的技术主要包括跑垒、跳、投球、击球、传接球及滑垒等动作和技巧。既有投掷、短跑的特点，又有接、传球和战术的运用。攻防队员要有充沛的精力，稳定的情绪，顽强、果断的作风和协调的动作以及良好的身体素质，才能在比赛中充分发挥技术、战术水平。

近几年来，我国的软垒球运动有所发展，并于2013年和2014年分别举办了两届全国软垒球联赛。近年来，在我国发达地区，特别是深圳、广州等珠江三角洲地区的基层学校也在慢慢地发展起来。但软垒球在我国的起步比较晚，理论水平、技战术水平有待提高，特别是在基层学校，通晓软垒球运动的师资严重缺乏，现任教师对棒垒球运动不甚了解，难以承担教学训练和推广任务。在普通的基层学校，看不懂软垒球比赛的学生不在少数、对软垒球的理解不足，软垒球运动仍然是"少数人的运动"，它和全民健身运动"不太沾边"，似乎游离于运动之外；又由于软垒球市场的萎靡不振，造成有关部门对软垒球运动的宣传力度不够，人们对软垒球的关注度差，认识不足，软垒球比赛的收视率也较低，在广大青少年中形成一种不良循环。

由于师资缺乏，大多数基层学校软垒球队的日常训练很容易出现缺乏科学的训练方法、训练内容不够全面、教学手段日益落后等状况。在这种背景下，我们更要在基层学校开展好软垒球运动。在基层软垒球运动教学当中，要学好软垒球技术、在软垒球比赛中要取得胜利，就必须得分，其主要得分手段就是通过击球、跑垒去完成。在软垒球比赛中跑垒员垒位越靠前，得分的概率越大。一般情况下跑垒员向前一个垒位推进，靠的是后跟上的队友挥棒打出"安打"球。然而在实际比赛中，守场队员是不轻易让跑垒员上垒的。大多数比赛局面中进攻方能跑上二垒进占到三垒时，大多情况已经是"二出局"了。这样就意味着只要守场队员在三垒跑垒员未跑回本垒之前封杀最后一名击球员于一垒上。这一局攻守就结束，进攻方就失去得分机会。在这种情形下，要提高得分概率就只好把希望寄托在最后一位击球员能击出"安打"球。但处于这种状态下成功率是比较低的。由于"二出局"，无形中击球员的心理承受压力是巨大的，出现失误是可以理解。此时要成功得分，偷垒是一个最好的办法。只要偷垒成功，同样可以给守场员施加压力，特别是对方投手。可见，通过偷垒到达本垒，减少过分依赖击出"安打"球向前推进，对提高得分概率有着不可估计的效果。

作为一名教练员如果能在训练过程中抓好偷垒这一关键技术，结合本队队员的身体素质进行系统训练，对软垒球运动的开展必将尝试到成功硕

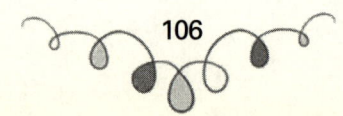

果的滋味。根据多年的带队实践，我用本文谈谈软垒球跑垒中偷垒技术在比赛中的应用，希望同行提出批评和建议，共同发展。

二、软垒球偷垒技术的含义

软垒球比赛的球场呈直角扇形，有四个垒位，即一垒、二垒、三垒、本垒（得分垒），四个垒呈正方形；分两队比赛，每队9人；两队轮流进攻和防守；攻方队员在本垒依次用棒击守队投手投来的球，若能依次（逆时针）踏过一、二、三垒并安全回到本垒者得1分。守方则千方百计截接攻方击出之球后可以持球碰触攻队跑垒员，或持球踏垒封杀跑垒员，或击出的球在落地之前牢固接住，均可判跑垒员出局；攻队有3人被判出局，双方即交换攻守；两队各攻守1次为一局；正式比赛，青成棒为9局，少儿棒为6～7局，以得分多者获胜。守方9名队员按其防守位置及职责要求有规律地分布在直角扇形场地内（守场员必须戴手套）；攻方入场用棒击球的队员称击球员，合法击出界内时，该击球员应即跑垒，称为击跑员；击跑员安全进入一垒后，即成为跑垒员。

软垒球规则规定：跑垒员可以随时离垒。因此，跑垒员要利用一切机会进占下一垒，提高得分概率，偷垒"行为"就在跑垒中很自然出现。何为"偷垒"？首先"偷"的词面解释为窃取，趁人不知道拿别人的东西。有了这一概念，偷垒就可以理解为趁对方不留神，通过奔跑去占领前方垒位的一种跑垒方式。"跑得快"是偷垒的绝对条件，但再快，也无法快过球的速度。这就是说，跑的速度并不是偷垒的全部，而是由杰出的直觉感和运动神经才能达成偷垒的目的。也就是说要尽可能缩短和球赛跑的距离，以提高偷垒的成功率。实际比赛中偷垒的方式主要有两种，一种是"暗偷"即是趁对手在没有防备、掉以轻心之际突然袭击，打他一个措手不及；而第二种"明偷"就是在对手有准备的情况下与对手针锋相对一较高低，强行占垒。

三、偷垒在实战比赛中的作用

（1）我们对北京市第十三届青少年运动会软垒球比赛各队偷垒情况作了统计（见表1）。

表1 北京市第十三届青少年运动会软垒球比赛偷垒情况统计表

	酒中心队	八里庄队	黄胄队	东升队	京通队	北苑队	北洼队	高家园队
偷垒（次）	42	35	32	30	27	25	21	14
场数（场）	7	7	7	7	7	7	7	7
成绩	冠军	亚军	季军	第四名	第五名	第六名	第七名	第八名

从表1中得出，本届青少年运动会各队在比赛中都很成功地使用偷垒战术，而且使用次数多（酒中心队达到42次）；同时在本届比赛中前八名队伍中，名次越靠前使用偷垒次数越多，而且相对成正比。下面再总结一个成功的战例：北京市第十三届青少年运动会软垒球比赛八里庄队反败为胜，战胜最终的冠军队——酒中心队的比赛。当时的比赛是小组赛出线后的循环比赛，客观上八里庄队实力不能和酒中心队相提并论，而且场上的局面是4∶0，酒中心队遥遥领先。两出局的情况下，轮到八里庄队第三棒。酒中心队却"战术性"故意"四坏球"，送击球员上一垒，紧接着投手"技术性"失误，跑垒员偷上了二垒，接着又打了一个"二偷三"战术同时偷本垒，使投手传球三垒失误，给八里庄队送上一分。就这样僵局打开的同时鼓舞了八里庄队的士气，相反这时对手偷垒成功得分给投手造成了心理压力，使投手频频失误，最终八里庄队5∶4反败为胜，为能在本届比赛获得第六名奠定基础。

（2）再看一看2008年奥运会男子软垒球3～4名决赛，美国软垒球队8∶4逆转日本队，夺得奥运会男子软垒球铜牌，这是利用好偷垒这一技术的经典案例：美国队在第三局利用日本队左外场手的失误偷垒成功上到二垒，接着凭借一个本垒打将比分扳为4∶4，为最终战胜日本队打下基础。

四、偷垒的本质特点

软垒球比赛中，要成为一名优秀的跑垒员，无疑要跑得快。软垒球运动从根本上说是速度与距离的竞赛，但是仅仅跑得快是不够的，它还要跑得巧、会跑垒。因此，跑垒员在跑垒过程中要掌握从出发点本垒向各目的之垒冲跑时的起跑法及跑垒技巧。

跑垒与打击是比赛增加分数时不可分割的重要攻击技术。曾有人认为跑垒就像田径赛的竞跑，其实田径赛的竞跑与软垒球的跑垒完全不同。田径赛的竞跑要抬高脚不顾左右而直跑就可以，但软垒球的跑垒不行，要看具体情况，既要看左右的情况也要突然停下来，有时也需要来回跑，可见懂得跑垒并不是一件容易的事。跑上一垒是进攻的第一步，因此击球员挥棒后成为跑垒员，成功跑上一垒是整个进攻模式的前提，显然它的技术动作是至关重要的。它的合理技术动作：击球员挥击后，身体重心往往落在前脚（右打击球员为左脚，下同）。他应即以该脚为轴，支撑地面，起动后脚（右脚）向一垒方向迈出。这是跑垒的第一步，这一步不能迈得太大，最好是半步，带动前导脚（左脚）向一垒跑出第二步，这一步要比第一步大，然后加快速度，加大步幅直奔一垒。击跑员到达一垒后，还要注意为继续安全进垒或安全返回一垒做好准备。也就是说，要留有余地。如果最初的判断是守场员只传杀一垒，那么，在全速直线越过一垒后，要尽可能以碎步逐渐制动。在越过一垒3~5米的地方停住，而且转身面向内场，以便一旦发现守方野传或失误时可以迅速继续向二垒跑近。

五、偷垒技术训练手段

（一）趣味训练法

青少年时期是人生最活跃的时期，偷垒技术的训练目标就是要跑、会跑和跑得快。在训练过程中，如果一味像田径短跑速度训练那样来回让学生跑，这种传统的训练方法在一定的情况下会取得一定的效果。但它的缺点是很容易引起学生精力分散，不易使学生长时间集中注意力。而少儿运动员身体处于生长发育阶段，是不太适宜强度大、密度大的身体训练，传统的训练方法往往会让他们对训练失去兴趣、影响训练效果。而趣味训练法正好弥补了传统的训练方法的不足。

例如跑垒趣味接力游戏，目的是营造训练气氛和竞争意识，提高连续跑垒能力，增强体质。

（1）跑垒位接力赛方法：将队员分成两组，每组5~8人；两组分别站在本垒和二垒处，成一列纵队；主持人吹哨后，各组的第一人起动跑垒，按逆时针或顺时针方向跑全垒，必须触踏各垒位；当跑回原位时，用手触摸接力者，接力者即可继续跑垒；以先跑完一轮的组为胜队。

（2）圆圈接力赛方法：把球队分两组，分别站在30米或再大些的圆圈上，听口令第一个队员起跑一圈后击第二个队员手掌起动，直到最后一人先到终点的队为胜方。此游戏让队员体会跑动中身体向内倾斜程度和控制能力，给练习跑垒打下基础。

（二）"教练棒"训练方法

软垒球技术主要包括跑垒、跳、投球、击球、传接球及滑垒等动作和技巧，因此在整体综合训练过程中教练员需要掌握高水平的"教练棒"，能够击出快球、上旋高弹球、上削快速无弹跳球、一弹球、平直球等性能的球。同时配合跑一垒练习法、假设安打跑垒练习法、自抛击球跑垒法、投击跑垒练习法、牵制球跑垒练习法等综合训练方法。这样就很容易克服平时训练中教练人手少、时间短的困难，提高训练效果。

六、偷垒基本技术和机会的把握

偷垒是集跑垒的一切技术，但无论何垒偷垒，跑垒员均采用"小滑步"离垒。

其方法为：第一次离垒的方法采用后交叉式或滑步式；第二次离垒要采用"小滑步式（投手已上板但还没有投球的开始动作），身体向右移动时，先踮起脚尖，以脚尖为轴，脚跟向右移；脚跟着地后再翘起脚尖，以脚跟为轴，脚尖再向右移。移动时，上体保持不动，重心在两脚之间。小滑步移动时，随时注视投手动向，并注意离垒距离，当投手一有投球的开始动作，左脚前交叉起动，右转体右臂用力后摆，面向前垒位。开始几步身体前倾，重心低，步幅小，步频快，全力直线冲前垒位。在偷垒过程中，一般情况下是不采用单偷，这样很容易暴露偷垒的意图。偷垒要取得成功，除速度外，判断力是绝对重要的。因此，判断应包括投手的投球种类，投手的站位与传球的能力、投手与捕手配合熟练程度。着眼点要集中在投手的习惯、捕手的特点，找出投、捕手和其他内野手的弱点，另外还有防守该垒位守场员的站位。最后分析结果后判断是否适合偷垒。所以，比赛中只有那些具备动作敏捷，思维反应快的球员才能发现机会取得偷垒的成功。这是因为只有懂得把握机会的人才能充分地利用机会去赢得胜利，同样可以认为掌握好偷垒技术对赢得胜利有时候可以起决定性作用。

七、偷垒的战术变化

在实际比赛中，偷垒的战术变化关键在于投捕手之间或内野发生破绽或战术需要而采用的战术，总的来说主要有"单偷""双偷""牵制偷""偷本垒"等四种。作为基层队训练偷垒战术，必须采以实际比赛方式练习。在没有实际比赛意识的内野守备中练习是毫无效果的，对偷垒的本质特点，我们是可以理解的，特别是一、三垒相互掩护牵制偷垒是作为基层队必须掌握的一项必修技战术。软垒球比赛中因为三垒离本垒最近，我们可以计算出在"没人出局"的情况下跑垒员到达三垒得分概率为75%（一垒为25%，二垒为50%）。而比赛中守场员的任务是不让跑垒员从一垒跑到本垒得分，由此可见一垒跑垒员在三垒跑垒员的掩护下成功偷上二垒概率最高。因为守场员不可能轻易放过三垒跑垒员回本垒得分而去封杀一垒跑垒员。

八、结束语

软垒球比赛虽然打起来通常不会很累，不过一场比赛当中，球员的每个动作，特别是跑垒都是一次激烈的运动。尤其是在比赛中两支实力相当的队伍交手时，双方的最终分差往往就在一两分之间，很多时候单凭靠棒子得分是一件不容易的事。在双方局面难打开时候我们艰难地上了一垒，但是我们离得分本垒却很遥远，在没有办法的情况下我们会牺牲击跑垒员前进，最后再拼一个机会用棒子去打，这显然是一种成功率较低的方法。相反如果能够利用好偷垒战术，获得无偿地向前推进一个垒，这必将带来丰厚的回报。"暗偷"的妙用在战例中使得对手在慌忙之中出错，白白送分给对手，如果没有成功的偷垒，就不可能有较大的机会靠近得分率较高的垒位，也就不可能给对手造成较大的压力，最终的得分概率也会大大减少，比赛也就变得相对难打。只有抓住了机会，给对手一个措手不及，我们才能取得事半功倍的效果。作为一名教练员，在日常训练当中立足于基

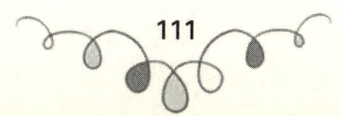

础技能培养的同时，也要加强体能训练，发展队员良好的爆发力、奔跑能力，从而提高跑垒能力，更好地发挥偷垒的作用，对迅速提高基层软垒球运动水平起到很好的促进作用。

参考文献

[1] 广州鹰巢软垒球运动学校编印：《软垒球教练员训练班教材》2010年8月。

[2] 王祥茂：《现代软垒球》，广东高等教育出版社2010年版。

[3] 梁友德：《基层软垒球——我们共同的事业》，天津出版社1999年版。

用充满真情的教育，促学生健康成长

宋津津

摘要：我们要相信每一位学生，关爱每一位学生，接纳每一位学生，包容每一位学生，让他们在多样性的体育课中学会竞争与协作，在学生的自我管理、自我教育中去发展个性，培养良好的体育锻炼习惯。让学生在表现自我的过程中，看到自己的价值，享受无穷的乐趣，掌握更多的知识与运动技能。只有这样，才能让学生在体育课中健康成长发展。

关键词：多样性 生活性 兴趣性 科学性 人文性 安全性

一、问题的提出

你知道玛丽琳·金吗？她是美国奥林匹克五项全能运动员，她有这样一个等式：热情＋远见＋行动＝成功。这个等式有什么含义呢？玛丽琳·金是这样解释的："所有宇航员、奥林匹克运动员和公司经理都有三个共同点：第一，他们有着对他们来说真正重要的事情，有着他们真正想做的事情或成就的目标，我们称之为热情；第二，他们能真正清楚地看到目标，并且'怎样实现目标'的景象会魔术般地开始出现，当目标还遥不可及时，他们会想象通向目标之路上所有细小的步骤，我们称之为远见；第三，他们每天的工作都按照计划进行，这将使他们距离设想更进一步，我们称之为行动。"❶ 这样的等式，有利于我们把这样的准则运用于我们想成就的事业和学习当中。

体育运动是一种参与性的活动。通过读书，你不能使身体健康，尽管读书能帮助你获得理论知识；你盯着电视机看，不会练出发达的肌肉；你在教室里不会跳远超过8.53米，所有的体育成绩都来自行动。因此，在体育教学中，唤起我们的热情，勇敢地付诸行动，敢于想象我们想成就的事情吧！

二、拓展生活性

在《体育与健康》教科书第5章和第8章的引言中有这样两段话：

奔跑、跳跃和投掷，是人类最基本的身体活动。每个人都会走路、奔跑、跳跃、投掷，而且在每天的生活、学习、工作和生产中几乎都离不开这些活动。他也是人们用以锻炼身体的基本手段与方法。

许多同学都十分喜欢武术。谈起武术，就容易与武打影视、小说中的"武林高手"的刀光剑影、飞檐走壁联系起来。稍学几个武术动作就想跟别人过招比试，结果却是和想象的相去甚远。为什么？……

从教材的这两段引言可以看出，教材的设计思路和教材的选择，都是围绕促进和提高学生的身体素质来进行的，教材的语言、教材技能类的内容的选择，都与学生的学习、生活密切相关，从生活入手，让学生在生活中学习体育，体验体育的乐趣。

新课标明确指出：教学内容生活化是根据教材内容针对性创造生活情景，让学生从课堂走进生活，感受生活。学习方式生活化，就是让学生通过自己的活动去获得和体验知识，而不是直接地、被动地去接受经验。

在许多学生心里，跑步运动是一项非常枯燥、非常累的运动，他们只要一听说要让他们跑步，就开始皱眉头，脸拉得非常长，很不情愿的样子。在放假回来的一节课上我先问："同学们，节过完了，你们是怎样过的呀？"同学们兴奋地说着自己这个假期是怎么过的。我接着问："那爸爸

---

❶ 佐藤学：《学习的革命》，天下杂志股份有限公司2012年版。

妈妈过节的时候是不是特别忙，你们想不想帮爸爸妈妈做一些事情呢？"有的说想，有的沉默不语。这时我没有多说什么，而是把另一个问题引出："爸爸妈妈有三个愿望：第一个是希望我们能吃得好，过一个快快乐乐的节日，所以妈妈想买些水果；第二个是希望我们学习进步，学到更多有用的知识，所以想买些文具；第三个是希望我们有个强健的身体，所以打算买些体育用品。可是爸爸妈妈实在是太忙了，不知道大家肯不肯帮忙采购？"顿时大部分同学抢着说："我愿意，我愿意。"原来他们都想早点开始愉快的购物之旅。

原来有点摸不着头脑的学生也兴奋了，当他们对着这些类似实物的器材时还是有点不明白，等我说完上面一席话时，他们就显出一副跃跃欲试的样子。

购物之旅是以限时采购为主，同学们提着篮子购买柚子（实心球）、尺子（接力棒）、体育用品（篮球），每次往返只能用篮子装一样东西，比谁能在规定的时间内最先完成这项任务。这一普通的日常购物活动，既能让学生体验到帮助家长分担家务的快乐，又达到了锻炼身体的目的。同时，也为课堂增添了浓郁而喜庆的生活气息。

三、增添兴趣性

兴趣是学习的初始动机，也是有效学习的保证。学生有兴趣参与的活动，一定要给予热情地支持和指导；反之，如果学生没有兴趣，任何活动都会让他们觉得乏味。只有激发和保持学生的运动兴趣，才能使学生自觉、主动、积极地进行体育课程的学习。在教学过程中，不论什么方法，只要能激发学生看、激发学生想、激发学生练、激发学生比、激发学生闲暇时间也要练的方法就是行之有效的方法，就是好方法。

教学中教师要引导学生参与体育的学习，激发学生的好奇心，学生只有参与了体育活动，才能逐步学会锻炼身体的方法，建立合作互动的师生关系。面向全体学生，真诚、平等地对待每一位学生，对学生形成一种亲和力，让学生真切体会到新型师生关系的凝聚力："课上是师生，课下是朋友"，从而使学生亲其师更信其道。

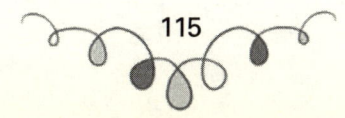

（一）巧设悬念，激发兴趣

在课堂教学中教师要充分发挥自己的语言优势，采用富有启发的提问，有效引起学生的兴趣，唤起学生的求知欲望。教师的提问不但要充满趣味性，而且要有一定的深度和难度，要激发学生动脑思考，引导学生畅所欲言、各抒己见。教师提问要紧紧围绕教学目标，精心设计有目的、有趣味、有启发的提问，以收到良好的教学效果。

（二）学以致用，激发动机

作为一名体育教师应该结合学生的年龄特征和知识水平，从生活中提出新颖的问题，激发学生的求知欲和好奇心，让学生明确学习体育不仅能增强体质，而且通过体育学习可以拓宽学生的知识面，开发智力，活学活用科学文化知识，解决生活中的实际问题，提高学生的实践能力，从而改变学生对体育的片面认识。

（三）巧设情境，激发兴趣

在教学过程中，巧设问题情境，能有效激发学生的参与积极性和参与兴趣。如果没有适当的情景进行烘托，学生参与的兴趣将会成为无源之水、无本之木。教学情境的设置要在了解学生性格特征和志趣的基础上进行，问题情境的设置要带有强大的吸引力，才能激发学生的求知欲望。问题的设置要把握"度"和"趣"，对学生来说应是他们力所能及而且又必须是经过努力能达到的，也就是说问题的设置必须是使学生"跳一跳，就能拿到"。过难或过于容易的问题都会使学生失去兴趣和信心；过易的问题会使学生感到索然无味，缺乏兴趣；过于难的问题则会让学生产生高不可攀的印象，使学生望而却步。只有把问题设置得难易适度、高而可攀才能激发学生的好奇心和参与的兴趣。

例如，在学习前滚翻的教学中，拿两个实心球作为道具，一个有气，一个没什么气，结合有趣的提问，充分激发学生参与的兴趣："同学们，把这个实心球（没什么气的实心球）放在地上它会滚动吗？怎样才能让它滚动起来呢？"同学们经过短暂的思考，争先恐后地回答："不能滚动""能滚动，但要给球一个力量……"接下来，教师让学生来演示，学生把球放到地上，轻轻一推，球还是很难滚动起来，学生讨论的结果是要用力推动它才能滚动，但加上一定的助力后，球是滚动起来了，却很难保证滚动的方向。怎样才能保证它滚动的方向呢？学生一时很难有准确的答案。教师就拿起那个有气的圆的实心球，轻轻一推，实心球就滚动起来了，而且方向控制得很好。两个都是圆形的东西，为什么滚动的效果差别如此之大？通过启发性的提问，把本课前滚翻的动作要领让学生有一个初步的印象，想方设法引导学生向"圆"和"均匀用力"上过渡，从而顺理成章地把动作要领"低头团身把地蹬，球形滚动易完成"总结出来，为顺利完成教学目标奠定良好的基础。在后面的课上，教师又向同学们提出一个问题："既然我们学习了前滚翻，有哪位同学会后滚翻呢？"同学们你看看我，我看看你，突然有一个同学举手说："我会。"老师问他："老师还没有讲，你怎么就会了呢？"他说："道理和前滚翻是一个样子的，只不过这一回我们是向后面滚翻，也是要求我们，低头团身把地蹬，球形滚动易完成。"听他说完以后，其他同学也都说："我们也会了。"学生被老师提出问题、解决问题的方法深深地吸引住了，求知欲和好奇心得到满足的同时，增强了对体育学习的兴趣。学生的智力得到充分开发和培养的同时，理论和实践有机结合起来。一个小小的前滚翻，一下子激活了课堂，学生在强烈的好奇心和求知欲的激励下，参与性和积极性被有效地调动起来，顺利地完成课堂的教学任务，达到预期的教学目标。课后同学们还是兴趣不减地围在老师周围询问。

四、注入科学性

（一）制定科学合理的教学方法

参加体育锻炼要采用科学方法，只有科学地参加体育运动，健身才能获得预期的锻炼效果。参加体育锻炼能促进人体的全面健康，这是众所周知的，但不注重锻炼的方法损害身体健康的事情也时有发生，因此参加体育锻炼必须要遵循体育锻炼的基本原则。

（1）了解学生，实事求是。开始体育锻炼前，必须对学生的体能水平和健康状况有一个比较全面地了解，从而根据学生身心的实际情况，有针对性地进行锻炼，以改善学生体能和健康方面的不足。

（2）在参加体育锻炼之前，要注意根据学生的体能、技能和健康水平的实际，确立明确、具体而适宜的目标。这样才能使他们的锻炼有的放矢，使他们一步一步地去实现目标，才能收到良好的效果。

（3）人体是一个完整统一的整体，只有全面发展才能取得良好的效果，中小学生正处在生长发育的高峰时期，身心的可塑性很大。因此，在选择运动项目、锻炼手段和方法的时候，既要满足他们的兴趣和爱好，更要注意多种运动项目和健身方法的结合，全面锻炼，以便更好地促进生长发育和身体全面、协调发展。在健身的同时，还要注意健"心"，加强学生意志品质的培养，并提高对自然环境的适应能力。

（4）运动有恒，坚持经常。人体的各个器官都具有"用进废退"的特点，因此，只有坚持有规律地进行锻炼，锻炼的效果才明显、持久。虽然短时间的锻炼也能对身体机能产生一定的影响，但一旦停止锻炼后，这种良好的影响作用就会逐渐消退。

（5）循序渐进，自我保健。体育锻炼的循序渐进是指在学习运动技能和安排运动负荷时，要由小到大、由易到难、由简到繁逐渐进行。合理安排锻炼负荷是取得良好锻炼效果的又一关键环节。要取得良好的锻炼效果，必须遵循体育锻炼的原则，充分做好准备活动和放松活动，注意定期体检和提高安全运动的能力，培养学生自我保护能力。

在参与体育锻炼的过程中，引导学生养成科学锻炼的习惯的同时，千万不能忽略准备活动和放松活动。做好准备活动不但有助于提高运动能力，取得良好的运动成绩，而且能减少、避免运动伤害事故的发生。

（二）注重对保健意识的教学

（1）平衡饮食。营养对一个人健康具有重要的作用，教学中，教师要引导学生在日常生活中注意营养，平衡饮食，培养学生良好的饮食习惯，做到合理的营养搭配，不暴饮暴食。例如，要学生养成良好的进餐习惯：吃饭要定时、定量、不偏食等。

（2）心态要平稳。斯坦福大学作了一个很有名的试验，拿鼻管搁在鼻

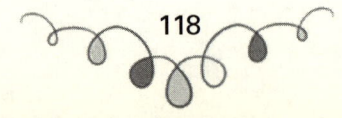

子上让你喘气，然后再将鼻管放在雪地里10分钟，如果冰雪不改变颜色，说明你心平气和；如果冰雪变白了，说明你很内疚；如果冰雪变紫了，说明你很生气。然后把那紫色的冰雪抽出1~2毫升给小老鼠注射，一两分钟后小老鼠就死了。从上述实验中，不难了解心理变化对一个人的影响和作用是多么巨大。因此，一定要引导学生养成自我调控情绪的良好习惯，适度地表达感情，协调好人际关系，保持乐观向上的心态，正确看待挫折与失败，积极参加有益的身体锻炼，增强体质，锻炼心理承受力，从而始终保持一种快乐的心态，促进身心健康。

（3）注重环境对健康的影响。现代社会越来越关注我们身边的生存环境，同时也越来越强调绿色。因为人要顺应自然的发展规律，才能健康长寿，现代生理学已经证明，人与自然的平衡是健康的重要标志。要达到人与自然环境的和谐统一，就必须进行全面健康的活动，保护好生态环境，实现人与自然的和谐统一。只有这样，我们的健康才能得到保证。

五、充满人文性

以学习者为主体，关注学习者的兴趣、态度和需要，突出学习活动的整体性和综合性，以利于每一个学习者的生存和发展，这是新课标的要求，是体育教育理念中人文化的一种体现。

人性是一切学科基础，包括情感与责任。体育人文通过体育培养人性，提高人的心理素质和群体素质（社会适应能力）。因此，体育课应该让体育的健身性与文化性相统一，让课堂时刻充满浓郁芳香的人文性。

六、加强安全性

任何事物都有一个产生、发展的过程，在教学中如何避免伤害事故的发生，更好地为学生建立起活动过程中的安全意识体系，使危险活动、不安全因素做到防患于未然，充分调动起各方面的力量，安全地进行体育活动，是摆在体育教师面前的首要任务，老师不仅要培养学生的勇敢顽强、敢于挑战自我的品质，更要培养安全意识，使他们在活动过程中逐步学会自我保护，保护自身安全，防止伤害事故的发生。

陶行知先生曾说："真的教育是心心相印的活动，唯有从心里发出来的，才能打到心的深处。"素质教育就是这种充满真情的教育，它充分体现了教育者的爱心与童心。要营造让全体学生愿意当家作主的心理环境，就需要老师向学生敞开自己的心扉，对学生抱有积极态度或适度期望，这样，师生相处时的心理气氛就比较和谐融洽。学生在这种积极的学习生活中，能促使其情感智慧健康发展，不仅影响学生的学习与智力，而且对学生个性的发展、能力的培养，都具有潜在、长远和深刻的定向作用。

七、结论

我们要相信每一位学生，关爱每一位学生，接纳每一位学生，包容每一位学生，让他们在多样性的体育课中健康的成长发展，学会竞争与协作，在学生的自我管理、自我教育中去发展个性，培养良好的体育锻炼习惯。让学生在表现自我的过程中，看到自己的价值，享受无穷的乐趣，掌握更多的知识与运动技能。只有这样，才能让学生在体育课中健康成长发展。

参考文献

[1] 毛振钢、毛振明：《体育教学内容改革与新体育运动项目》，北京体育大学出版社2002年版。

[2] 季浏、汪晓赞：《小学体育新课程教学法》，高等教育出版社2003年版。

[3] 毛振明、于素梅：《体育教学安全防护技巧与案例》，北京师范大学出版社2009年版。

[4] 季浏、殷恒婵、颜军：《体育心理学》，高等教育出版社2010年版。

健美操运动对发展小学低年级学生身体素质能力的研究

宋 腾

摘要：健美操是现代社会比较年轻的运动项目，是一种有意识、有组织的文化活动。而这项运动在整个体育教育范围内受重视程度越来越高，其影响也越来越大。而适宜的体育锻炼可促使少儿身体、机能和素质迅速提高，使身体更加强壮。通过健美操运动可以激发少儿锻炼身体的兴趣，提高自身的身体机能、身体素质及思想意识。同时利用音像教学，增强感知，提高审美意识。

关键词：健美操运动 发展 小学低年级 身体素质能力

一、前言

健美操是现代社会比较年轻的运动项目，是一种有意识、有组织的文化活动。而这项运动在整个体育教育范围内受重视程度越来越高，其影响也越来越大。小学生的正常生长发育和健美形体的形成受家庭、社会和环境多种因素的影响。而适宜的体育锻炼可促使少儿身体、机能和素质迅速提高，使身体更加强壮。通过健美操运动可以激发少儿锻炼身体的兴趣，提高自身的身体机能、身体素质及思想意识。同时利用音像教学，增强感知，提高审美意识。本文通过运用文献资料的研究方法，从健美操运动对提高小学低年级学生身体素质的影响、教育心理方面的作用及养成少儿匀称优美体形等几个方面进行阐述分析。

二、分析与讨论

(一) 健美操运动对提高低年级学生身体素质的影响

健美操运动能有效地改善人的身体形态,主要表现在两个方面,一方面健美操运动能促进青少年儿童身体正确姿态的形成,同时对身体健康发展有一定助力的作用;另一方面,经常从事健美操运动可以减少人体多余的脂肪,有助于形成或保持一个自我满意的身体形态,从而有利于自信心的提高。自我满意的身体形态对生活、学习的各方面有重要意义。在对酒仙桥中心小学低年级学生身体素质的统计中,参加学校健美操社团活动的学生在往年的体质测试中多数能够达到良好等级以上的标准(见表1)。

表1 酒仙桥中心小学 2011~2013 年度一、二、三年级
参加健美操运动学生与普通学生体质健康测试成绩对比

体质健康测试项目	测试年度及测试人数		各年级总体测试良好率等级以上数据对比		
			一年级	二年级	三年级
立定跳远	学生总数 224 人	2011 参加健美操运动学生(56人)	15人	20人	20人
			21.6%	27.07%	24.28%
		2011 未参加健美操运动学生(168人)	12人	51人	20人
			17.3%	46.61%	24.28%
坐位体前屈	学生总数 224 人	2011 参加健美操运动学生(56人)	16人	20人	20人
			23.1%	28.1%	20.47%
		2011 未参加健美操运动学生(168人)	55人	51人	63人
			74.4%	71.9%	77.22%
立定跳远	学生总数 249 人	2012 参加健美操运动学生(63人)	19人	20人	20人
			20.35%	24.89%	9.29%
		2012 未参加健美操运动学生(186人)	10人	36人	6人
			10.21%	42.98%	19.68%
坐位体前屈	学生总数 249 人	2012 参加健美操运动学生(63人)	19人	20人	22人
			15.64%	24.89%	27.17%
		2012 未参加健美操运动学生(186人)	82人	40人	52人
			81.96%	50.68%	68.5%

续表

体质健康测试项目	测试年度及测试人数	各年级总体测试良好率等级以上数据对比		
		一年级	二年级	三年级
立定跳远 学生总数 283 人	2013 参加健美操运动学生（70 人）	16 人 18.49%	23 人 20.58%	18 人 21.54%
	2013 未参加健美操运动学生（213 人）	44 人 39.57%	52 人 38.94%	23 人 28.57%
坐位体前屈 学生总数 283 人	2013 参加健美操运动学生（70 人）	20 人 18.56%	25 人 25.63%	25 人 29.98%
	2013 未参加健美操运动学生（213 人）	86 人 78.63%	75 人 60.58%	44 人 58.23%

正是因为健美操运动对身体素质的特殊作用，使得越来越多的人都主动积极地参加健美操运动的锻炼。

（二）健美操运动可使小学生形成匀称的优美体形

（1）在健美操训练中，总是要求学生要充分展开四肢，动作舒展，身体向上挺立，所以促使端骨与骨干之间的软骨生长，使学生个子长高，四肢变得修长。各种基本素质练习，又使其韧带、肌肉发育平衡，更好地形成正常的脊柱生理弯曲。由此可以看出，小学低年级学生经过一段时间的健美操练习，可促使其形成四肢修长、匀称的优美体形。

（2）小学生健美操可预防"儿童肥胖症"。体重主要包括骨骼、肌肉、内脏器官组织的重量。由于生活水平的提高，青少年儿童常常由于营养过剩、活动少造成肥胖。在青少年儿童的生长发育时期，前面的非脂肪重量在青少年儿童体重所在比例差异不大，体重的增长主要是脂肪的增多而造成的，所以说通过训练能抑制脂肪过多增长，即健美操训练能预防"儿童肥胖症"。

（3）体育舞蹈训练可以增强小学低年级学生的体质，提高身体素质。通过训练可以使其力量、速度、柔韧、爆发力、灵巧和灵敏性得以提高，

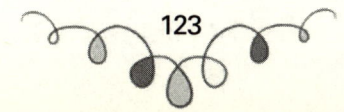

活动技能也有明显进步，表现在节奏感、模仿能力等方面。此外还可以使身体对外界的抵抗能力得以增强，减少疾病的发生，使青少年儿童健康成长。

（三）健美操对教育心理方面的作用

（1）通过对小学低年级学生进行健美操教育，可以陶冶学生的情操，培养学生对美的追求。小学低年级学生健美操教育是通过优美的音乐、动感的旋律、简单的健美操基本动作等有机的结合。青少年儿童在学习、训练表演的过程中都会受到美的教育，尤其是一些健康向上的小学生健美操套路等级练习，都具有十分丰富而且符合低年级学生思想的特点。通过训练、表演，展示思想教育内涵，学生也受到思想教育。

（2）小学低年级学生健美操是培养儿童团队精神的一种好形式。它一般是一种集体教学的形式，在教学中将训练、排练、表演等为一体进行的教育活动。它具有严格的统一性、规范性、强制性。这种统一性、规范性、强制性有助于培养低年级学生严格的纪律观念，有助于培养学生的团结意识、协作配合意识、荣誉观念及团队意识。目前，小学低年级学生中独生子女比较多，在城市小学生中独生子女已占绝大多数。由于各种原因，一些学生缺乏团队意识。因此，通过小学低年级健美操这种教育形式，对少儿进行团队精神的培养，是十分必要的。

（3）小学低年级学生健美操可以培养低年级学生的吃苦精神，磨炼学生的坚强意志。小学生低年级健美操是通过少儿自己参与、自己感受、自己体验的种种形式来实现的，对于教育和受教育者，都是艰苦的。受教育的小学低年级学生可以通过这种艰苦的学习过程，受到吃苦精神和坚强意志的教育。

（4）有利于培养小学生良好的审美感觉。健美操通过调动人体动作、表情、姿态等多种心理和生理机能，为孩子们提供和构筑了富于童心的审美欣赏与审美创造空间。因此，在强调由应试教育向素质教育转轨的今天，我们应当特别注意发挥青少年儿童健美操在培养健全的新一代外形与内质方面所具有的独特优势。

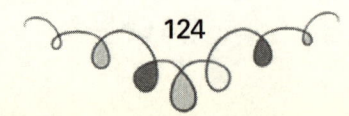

三、结论

总之,健美操对提高身体自我发展具有良好的促进作用。对青少年儿童智力的促进与开发,身体的生长发育都有非常重要的作用,同时我们还要从小培养孩子的独立思考能力。经常从事健美操锻炼能够使人拥有健康的身体、充沛的体力、极强的自信心和适应能力,形成科学身体的自我概念。良好身体的自我调节能力和高自尊心,无论在学习和生活中都能表现出旺盛的生命力。

参考文献

[1] 潘建芳:"青少年身体自我的研究",载《首都体育学院学报》2003年第3期。

[2] 丁素文:"对培养健美操运动员表现力方法的研究",载《河北体育学院学报》1999年第13(1)期。

[3] 李慧:"健美操运动员表现力心理因素的分析",载《四川体育科学》2006年第1期。

[4] 健美操编委:《健美操》,高等教育出版社2004年版。

[5] 王洪:《健美操教程》,人民体育出版社2001年版。

[6] 田麦久等主编:《运动训练学》,人民体育出版社2000年版。

把握学生的心理因素是触发学生运动的源泉

王仲海

摘要： 当一个八九岁的孩子背起10公斤的书包走进学校时，你是否感觉到一种压力，或者你会感觉到身上的那份责任，小学生是来接受教育的。但是，在他们内心深处已经有了一种莫名的压力，这份压力不仅来自肩上的重担，更多的是来自学校、家庭、社会的压力。当前中小学学生学业负担重，精神压力大，属于自己的空间小，对学生心里产生了一定的负面效果，对孩子的身心健康发展产生了一定的制约性。如何打开孩子心扉，释放孩子童真的心，是为老师的责任，作为体育老师，更应该走进孩子的心灵，激发起他们那份天真、那份活泼、那充满朝气不知疲倦的心，让他们享受运动，参与运动。

关键词： 心理活动　鼓励支持　运动

体育课的教学是教师与学生、教与学的双边活动过程。这个过程不仅是进行各种身体练习的过程，也是思维的过程。既要通过体育活动增强学生体质，也要发展学生的智力，使学生掌握"三基"和科学锻炼身体的方法。

我们知道，任何运动技能的形成，都需要有大脑皮层的兴奋过程。因此，在教学中，不能只要求学生作机械的模仿练习，更重要的是要求教师掌握学生心理活动规律，启发和培养他们的正确学习动机、学习兴趣与注意，启发他们积极思维，才能充分发挥他们的学习积极性，提高教学质量。

下面就在体育课中如何运用一些心理学的基本理论和规律，提高学生的学习积极性，来谈谈自己的认识。

一、利用学生的直接兴趣激发正确的学习动机

动机是激励一个人去活动的心理原因，对学习起着积极的推动作用，是积极性的核心。在体育活动中，学生的学习动机是多样的，但归纳起来，可分直接动机和间接动机两种，直接动机是与体育活动直接相联系的动机，它是以自己直接感兴趣的东西作为学习的动力。如他们看到，在老师的带领下，同学们正在作各种活泼的游戏、一场激烈的精彩的足球赛在进行着时，会使他们情不自禁地产生一种学习要求，即直接的学习动机。但是，这种动机是不会持久的，一旦在满足了暂时的需要之后，就会消失。譬如，一个饥饿的人吃饱了以后，对食物的兴趣就消失了。而间接动机是由自己的意志和社会的需要所产生的，是以达到一定的目的作为其学习动机的。例如，冬季，学生在室外上体育课时，有的学生看到天气寒冷，不愿意把手拿出来活动，也有一些同学由于懂得了锻炼身体的好处，懂得德、智、体三者的辩证关系，因此，他们能克服天气寒冷的困难而努力上好课。由此可见，间接动机对提高和保持学生学习的积极性，比直接动机有更重要的意义。我们要善于把学生从对直接感兴趣的学习动机，引导到间接动机上来。在教学中，除了要向学生讲明学习的目的，还要要求学生把锻炼身体同实现"四化"的宏伟目标联系起来，使他们懂得身体好与学习好的辩证关系，启发他们为实现"四化"而锻炼身体，掌握知识的重要性，树立他们从"要我学习"变为"我要学习"的正确学习态度，还要采用多种形式的教法，启发和引导他们。但是，正如在实践中看到的那样，我们还应注意根据他们不同年龄的特征，分别采用一些与他们生理特点、心理特点相符合的教法，以启发他们的学习动机。

二、学生兴趣与注意力的培养和运用

注意是人的心理对一定对象的指向和集中。注意的心理过程，是对事物的感觉、思维的反映。例如，学生注意老师指挥学生做操而发出的口令，就是学生对刺激物的反映。注意是认识事物的起点，在体育活动中，

如果心不在焉或注意力不集中，便不能掌握好所学的内容，就会出现错误或伤害事故。注意分被动与主动两种，被动注意是属于本能的，没有自觉的目的，也不需要意志去努力，它由条件刺激或个人爱好所产生。例如，上体育课时，新奇的道具、显目的标志、洪亮的口令，都能引起学生们的被动注意，而主动注意则由意志去指挥，带有强制的意思，往往学生对某些事物并不感兴趣，只是由于某种需要才去注意。如有的同学对长跑这个项目并不感兴趣。但由于"长跑"是"达标"的一项指标，而"达标"又是评"三好"学生的重要条件之一，他们为了实现自己当"三好"学生的愿望而不得不集中注意力上好"长跑"课。在教学中，运用注意规律，组织和保持学生注意的时候，要向学生讲明锻炼身体的意义，每节课、每个动作的目的和要求，指出完成动作的关键和难点，尽可能利用那些能引起学生注意的因素，把学个从被动注意引导问主动注意上来。如教纵箱分腿腾越时，先可在纵箱的远端贴上胶布一条，作为明显的标志，引起学生的被动注意，经过多次练习，学生有了肌肉感觉，知道了手必须撑到箱的远端，才能完成好这个动作。因此，引起了他们的主动注意。在教学中，还可以采用提示的方法来引起学生注意。例如，教学生前滚翻时，可通过提示学生低头、团身、抱腿等口令，引起学生对时间与空间关系的合理分配的注意，使之取得好的效果。兴趣是个人对事物所持的选择态度，它是属于感情和情绪的状态，兴趣是产生注意的源泉，二者关系密切，互为因果。我们对某一事物发生兴趣的时候，就会集中注意力，专心专意去做。注意力也能引起兴趣（但有时集中了注意的事物，并不都能引起兴趣）。若经常注意某一事物，也能引起对该事物的兴趣。如当学生听到自由体操那种悦耳动听的伴奏音乐时，引起了他们对表演的注意。当看到运动员那种优美、惊险的动作时，便逐渐对体操发生了兴趣。在体育活动中，有兴趣与无兴趣产生的结果是不同的，对于感兴趣的活动，可以持久和集中注意。学习时主动积极，即使碰到困难，也会努力去克服，产生愉快的情绪。而没有兴趣，会使学生情绪低落，感到厌倦。教师还应善于利用学生对体育活动的直接兴趣，启发学生积极练习一些他们认为枯燥无味的教材。例如，在教学中，利用学生对足球和竞赛的兴趣，先让他们进行足球比赛，从中抓住他们的由于不能控制球而失掉很多进攻和防守的机会感到苦恼时，再讲明学习基本技术的必要性，进行正确示范，这样，就能大大提高学生学习这个教材的积极性。在实践中，提高学生学习兴趣的方法是很多的。如教师的目光暗示表扬、鼓励与批评，及时纠正错误，正确的示范，生动形象的讲解，游戏、竞赛、直观教具等。总之，教师要善于灵活安排教材，采用多种教法和组织措施，把课上得生动活泼。充分发挥学生的积极性，才能获得满意的教学效果。

此外，科学研究表明，赤橙黄绿青蓝紫等各种色彩不仅能构成生活的绚丽画面，而且能够影响人的性格，陶冶人的情操，调节人的情绪。在学校体育教学中，也包含许多色彩因素，如果能够巧妙地利用，不仅能给学生以美的感受，而且可以丰富学生的情感体验，达到激发学习兴趣，提高教学质量的目的。

（一）有利于活跃课堂气氛，激发学生的学习情绪

情绪是推动人们进行各种活动的心理动因，也是个体发动和维持行动的一种心理状态。少年儿童理智思维发育尚未成熟，其情绪、感受主要受感知的支配，刺激性强的色彩，五彩缤纷、色彩鲜艳的画面和物体都能吸引他们，引起他们的乐趣和喜爱。所以，在教学中，教师除课前根据教学目的和内容精心布置好场地器材外，还可以利用色彩协调教学。如让小学生使用五颜六色的篮、排、足球，既能满足他们的好奇心，活跃课堂气氛，又便于按器材的不同颜色分组；又如在短跑教学时，在黑色的煤渣跑道上画上雪白的分道线和起跑线、终点线，使场地显得明朗和富有立体感，能给学生以活跃和一往无前的感觉，同时还能强化教学气氛，使其产生一种兴奋的心理状态，从而在"移情"作用下对所学内容产生浓厚的兴趣。

（二）有利于强化信息传递的准确性，加深学生对动作技术的感知和理解

在教学的某些特定条件下，教师如果辅以恰当的色彩表达，就能增强信息的感染力和穿透力，使学生自觉接受并在大脑皮层建立广泛而深刻的

暂时性神经联系，提高感知效果。如在乒乓球旋转发球教学中，为了强调球拍触球的部位，可以在球拍的一面分上、下两部分，粘上两种不同颜色的海绵胶皮，将球的一半用黑墨水涂成黑色，用经过"加工"的球拍和球做示范动作，学生就可清楚地看到球拍触球一刹那间的情景，从而加深对动作技术的感知和理解。又如在教弯道跑技术时，教师若事先在自己田径鞋底左脚掌外侧，右脚掌内侧涂上红色，讲解时面对学生侧坐后撑、依次举起左右脚演示，就能给学生留下深刻的印象，起到强化作用。

（三）有利于减轻学生的心理压力，增强自信心

色调的深浅浓淡能引起人们对物体大小、轻重和高低的错觉，同样的重量，深色调的颜色给人感觉较重，浅色调的颜色给人感觉则轻；同样的高度，深色调的物体感觉高，浅色调的物体则会感到低。因此，在铅球、垒球等投掷项目的教学中，教师可有意识地将投掷物涂上白色，使学生感到轻松；而在跳箱、山羊、跳高等障碍性项目活动中，则可以把器材漆成淡黄色和咖啡等颜色，引起学生的错觉，使他们在情绪体验上消除恐惧和胆怯心理，从而怀着愉悦的心情进行练习。

（四）有利于提高学生的自控力，培养良好的行为规范和道德意识

在教学实践中，运用色彩提高学生自控力，培养其良好的行为规范和道德意识，在某些时候比语言行为更为有效。例如在往返接力跑教学中，教师若事先准备几面红、黄小旗，把红旗插在转折处做标志，提醒学生在练习中注意；对于在练习中出现行为错误的学生，就可以出示黄旗给以警告，这样就大大增强了规则的威严感，唤醒学生的警惕，提高其执行规则的自觉性。又如从事教学比赛和教学游戏时，学生人数多，活动不易组织，如果教师事先用红色或其他易引起人们注意的色彩布置好活动场所，则既能美化教学环境，又能提醒学生在活动中必须遵守规则，从而提高学生自控力，保证良好的教学秩序。

三、结果分析

教师在掌握了学生的心理活动后，就可以根据教学要求制定一些内容，通过铺设情境、渲染气氛等培养学生的练习积极性。

（一）创设情境，引发情感

体育教学也应追随语文教学的步伐，渗入情境教学的成分。教育心理学认为，良好的课堂心理气氛是一种催人奋发的教育力量，它能使学生在活动中受到潜移默化的教育。

（1）恰当的语言描述与合理的场地布置感染学生。根据低年级学生的心理、生理特点，笔者利用教材形成以主教材为主体，各教学内容相互联系，由单一运动形式变成全面多样的运动会，让每个小朋友以小动物身份来进行练习比赛，使他们克服胆怯心理，始终保持良好的情绪，在轻松愉快的氛围中发挥学生的主体作用，认真上好每一堂课。如由主教材30米和游戏绕物赛跑可设想成"小鹿赛跑"，由素质练习角力可设想成"小山羊角力"由兔跳设想成"小兔蹦蹦跳跳比赛"等，从而学生的学习积极性被充分调动起来，既增强了学生的体质，使他们得到了教育，又增加了体育的趣味性，顺利地完成教学任务，达到了教学目标。

（2）运用儿歌渲染气氛。游戏教学形式活泼，内容丰富，通过通俗易懂的儿歌辅助游戏教学，例如模仿小白兔的动作进行接力跳游戏，可一边游戏一边喝儿歌："小白兔，跳跳跳，两膝夹个小沙包。跳到草地吃青草，吃饱肚子往家跳。看谁最先跳回家，大家夸他'妙妙妙'。"通过这些活动，学生寓情于境，产生乐教乐学的气氛。

（二）比喻联想，激发情感

在教学中运用比喻联想，是丰富学生感情的一个重要方法。有些动作可通过教师生动活泼的语言，用类似的事物来比喻强调说明动作规格和注意事项，使学生产生一对新鲜好奇之感，在领会动作重点之下愉快地尝试练习。如将体操的团身前滚翻整体动作比作一个"球"滚动，抱膝、缩头紧团身、翻滚就是球滚动，用以强调动作的流畅性。这既增强了学生的学习积极性，又克服了动作的重点，带动了难点。

（三）点拨提示，情感启导

好的教学语言有一定"粘性"会启发学生的情感、激发学生的学习兴趣、引导学生有意注意。在体育课教学中，根据小学生的心理特点，把教材的教学内容提炼成"儿歌""顺口溜"等,对活跃课堂气氛、提高教学效果可以起到很好的作用。如"三步一呼一吸"用以提示学生在中长跑练习中要注意呼吸的节奏运用:"两臂摇得好、两腿抬得高、两眼看前方、身体不摇晃"来教学齐步走,实践证明,在体育教学中运用这些口诀可取得立竿见影的效果。

(四) 运用电教,丰富情感

经过一堂体育课的练习,学生付出了较大的体力,在课的结束部分安排一两个韵律舞蹈,尽可能使学生在轻松愉快的情感中消除疲劳,恢复心率,既陶冶了学生的情操,又为下次练习奠定了基础,形成愿学乐学的气氛。

实践证明,在体育教学中从小学生的实际情况出发,教师在教学的内部机制上稍作调整,有针对性地把情感培养作为体育教学的一个重要目标,就会起到"润物细无声"的良好教学效果。

四、结论

(1) 学生大多处在心理的多变时期以及处于感性阶段。
(2) 教师应从多方面培养学生的注意力和对体育课的兴趣。
(3) 把握学生的心理因素对培养学生运动兴趣很有帮助。

参考文献

[1] 毛振明:《体育教学科学化探索》,高等教育出版社1999年版。

[2] 程景民:《现代素质教育概论》,汕头大学出版社1999年版。

[3] 曲宗湖、杨文轩:《学校体育教学探索》,人民体育出版社2000年版。

[4] 马启伟等:《体育运动心理学》,浙江教育出版社1998年版。

[5] 黄雨三:《普通人群体育锻炼标准实用手册》,清华同方光盘电子出版社2003年版。

实践研究:课课练"跳绳和家校相结合",发展学生体能

赵彦梅

摘要:跳绳是以跳跃为主的运动,经常从事这项运动,可以有效地提高学生的弹跳力、协调性、灵活性和耐久力等身体素质,对增强人体内脏器官的功能,特别是对呼吸系统和心血管系统的机能可以产生良好作用,而且跳绳的方法多样,不同的跳法和玩

法对发展机体和身体素质的作用也不同。由此可见,跳绳不仅能有效地促进学生体能的发展,而且因为内容和形式的多样深受学生的喜爱。

关键词:课课练 跳绳 促进 学生体能 发展

一、问题的提出

在小学中高年级的体育教学中,经过调查发现学生体能逐年下降,其主要表现有:与2009年相比,2010年学生体能素质呈下降趋势,反映学生上下肢肌肉、关节、韧带的力量的跳绳指标下降;反映学生柔韧素质的坐位体前屈指标水平下降;反映学生下肢爆发力的立定跳远水平下降;反映腰腹肌力量的仰卧起坐指标有下降;反映学生耐力素质的50米×8往返跑的成绩均有下降;肥胖学生增多;在上课的时候常有学生为了逃避跑50米×8往返跑而想方设法请假不上体育课;学生和家长的体育锻炼意识淡薄,直接造成学生进行体育锻炼愿望不高,导致小学生身体素质现状不容乐观。

2011年9月,笔者教学三年级5个班的教学任务,发现肥胖的学生所占比例很大,特别是三(2)班总人数是32人,肥胖的有6人之多,达到18.7%,高于其他班级好几个百分点。在50米×8往返跑的教学中以肥胖学生为首的部分学生,在跑到一半的距离就开始慢得像走一样地在跑,任你喊破嗓子的叫他们加油,他们就保持这个速度,可想而知学生的测试情况很差(见表1、表2)。

表1　原三年级任教的5个班肥胖学生的调查结果

	三(1)	三(2)	三(3)	三(4)	三(5)
班级总人数(人)	30	32	32	32	31
肥胖人数(人)	5	6	4	5	3
肥胖学生百分比	16.7%	18.7%	12.5%	15.6%	9.7%

表2　原三年级1~5班第一学期初的测试成绩

班级	1′跳绳(次)	立定跳远(厘米)	实心球前抛(米)	50米×8往返跑(秒)
三(1)	116	139.2	4.4	114
三(2)	114.5	136.4	4.1	114
三(3)	118	137.2	4.3	112
三(4)	117	136.9	4.2	112
三(5)	120.4	140.1	4.6	110

根据课程的目标要求,开展跳绳的锻炼。跳绳是以跳跃为主的运动,经常从事这项运动,可以有效提高学生的弹跳力、协调性、灵活性和耐久力等身体素质,对增强人体内脏器官的功能,特别是对呼吸系统和心血管系统的机能可以产生良好作用,而且跳绳的方法多样,不同的跳法和玩法对发展机体和身体素质的作用也不同。

由此可见,跳绳不仅能有效地促进学生体能的发展,也因为内容和形式的多样深受学生的喜爱。因此,本文根据酒仙桥中心小学实际情况和需要选取三（2）班的学生作为研究对象，以跳绳为手段进行体能发展的实践研究。

二、研究的方法

（1）参考文献法：学习相关理论，收集整理有关文献资料，吸取优秀的教学案例。

（2）调查法：根据《学生体质健康标准》，对学生进行跳绳调查，分析学生的体能状况。

（3）数理统计法：对表中的内容进行常规的数理统计，并对主要影响因素进行分析。

（4）经验总结法：总结实践得失，在小组内讨论出相应对策，归纳出符合学校、教师、学生、家庭的锻炼方法。

三、结果与分析

（一）结果

通过一年多对现四（2）班学生的实践研究，发现学生的体能明显优于其他班级（见表3、表4）。

表3　实践研究前原三（2）班与其他班的成绩对比

班级	1′跳绳（次）	立定跳远（厘米）	实心球前抛（米）	50米×8往返跑（秒）
三（2）	114.5	136.4	4.1	114
三（3）	118	137.2	4.3	112
三（5）	120.4	140.1	4.6	110

表4　实践研究后四（2）班与其他班的成绩对比（平均数）

班级	1′跳绳（次）	立定跳远（厘米）	实心球前抛（米）	50米×8往返跑（秒）
四（2）	138	156.6	5.25	105
四（3）	124.7	144.1	4.5	109
四（5）	129.1	148.1	4.76	108

通过对四（2）班32位学生一学年的实践研究，试验前后跳短绳的测试比较，随机抽出16位同学作为样本进行数理统计，$P \leq 0.01$，经T检验等于2.81。经过一年试验的学生跳绳成绩优于非实验班，其他体能亦优于其他几个班。

（二）分析

在体能发展的过程中，培养学生体能锻炼的手段是多方面的，采用方法也是多种多样的，只要根据学生的实际情况，遵循体育教学原则，有的放矢地采取各种有效方法，为学生提供良好的学习条件和练习环境，学生就一定对体能锻炼产生浓厚的兴趣，从而积极投入到体能锻炼中来，使学生的体能逐步发展更上一层楼。

1. 在教育教学实践中，只有优化课堂教学，努力提高学生跳短绳的兴趣，才能有效地促进学生体能的发展

（1）明确意义。

①促进生理机能改善。通过跳短绳，能够增强上下肢肌肉、关节、韧带的力量，促进儿童骨骼的生长，增强内脏器官的机能，提高身体的灵敏、协调性和快速反应能力。

②促进心理健康发展。跳短绳活动的多样性，有利于提高学生的锻炼兴趣，增强自我表现和群体合作的意识。加深对同伴的情感，增强交往与合作，提高对获取胜利的重要意义的认识。跳绳是一项强度比较大的活动，摇绳练臂力，跳绳练腿劲，快摇练速度，多跳练耐力，需要很高的灵活性和协调性。

（2）激发学生对跳绳的兴趣。

①师生之间建立和谐融洽的关系：融洽的师生关系是引发学生学习兴趣的一个前提条件。所谓"亲其师"才会"信其道"。只有在一种互相理解，互相尊重的基础上教师和学生进行情感交流，创造一种自由、宽松的民主气氛，才能使学生学得更轻松，更主动。学生是有情感需要的，他们需要在老师那里得到尊重、关爱和教诲。只有这种情感得到满足以后，他们才会有更多的激情上好体育课。所以在课堂教学中教师要尊重学生、关

心学生，对学生的教育应该"晓之以理，动之以情"使学生在平等、民主、宽松和谐的气氛中轻松、愉快地学习。

②注意对学生兴趣的培养。著名教育家陶行知先生说："学生有了兴趣，就肯用全部的精力去做事，学与乐不可分"。很难想象对于跳绳这样一件既要花费大量的时间和体力的事情，没有自主学习的精神很难让学生主动进行锻炼。因此，如何提高课堂教学兴趣呢？教师必须根据教材内容结合学生实际，精心设计组织教法来激起学生学习的乐趣。

③在平时的课堂教学中，设置疑问引发学生的学习兴趣。好问是人的天性，但是主动积极的问题意识，善于提问的能力和勇于挑战的精神仍需要后天的培养，因此在教学中应从教育方法的改革入手，积极培养学生的好奇心，鼓励他们独立思考、大胆设疑、勇于探索让他们在实践中去体验、交流寻找答案，为他们创造广阔的形象空间，培养他们的创新能力。

④利用激励和合作式学习，激发学生的学习兴趣，合作式学习是将学生分成若干个小组，分组的方式可以有多种方式，如友情组、能力组、互助组、兴趣组等。让学习小组形成共同的、开放的学习目标和资源共享，任务共同参与，直接交流。这个方式不仅能促进短绳技术技能的学习，还有利于形成竞争与合作并存的人际关系。如选用长绳连跳这个练习，不仅学生都喜欢，又彻底摆脱了长时间的耐力练习中容易产生的消极抵触情绪，愉快、主动地投入锻炼中。所以，对于学生来说，合作式学习提高学习效率和心理健康价值巨大，甚至还可能影响到学生人生的改变——今天的合作学习，就可能是明天的合作工作和生活。

⑤利用合理的多元评价方式稳定学生的学习兴趣。在以往的传统教学中，教师并不注重对学生的鼓励和评价，但学生是情感的接受体，他需要教师的不断鼓励和表扬。麦克莱伦训练法就说明了这样一个道理：人们的成就和动机是可以培养和提高的。而在培养和提高的过程中必须保持宽松、和谐的心理氛围，对于每个人的语言和行动都要加以充分的支持和尊重，使他们确信自己能够提高，从而具备自信心。及时地给予学生表扬与肯定，让学生在不断有成功的体验，继而对学习充满兴趣与自信，学习就会更加有效。

兴趣是学生从事体育锻炼的内驱力，培养学生从事体育锻炼的兴趣是培养学生终身体育意识和能力的前提，教师应该强调根据不同学生的身心特点，选择不同的跳绳内容、活动方式和组织教法。把跳绳的娱乐性和健身性结合起来，把方法的实效性和趣味性结合起来，培养和激发学生从事跳绳的兴趣。

（3）练习方法和手段。

跳绳的方式和手段多种多样，有单人跳、双人跳和多人跳。单人双脚向前跳、单人双脚向后跳、单人双脚双飞跳、单人双脚花式跳、单人单脚交换向前跳、单人单脚交换向后跳、单人单脚交叉向前跳、单人单脚交叉向后跳、单人向前跑跳等方法。双人跳有双人前后跳、双人左右跳、双人前后向后跳、双人转身跳、前面的人变换动作跳……多人合作跳（2人以上的合作跳）的形式很多，在人数上可以根据学生实际情况加以调整，培养其锻炼的积极性，增强集体主义精神。

（4）多种多样的跳绳方法和形式有助于提高学生的锻炼兴趣。

以更加新颖的教学方法和手段来提高学生对跳绳的学习兴趣，提高他们的锻炼积极性，达到锻炼的目的。人的兴趣是在需要的基础上、在活动中发生、发展起来的。教育实践证明，使学生感到有学习的需要，是学习的根本动力。跳绳可以演变出很多跳法、玩法。从跳绳资源中再挖掘出更加符合学生实际的方法，创造出在体能锻炼中，学生主动参加体能锻炼的动机直接影响训练效果；反过来讲，由锻炼产生的成功体验，又能激起学生对体能锻炼的兴趣。

（5）鼓励学生自己设计跳短绳方法和名称并加以实践，被动锻炼变为主动锻炼。

教师要让学生发挥想象力、创造力，要利用手中的短绳自创活动内容，并给自己的"作品"起个好听的名字，进行"作品"展示，"小马拉车跑""二人三足跑""快快跳起来""踩蛇尾""穿过小树林""投准、投远、上抛、用三根短绳在两手中交换""跨越障碍"等，不仅有良好创意，更激发了学生的练习兴趣，参与锻炼的积极性就高。学生有了兴趣，在练习中必然会全身心地投入，学生的身心健康水平以及运动机能必然得到提高。

2. 课内外相结合，结对互帮互助，进一步促进学生体能的发展

（1）课内外结合的意义。

在学校教育真正减负之后，学生有了充分的课余时间来发展自己的各种兴趣爱好，课余体育活动应成为大多数学生的主要选择，每个学生都将在课余体育活动中找到自己的位置。

（2）课间锻炼方法。

除了在课堂上让学生得到锻炼之外，在课后引导学生结伴练习，如跳的熟练的和不熟练的学生自由结合，帮助能力差的学生。同时设计多个两人合作的跳短绳方法丰富学生的课间活动。跳绳可以演变出很多跳法、玩法和游戏。在跳绳资源中再挖掘出更加符合学生实际的方法，创造出更加新颖的玩法，设计出不同种类的游戏。要不断拓展跳绳运动方式，提高学生跳绳能力，掌握跳绳玩法技巧，使学生对跳绳产生更加浓厚的兴趣。

3. "小手牵大手"家校结合，增强学生体能的发展，带动全民体能的发展

苏霍姆林斯基说："教育的完善，它的社会性的深化，并不意味着家庭作用的削弱，而是意味着家庭作用的加强。"学生体能的发展不是单靠每周两三节体育课就能完成的，那种全民体能仅在校内体育课堂上锻炼身体的做法已经被证明是落后的。家庭、学校合作，已经成为现代基础教育发展的一大趋势，它也是通过体育与健康课程学习让学生发展社会适应能力和社会责任感的重要方式。学生对跳绳运动充满激情，在学校没有得到充分施展，只能回家后就可能要求父母和自己合作跳绳，锻炼能起到强身健体的作用得到共识，家长也就会积极地投身其中，从而带动全民健身的发展。

四、存在的问题

（1）由于学生学业繁重，造成锻炼时间不够充足，成为学生身体素质发展的瓶颈。

（2）由于各个家庭实际情况不同，家长的支持程度不均，造成学生对体育锻炼兴趣不高，成为学生体能发展的主要障碍。

（3）通过课课练跳绳和家校相结合小手牵大手使学生的身体素质有了明显的提高。

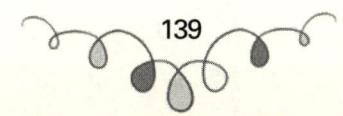

小学一年级体育教学中合作学习的调查与研究

甄 杰

摘要： 通过对酒仙桥中心小学一年级学生进行合作学习方式的调查与研究表明，合作学习方式益处很多，也备受学生欢迎。如合作学习使学生自信心得到提高，可以提高学生的主动性，使学生更多地参与活动，使体育课堂充满生机，这一学习方式改变了传统的评价内容及方式，有利于培养学生的创新意识，从而促进学生全面发展。

关键词： 体育教学 合作

一、研究目的

笔者曾多年担任小学一年级体育教学工作，经过多年的探索，发现学生在体育课上学习被动，甚至有一部分同学一提到上体育课就皱眉，不喜欢上体育课，特别是长跑，不喜欢跑的游戏，不喜欢做广播体操等。究其原因，是由于受传统教育思想的束缚。人们往往过分地注重教育适应社会的价值，而忽视教育促进人发展的价值，不重视人在教育中的主体地位。在小学体育教学过程中，也仅仅把学生当做教育的对象和客体，忽视学生主体性的培养和发挥，使学生受到太多的限制和束缚，主要表现在：

（1）师生关系不平等。在体育教学中，教师把学生当成被动接受知识的容器，只要求学生无条件地执行指令，使学生的个性得不到尊重，教师常以批评、训斥甚至惩罚作为教育手段，师生关系不平等，对学生不信任、不尊重的现象普遍存在。

（2）管教多、自觉少。教师不注意在体育教学中从小引导学生自我要求、自我锻炼、自我管理。认为学生管得愈严愈好，致使学生缺乏独立判断、自我调控、自主自立的品质和能力。

（3）统一多、个性少。在体育教法上追求统一，学生的个性差异得不到承认，忽视学生的独特性和差异性，造成教学方法的传统、单调，培养出的学生没有个性，学生的兴趣、爱好得不到充分发挥。

（4）传授多、探索少。在体育教学中，只关注学生已有经验，往往忽视个体经验。一味向学生传授体育技术技能，而没能更好地引导学生自我学习、自我探索，致使学生不善于独力思考，习惯于循规蹈矩，缺乏独立理解问题、分析问题和解决问题的能力。

然而，在这个社会飞速发展、日新月异的时代，竞争激烈，机遇与挑战共存。现代小学生，为了适应社会，就必须具有强烈的竞争意识，但千万不可忽视合作精神。体育课上教师讲得精彩，学生也未必听得精彩，虽然教学内容不错，但是达不到教学目的，不同的教学内容需要与不同的教学方法恰当结合，那我们应该思考一下：陈腐的教学方法还能满足现在的学生吗？自从"十五合作教育重点研究课题"进入酒仙桥中心小学，学校体育教师带着浓厚的兴趣，对如何开展小学体育合作学习进行研究、探索、实践。实验证明，合作学习方式是一种新型的体育教学方式。从重视单独学习向重视合作学习，从而使体育课堂充满生机与活力、使学生兴趣高昂、参与人数多、教学效果好，真正让学生成为课堂的主人，成为从课堂上获得乐趣的人。

二、研究方法

具体的方法有：问卷调查法、观察法、比较法。

从学校随机抽取两个班，一个为实验班，一个为对照班。实验前对两个班学生进行各方面水平测试，保证学生情况基本均等，教学时数相等。对实验班按合作学习方式进行课堂教学，对照班按传统学习方式进行课堂教学。然后，对学生在体育活动兴趣，对合作学习方式认可程度，是否愿意与其他人共同完成学习任务等进行问卷调查，进行分析。

（1）实施过程中，先对学生进行合作学习有关基本知识的渗透及讲解，让学生有个初步认识和了解。如小组、小组长、组员、小组成绩、个人责任、小组竞争等。

（2）教学中尝试多种方法，培养学生的合作意识和能力。

①体育活动中为学生提供尽量多的合作机会。如游戏，一年级学生喜欢，不仅能活跃课堂氛围，亦能达到体育教学目的。因此在体育教学中，笔者常利用此形式，开展"小组合作"教学，让学生根据游戏的不同内容和要求与同学合作，形成"合作伙伴"，达到教学的预期效果。

②小集团学习法，指在体育教学中让学生根据兴趣爱好自由组合，分成几个小集团。根据教学任务、教材特点，利用小集团的协同学习，使全体成员经常地合作学习锻炼。如在跳绳教学中，由于部分学生在幼儿园已基本掌握，而有些学生则一点都不会。于是在课堂教学中开设"登山"团、"牵手"团、"苗苗"团。"登山"团主要是会跳绳的学生，课上教师制定不同的山峰——跳绳次数，要求学生间合作、竞赛，勇登高峰；"牵手"团主要给学生创设合作交流、互帮互助的场所，让跳得较好的学生做小老师协助初会者，从而减轻教师负担；"苗苗"团主要在教师的引导下，不会者间自主加强练习，尽快掌握动作。通过小集团成员练习时互相帮助、互相评价、互相监督，进一步学会合作学习。由此来满足学生不同兴趣、不同基础、不同层次的需要，培养学生合作学习、自我控制的本领。

③在体育教学课堂中开辟"课课练"天地。由于一年级年龄较小，根据学生年龄特点，在"课课练"教学中需采用不同练习内容。练习的内容以韵律及反应为主，合作的对象则由教师指定为主；在练习中适当要求学生进行小组创编，调动他们的积极性，启发他们的创新思维。

三、研究结果与分析

本次调查，共发放问卷45份；实验班22份、对照班23份，回收问卷

45份，有效问卷100%（见表1、表2）。

表1 学生在体育课中进行学习人数情况调查结果（%）

	实验班	对照班
1~2名	9.9	26.4
3~5名	66	59.4
6~8名	23.1	13.2

表2 学生在体育课中进行学习方式的问卷调查结果（%）

	实验班	对照班
看图自学	6.6	13.2
教师讲授	23.1	39.6
同学合作探讨	70.3	47.2

从表1、表2可以看出实验班与对照班在合作探究学习表现出的差距是明显的。在对实验班进行研究的过程中发现，学生们愿意接受以小组合作活动为主的教学活动。因此，在体育教学中，教师根据不同的教学目标，采取同伴间互相合作，自主学习，共同实现小组目标并予以展示交流，最后以生生互价、小组评价、反馈为主的方式，使学生的这一需求得到满足和发展。

四、结论与建议

实践证明，合作学习好于常规教学方法。

作为未来的社会成员，学生必须学会用他人的眼光看待问题，学会与同伴密切相处，热心互助，真诚相处，社交意识和社交能力等才能得以发展。学生是人，而且是社会的人，从小就得培养起将个体融入群体，自觉为社会贡献自己力量的品质。小组合作学习给学生创造了相互认识、相互交流、相互了解的机会，从而培养了学生的社会适应性。

要使小组合作学习顺利进行，还必须做到小组成员之间相互帮助，相互取长补短，虚心听取别人的意见，从而培养学生学会倾听，尊重他人。

通过研究发现，合作学习有很好的发展前景，体育教师在今后的教学中，应相互探讨、不断反思、继续研究，使其逐步走向成熟。

参考文献

[1] 中华人民共和国教育部基础教育司组织：《〈全日制义务教育体育课程标准〉解读》，湖北教育出版社2002年版，第5页。

[2] 武芳辉：《教师及学生心理健康》，北京出版社2004年版。

[3] 王坦：《合作学习论》，北京科学技术出版社1994年版。

[4] 李京诚、孙伟："合作学习理论与体育合作学习实践"，载《首都体育学院学报》2001年版。

第四辑　英语类

多媒体技术在小学英语教学中的整合运用

刘艺超

摘要： 在《英语新课程标准》的基本理念中提出"要积极开发课程资源"。随着社会发展和科学技术的不断进步，教育改革的进一步深入，外语教学也在发生着诸多变革，可以说与传统教学中的理念与做法的许多不同已经越来越明显地展现出来。因此，越来越多的教师在英语教学中运用了多媒体教学技术，其原因就在于各种电教媒体在某种程度上的教学效果明显优于传统教学用具。计算机作为一种新型的媒体为当代教育改革注入了新的生机，不但几乎包括了幻灯、投影、录音、录像等一般电教媒体的全部功能，集多种信息的功能于一身，而且使操作简便易行。在教学中集声、像、动画、文字为一体，给学生更大的视听冲击，同时，又由于网络上丰富的教学资源，使教师的教学变得更富有创造性，更加灵活，使教学手段趋于全方位、多层次，创造了一个更适合学生开放、自主、互动的探索式的学习环境，使师生教与学的方式发生了根本性的变革。

关键词： 多媒体技术　情境　网络资源

一、多媒体技术的概念、基本类型及其特点

媒体（medium），在计算机行业里两种含义：其一，是指传播信息的

载体，如语言、文字、图像、视频、音频等；其二，是指存贮信息的载体，如 ROM、RAM、磁带、磁盘、光盘等。多媒体是融合两种以上媒体的人机交互式信息交流和传播媒体，具有信息载体的多样性、多媒体的交互性、集成性、数字化、实时性等特点。我们所提到多媒体技术中的媒体主要是指前者，就是利用电脑把文字、图形、影像、动画、声音及视频等媒体信息都数字化，利用计算机对文字图像、图形、动画、音频、视频等多种信息进行综合处理的计算机应用技术。

多媒体技术的涉及面相当广泛，主要包括音频技术、视频技术、图像技术、图像压缩技术、通信技术和标准化。其基本类型有文本、图像、动画、声音、视频影像。这一技术极大地改变了人们获取信息的传统方法，符合人们在信息时代的阅读方式，因而，在我们今天的教育教学领域也得到了广泛的应用。

二、多媒体技术在小学英语课堂教学中的整合运用

因多媒体技术拥有其强大的优势，特此笔者从以下几方面在小学英语课堂教学中作了一些尝试。

（一）创设教学情境，辅助课堂教学，突破重难点

语言是交际的工具，交际需要真实的语言情境。英语教学要求学生积极参与语言实践，而缺乏真实语言环境始终是外语教学的难题。尤其是小学生年龄较小，逻辑思维较弱，主要是以形象思维为主，因此，需要较多的直观刺激才能起到更好的学习效果，而要想调动学生参与和激发学生学习的兴趣，变被动学习为主动学习，就要为学生创设学习语言的情境。怎样才能创造出较为真实的语言情景呢？人们发现，在教学过程中，学生的认识活动是主要通过眼、耳等各种感官把教学信息传送到大脑，经过迅速的认识分析，获取的知识。现代科学研究也表明，人的所有感官中，视觉感官的感受能力最强。心理学关于识记的实验表明：对于同样的教学内容，如果采用不同的教学方式，学生获得知识所能保持记忆的比率是不同的，如下表所示：

表 1 获得知识所能保持记忆的比率表（%）

学习方式	记忆保持比率	
	三小时左右	三天后
单用听觉	60	15
单用视觉	70	40
视听并用	90	75

也就是说，当学生视听并用时，相对来说记忆效果是最好。而计算机辅助教学，正是集声音、图像为一体，生动形象地展示内容，把比较抽象和难于理解的问题变得易于接受、理解，达到增强记忆的作用。因此，计算机辅助小学英语教学有着得天独厚的优势。

1. 利用丰富的网络资源，创设精彩引入，突破呈现重难点

有人估算：互联网上有数十亿个网站。你可以耗费一生的时间上网浏览，但却怎么都无法一一看完。虽说这个说法是不是准确，我们无法考证，但有一点可以肯定，那就是网络上确实存有丰富的、可供教学使用的网络资源，这可以对教学中十分重要的导入环节起到很好的辅助作用。因为一个精彩的导入，不但可以将新的内容清晰、生动地展示给学生，给学生以深刻的印象，同时也有利于激起学生的学习兴趣和积极性，有益于新知识的进一步学习。

（1）利用丰富的图片资源创设情境，导入新课。在 Baidu（百度）、Yahoo（雅虎）、Sina（新浪）几乎每一个网站上都有很多图片资源，或者用 Google（谷歌）搜索引擎，直接搜索你想要的相关图片，用到教学中，都可以收到很好的教学效果。如在学习《Seasons》一课时，依次出示了四季中的不同的美丽景色图片，同时配以动人的背景音乐，让学生在感受美丽景色的同时，了解今天课程的主题，自然引入本课，给学生愉悦的心情和美的享受。

（2）下载网络动画，解决课程重点内容。动画片是学生十分喜爱的形式，就连我们这一代人也同样能说出很多部我们小时看过的动画片。而网

上也有许多现成的 Flash 动画和英文动画歌曲，我们可以将其中的与课程相关内容的下载下来，运用到课堂，会收到意想不到的效果。如在北京课改教材五年级下《How do seeds travel?》一课中，我从网上下载了一段关于种子传播方式的英文动画，其中就包括了本课书中的重点内容，通过学生熟知的植"dandelion"（蒲公英）、"willow tree"（柳树）、"cherry tree"（樱桃树），介绍植物通过水、风和动物三种传播的途径："They travel with water/wind/animals."并扩展了"Spanish needles"（鬼针草）的传播途径——通过人和动物，非常适合本课内容，而且通过生动的动画展示，学生们看得津津有味，并从中找到了"How do those seeds travel?"这一问题的答案："Dandelion seeds travel with wind. Willow tree seeds travel with water. Cherry tree seeds travel with birds. Spanish needles travel by people."使学生很容易地理解并接受了本课的重点内容"Seeds travel with water/wind/animals"。

（3）利用网络视频突破课中难点内容。在我们的日常教学中，总会遇到一些难点问题，它们可能是学生理解的难点，也有可能是教师不容易给学生讲授的难点，如何更好地处理这些难点问题呢？经过实践，我发现，网络上的一些小视频，有时就可以很好地解决这些难点问题。如在讲授《Green leaves make food》一课时，对于"Can yellow leaves make food?"（黄色叶子能否制造食物？）这一问题，如果直接给学生，会使很多学生产生疑问"为什么呢?"如果教师直接进行讲解，又会显得枯燥，通过网上搜索到的相关视频，通过其中的对绿色叶子中叶绿素进行光合作用的专业讲解，使学生能够很容易地了解到"黄色叶子不能制造食物"的结论。很好的突破了本课的难点。

2. 利用计算机辅助，改进课堂常规游戏，巩固重点词汇

爱玩是孩子的天性。游戏是每个孩子都喜欢的活动，尤其是在小学阶段，把一些知识用游戏的方式传授给学生，有助于学生在游戏过程中学习巩固新知识。我们用常规手段进行的游戏，利用计算机仍然能将其发挥到更好的效果。如平时我们用卡片做的"Fast Motion"的游戏，有时并不能照顾到全班的同学，而且图片对于后边的同学来说不够大，有时根本看不

清楚，影响游戏的质量和同学的情绪，而将图片放在大屏幕中，用 Power-point 中的闪烁来代替教师手中的单词卡，既简便又达到了同样的效果。可谓事半功倍。另外，游戏"Which is missing?"也同样可以通过两张不同的幻灯片的切换，来让学生寻找哪一个词汇不见了。在这些改进的游戏中，同学都玩得津津有味，比原来用卡片兴趣更浓，因此巩固词汇的效果也更好。

3. 利用自制课件，指示行踪路线，攻克重点句式

"疯狂英语"的创始者李阳推崇的一条学英语的原则是：句子突破一切。即不管语音、词汇还是语法规范，都通过记忆完整的句子来完成。从某种角度说，这确实是一条好办法。在现代教育中，更多的专家，也推广让学生通过整体把握句子来学习语言。小学阶段大部分的句式都是一问一答的功能句，其中一部分重点就是词汇的替换，这只需教师多变换一些方法反复的带领学生操练，运用游戏、韵文、儿歌等不同的方式来不断巩固强化。但对于一些较难理解又不太好解释的句子，只采用这些反复读的方法就不太适合了，容易给学生造成理解障碍，影响学习效果。因此，对于这样的教学内容，可利用电脑课件的优势，将整个句子完整呈现，并用图示讲解清楚，效果会更好。如在学习"Directing the way"时，指路的一些句子如果只是口头说学生是很难理解的，而且这些句子也很难，于是，根据学校附近的真实地理位置绘制了一张地图，箭头和足印清晰地表示出行走的路线，同时出示英文表达，通过图例一一展示，学生很快明白了行走的路线及英语的表达方法，很好地突破了重点句式，同时也为进一步熟练进行问路指路练习打下了良好的基础。

（二）开拓课程资源，建立开放、自主、互动的教与学

传统的教与学过分的依赖教科书的作用，在新的《英语课程标准中》，强调除了教科书以外，教师应积极开发利用课程资源，拓展学用渠道。英语学习不仅要求学生大量借助真实、地道的英语，而且要求学生具有使用英语的机会和条件。因此，开发丰富多彩的课程资源，拓展学生学习的渠道，是英语教师在课程改革中要积极探索的重要内容。在改革中，要开拓

课程资源,实现开放、自主、互动的教与学。而计算机作为媒体辅助教学,是实现这一改革的重要途径。

1. "一纲多本",开拓课程资源

"一纲多本"的教学,丰富了课堂教学内容,拓展了课程资源,弥补了单一教材存在的不足;运用于教学,如鱼得水,改变了过去有时把完成教材当任务,使课堂教学的"死水"变为"活水"。在教学中,把各种教材组合,将教材作为知识技能的载体,改变了观念,同时通过多媒体技术的应用,将许多优秀的原汁原味的英语语言材料、同步教材的电子可视光盘、因特网上的视听材料,都变成了教学中可借鉴、可选择的优秀教学资源。

(1) 不同版本相同内容教材,互相借鉴。现在市场上有很多不同版本但内容却是基本相同的教材,北京版、人教版、实验教材、剑桥少儿英语、灵通英语、先锋英语、新标准英语等多种不同版本和出版社的教材,这些教材虽在编写体例和方式上存在不同,但一些重点内容却是相通的。因此,教师可以多看一些教材,寻找一些有助于课堂教学的材料或是可以在课堂中开展得很好的活动,丰富在自己的课堂教学中。如在讲授北京版"Where are you going?"一课时,除了在课堂中运用两只老虎的老调唱Where are you going? 的自编新词歌曲外,还借鉴《剑桥少儿英语》中相同内容的小 CHANT:"Where are you going? We're going to school. Where is he going? He's going to school. Where is she going? She's going to school. Where are they going? They're going to school. School, school, we're all going to school. "学生在有节奏的音乐中,齐声说着,兴致极高,同样也将本课的主要句式说得滚瓜烂熟。

(2) 丰富多彩的课外音像制品,丰富了小学英语课堂。现在市场上有很多适合不同年龄的儿童英语音像制品,如《Gogo学英语》《Disney 英语》《色拉英语》甚至一些是学龄前的幼儿英语,其中有些内容也和我们课堂的重点内容是一样的,因此都可以作为我们课堂的补充材料。如在学时间的表达"What time is it?"及其回答的时候,我从《Gogo学英语》中截取了一段Gogo拨动钟楼大中说时间的片段,放到课堂上请同学观看,学生们一边看光盘一边跟着说时间,通过自己看就已经基本掌握了问时间和回答整点时间的表达，在片断末尾 Gogo 的幽默又逗得大家忍不住笑了起来。这段精彩的录像也为本课增色不少。另外，《Disney 英语》中的许多内容如颜色、数字、购物等话题都可以运用到我们的教学中，高年级的有些话题也可以在《色拉英语》中可以找到。

2. 开放、自主、互动的教与学

计算机的辅助教学，使得英语学习扩充了新的天地。现在的英语学习已不仅局限于课堂教师所教会的那几个单词，那几句话。而已经成了开放的课堂，无数的新知，在等待着孩子们去学习，去探究，因此在教学中应鼓励学生进一步学习，扩充自己的相关知识，使课堂学到的知识能够在课外得到有效延伸，进一步丰富学生的学识。因此，在每个单元的教学中，我尽量挖掘一些能够向外延伸的一些较为有价值的内容，鼓励学生进一步自主地学习。如在学完"Don't read in bed！"一课后，让学生记录下自己看到的生活中的公共标志语和到网上收集公共标志用语，大部分同学都找到了一些新的标志语，最多的一位同学从网上收集到了 100 条说法，其中挑常用的自己又记住了二十多条，远远超出了教材的范围。类似的做法还有，让学生自制英语课程表、收集餐桌礼仪、收集与圣诞节相关的故事等，别看他们小，人多力量大，他们还真收集了好多连我也不知道的知识，真的是教学相长啊！

(三) 进行全面教育，运用计算机培养学生正确情感、态度、价值观

现代教育强调以德育人，全面育人。在对学生进行思想教育时，计算机仍可以发挥重要作用。如在学习《Green leaves make food》的课程最后，我为学生播放了一段下载的植物生长过程的视频，让学生通过平时很难明显看到的植物生长的过程和震撼的音乐，使学生感受到植物生命力的顽强和成长的不易，同时类比到学生的成长过程，让他们体会到应该"珍惜生命，热爱生活"（Cherish the lives，love the life）。许多学生都被视频深深地吸引，目不转睛地观看着，有的情不自禁地张大嘴巴，有的边看边点头，通过学生的亲身感受达到了思想的启迪与心灵的净化，弘扬了生命的主题，收到了好很的教育效果。

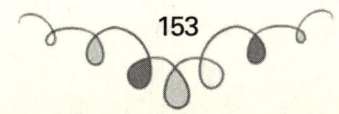

以上这些，均是我在几年教学中的实践探索，通过多媒体技术的使用，不但增加了英语课堂教学的容量，使小学英语课堂教学更富趣味性，尤其对于一些重难点知识的突破，更起到了常规教学方式不能达到的优质效果。随着网络化教学的进一步普及，学校硬件设施的进一步完善，学生利用信息技术学习的范围也会越来越大，与此同时，对教师的要求也会越来越高，学习更多的知识，掌握更新的技能，开拓出更加丰富的课程资源，让我们教师能够与时代同步，与学生同呼吸，相信将来我们的英语教学一定会焕发出更加耀眼的光彩！

参考文献

[1] 霍红斌：《小学英语教与学》，北京教育出版社2004年版，第91~96页。

[2] 中华人民共和国教育部：《普通高级中学英语课程标准（实验稿）》，北京师范大学出版社2001年版，第10页。

构建"立体"教学模式,培养学生创新能力

杨利君

摘要:"创新是一个民族的灵魂,是一个国家兴旺发达的不竭动力。"教育要改革、创新,必须培养和提高全民族的创新能力。新世纪对国民素质提出了更高的要求——人才的国际化。随着小学英语的全面开设,加大对小学英语教学的研究和探索,尽快摆脱传统外语教学单向、平面化的教学模式,是我们小学英语教师责无旁贷的责任。笔者通过实践证明,小学外语教学构建"立体化"教学模式能有效提高教学效率,培养学生的创新能力。

关键词: 立体化 创新 手段 形式 方法 内容 格局 评价

北京市基础教育课程改革已进入深入发展阶段。小学英语课程已经全面开设,但因受传统英语教学的影响,小学英语教学虽在教学形式上较活泼,但仍走不出单向、平面的外语教学模式,这样的外语教学不符合于学生活泼好动的年龄特点和认知规律,容易让学生感到枯燥,不利于培养学生持续的学习兴趣及创造能力。因此,加大对小学英语教学的研究和探索已是我们小学英语教师责无旁贷的责任。为了改变这种状况,我在教学实践中探索"立体化"教学模式,力求手段新颖、形式活泼、方法多样、内容丰富,使知识点、能力点与思想教育要点都跃然于课堂之上,给学生以"立体"感,使学生的自主学习意识和创新意识得到充分的调动。

一、教学手段"立体化",引发学生兴趣

爱因斯坦说:"兴趣是最好的老师。"兴趣是调动学生主动意识、探索知识的内在动力。英语教师应灵活运用各种丰富多彩、学生喜闻乐见的教学手段组织教学,开发乐学天地,以求符合小学生喜新好奇、情绪易变的年龄特点,尽量激发学生学习兴趣,使学生带着快乐的情绪去学习英语,克服困难,积极思维,变求知为乐此不疲的享受。

在英语课堂教学中,我将唱歌、游戏、表演等融入课堂,并引入竞争机制,寓竞争于教学中,在轻松有趣、紧张活泼的气氛中最大限度地激发学生的兴趣和求知欲。同时结合教学内容和学生实际,引入幻灯、录音、录像、电脑等多种现代化媒体,借助现代声光电化教学媒体,使教学手段多元化,使课堂成为超越课堂时间、空间、背景的立体化的交际活动环境,拓展外语教学的空间,为学生创设良好的学习情境。如利用电脑多媒体呈现新知识;利用录音机播放单词和课文;利用投影仪、幻灯呈现图片和英语学习材料;利用录像提供语言运用的情景。如此多样化的教学手段使课堂教学呈现"立体"式格局,充实完善课堂结构,极大地激发了学生求知的兴趣,调动了学生参与课堂的主动性,使学生听觉、视觉全方位、多层次受到刺激,全身心体验英语,活跃思维,从而使学生愉悦、主动地学习英语,使课堂教学形象化、趣味化、交际化。

二、教学形式"立体化",激发学生情感

现代心理学研究表明情感因素是人们接受信息渠道的阀门。课堂教学是以学生为主体,教师为主导的多边互动活动,情感因素在此活动过程中起着关键的作用,情感交流是实现知识交流的依托。情感可以激励思维,促使思维能力获得超常发挥。教师应该灵活运用各种生动活泼的形式组织教学,寓娱乐于教学中,使教学形式"立体化",优化课堂结构,乐化教学过程,激发学生的情感,提高学习效率。

在英语教学中,我采用形式多样的教学形式,如课堂中开展每日一谚语、自由谈话、情景对话、角色表演、英语游戏、分组竞赛,课堂外开展英语角、校园系列英语竞赛等英语课外活动,使教学形式"立体化",消

除英语教学受时空、环境的约束，寓娱乐于教学中，让每个学生都能自由进入角色，激发学生对英语学习的情感。"立体化"教学形式最大限度提供师生之间、学生之间的交往机会，构成师生、生生单向或双向甚至多向的多种交往形式，形成愉快民主的教学过程，活跃课堂气氛，努力在课堂上营造一种师生平等的和谐氛围。在交互过程中，教师应该把热爱、微笑、激励、宽容送给学生，用自己的情感激励学生的情感，让学生从教师的眼神中受到鼓励，大胆地探索和学习。

生动活泼的"立体式"教学形式能最大限度密切师生情感，愉悦学生耳目，激动学生心灵，触发学生情思，促使学生最大限度参与课堂，成为课堂主人，并使学生不断迸发出创新的火花。

三、教学方法"立体化"，提倡自主学习

教学有法，而无定法，贵在得法。实施科学的课堂教学方法，是提高课堂教学效率的一项重要策略。教师在教学中要树立"教是为了不教"的观念，以发展的眼光，着眼于不同学生的潜能开发和个性发展，培养学生具有自我激励、独立获取知识、自求发展的创新意识和能力，倡导学生独立学习，学会学习，提倡自主学习。因此，教师能否在教学实践中坚持教法与学法改革同时进行便成了关键。

在英语教学中，我采用"立体"式的教学方法，寓应用于教学中，指导学生学会学习。如在单词讲授时采用"直接教学法"、"全身反应法"，如教"have a bath"，让学生边说边做洗澡的动作，激活学生的记忆思维；用"一字开花法"，将近似词、同义词、反义词加以归纳总结，如"coat"与"boat"、"hat"与"cap"、"happy"与"sad"等单词在教学中联系起来，帮助学生掌握单词发音与结构，易于学生掌握，并使所学知识系统化；在对话教学时采用"情境教学法"，通过创设与教学内容有关的情境，把学生带入特定情境，引导学生在亲身体验中探索新知，开发潜能，达到灵活运用语言的目标；在短文教学时采用"问题教学法"和"发现教学法"，由表及里、由浅入深、由易到难、由客观到主观，教会学生多角度、多层次分析理解问题。种种多样的现代化教学法，把教学活动真正变成活

跃学生思维，启发学生思考，引导学生创造的过程，让学生在教师学法指导下学会自主学习，鼓励学生展开想象的翅膀，发挥创新潜能，做到敢想、敢说、敢做，点燃学生心灵中的创新火花。

四、教学内容"立体化"，培养创造思维

教材是教学之本，是课堂教学的依据。教师必须认真钻研教材，熟悉和掌握教材体系和重点，既要能对教材有较深的理解，灵活熟练地驾驭教材，又不能受教材的桎梏，应根据具体的客观环境及学生的认知水平对教材作一些灵活变通处理，根据现实生活充实教材内容，创造性地使用教材，使教学内容层次化、立体化。在教学中，教师要充分挖掘教材中的思想亮点，寓思想于教育中，不失时机地融进思想教育内容，在潜移默化中发挥英语教学的德育功能。

"立体"化的教学内容不仅能使学生牢固掌握基础知识，形成科学的知识结构，还能通过技能的训练点、智能的开发点着力培养学生多种能力尤其是创新能力。同时又通过思想教育的渗透点、非智力因素的培养点，着力使学生形成良好的思维品质和心理素质。

语言是文化的载体，语言离不开文化。英语教学是语言教学，当然也离不开文化教育，语言教学和文化教育是有机的一体。英语教师在教授学生单纯的英语知识的同时，更要让学生了解英语国家的文化风俗习惯、风土人情等文化背景，让学生认识到了解文化差异在外语学习中的重要性，有意识地引导学生，培养和提高他们对文化差异的敏感性。

五、教学格局"立体化"，促进互动创新

儿童具有好与人交往，好表现自己的心理特征。有计划地组织他们讨论，为他们提供思维摩擦与碰撞的环境，就是为学生的学习搭建了更为开放的舞台。学生在独立思考的基础上集体合作，有利于其思维的活跃。创造心理学研究表明：讨论、争论、辩论，有利于创造思维的发展，有利于改变"喂养式教学"格局。

陶行知说过："人生两个宝，双手和大脑。""手和脑在一块干，是创造教育的开始，手脑双全，是创造教育的目的。""在教学中，尤其在英语

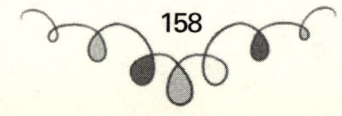

教学的重点难点处，若能组织学生集体合作，则有利于发挥每个人的长处。在合作中，学生之间相互启发、相互讨论、学习，思维由集中而发散，又由发散而集中，而人的思维在集体的智慧中得到发展，这样同学间相互弥补、借鉴、启发、点拨、形成立体的交互的思维网络，往往会产生"1+1>2"的效果，而让每个学生在小组合作中动手动脑，更是发展其创造力的有效方法。

例如，在学生进行看图说话时，一般感到很有困难，如果在掌握了基本句子的基础上，让学生先几个人一组进行准备，这时，学生会你一言、我一语，充分发挥各自的优势，在吸取了其他同学的思想后，每个学生定能很好地完成任务，用英语表达好自己的情感。又如在教完具有表演性的课文后，让学生进行总结性表演时，我们要充分利用好"合作互动"，把课文内容淋漓尽致地展示出来。

六、教学评价"立体化"，培养创新自信

小学英语是英语学习的启蒙阶段，小学应以培养学生学习兴趣、树立学习信心为主。给予学生正确、客观、公正的评价能促进学生的个性发展，培养创新思维和创新能力。因此，英语教师应改革传统的"一纸分数定优劣"的评价标准，实行行之有效的评价方式，给学生一个公正的评价，让学生在评价基础上了解自己，提高自己，树立起他们学习英语的信心，培养他们的创新自信。

在英语教学实践中，我实行形成性评价为主、终结性评价为辅的评价体系，以等级加评语的评价方式，以学习档案的评价形式，在自然的状态和开放、公开的环境下采用课堂表现观察记录、日常交流、作业记录、测验等手段对学生进行全方面的评价。并定期向家长反馈信息，通过家校联系的渠道，为学生提供外语学习的帮助和指导，使学生在学习过程中不断体验进步与成功，树立起学习英语的信心，促使学生综合语言运用能力的全面发展。

英语是未来高素质复合型人才必不可少的素质之一。作为一名外语教师应具有前瞻意识和创新意识，努力探索创造性教学尝试，运用行之有效

的教学模式，优化课堂结构，努力激发学生的创新精神，培养学生的创新能力。

参考文献

[1] 张正东、杜培俸：《外语立体化教学法的原理与模式》，科学出版社2001年版。

[2] 张正东：《外语教学技巧新论》，科学出版社1999年版。

[3] 霍红斌：《小学英语教与学》，北京教育出版社2004年版。

英语课程中关于预习习惯的培养

黄美美

一、研究意义

《英语课程标准》指出:"在英语教学中,教师要有意识地帮助学生形成适合自己的学习策略,帮助学生有效地使用学习策略,不仅有利于他们把握学习的方向、采用科学的途径、提高学习效率,而且还有助于他们形成自主学习的能力,为终生学习奠定  基础。"作为英语基本学习习惯之一,预习是学习和掌握英语知识的有效方法。只有通过预习,学生才知道重难点是什么,不懂的地方在哪里,这样,上起课来才能心中有数,学习才会更主动。可因此,预习在教学活动中起着重要作用。

预习是学习全过程的第一个环节,"好的开始是成功的一半",所以预习的作用对学习的效果至关重要。要想搞好学习,首先要养成课前预习的良好习惯。学习前能充分地有目的地进行预习,对新知识的重、难点就产生了求知的欲望,也提高了学习积极性,学习的目的性也就明确了。有了学习的积极性、明确的目的和强烈的求知欲,学生在课堂上的有意注意力则明显集中和提高,学习的效果自然就好。长此以往,形成良好预习习惯,毫无疑问,学生就掌握了通向知识宝库的钥匙。

二、研究的内容、对象及方法

本文研究的内容是英语课前预习的重要性。研究对象是小学中年级学生。研究方法是平行班对比研究法。

三、研究过程及研究效果

对于英语预习习惯的研究，我采用的是平行班对比的研究方法。受对其中一个班进行预习作业的布置，而另一个班不布置。照此进行了约一个月的实验。我在另一个班布置的英语预习任务如下。

（一）单词的预习

预习不仅让学生明确学习目标，而且能有效地培养学生独立解决问题的习惯，激发学生的求知欲。"学起于思，思起于疑"。课前预习就是"寻疑"。用设疑法培养学生的思维能力，可将教师的"教"转化为学生的"学"；可使学生的"学"由被动转化为主动，让学生从"学会"过渡到"会学"。

单词的学习是我们在从事英语教学时必须指导学生要解决的问题，结合学生特点，在词汇教学上，我要采取以学生预习为主的原则，在集中实词的前一天，让学生预习单词，并遵循下面的预习顺序（1）词的发音。(2) 词的变形——构词法。(3) 词的出处——词在书中出现的位置及其相应的句子。(4) 词的例句——查字典，为词造一个相应的例句。(5) 词的文化背景——词的出处扩展。学生把获得的这些预习知识写在预习笔记上，使学生在课堂上与老师的讲解互相对照。

（二）阅读的预习

阅读能力是学生综合能力的重要一项，英语教师要培养学生的阅读能力在很大程度上反映了学生的自学能力，教师加以适时的指导是很重要的。在预习方面，对于学生的指导主要是在阅读技巧的培养。在学法指导上，我主要采取以下的途径。

(1) 预习课文，强调整体性。预习课文能培养学生独立解决问题的习惯，提高自学能力。在预习过程中，学生可以学会如何用已有的知识和能力来独立完成新知识的初步理解和掌握，从而使他们的能力得到不断提高。

在阅读文章后，学生就文章内容准备一些问题：阅读前的问题（before questions）和阅读后的问题（after questions），这两类问题指导学生有五种类型：

第一类：非判断题，多项选择题；

第二类：why questions，这类问题可以从教材中直接找到答案；

第三类：how questions，这类问题可以从教材中找到答案，但不能直接引用文章的句子；

第四类：不能从教材中直接找到答案，而是要从教材的内涵中经过推断找到答案；

第五类：学生从教材中经过判断或评价得出自己的看法。

（2）尝试了解文章，分析结构。学习课文是一种为学习语言而进行的阅读，仅了解故事情节和课文的主要内容是不够的，要重视学习语言知识，归纳中心段落大意和主旨句，通过课文的学习进一步提高理解的能力。

（3）指导学生掌握常用的一些泛读方法：掠读（Skimming）、扫读（Scanning）。注意培养语感。

（4）阅读技巧的指导：①词义推断：培养学生依照上下句猜词或跨越生词障碍的能力；②细节把握：培养学生捕捉事情发展的有关情节的能力；③推理判断与深层含义。培养学生不仅要理解作者表达的字面意思，还要推断出其深层含义；④相似表达，培养学生用词语互译、句型转换、词义概括等到语言形式来表达相同或相似意义的能力；⑤层次与逻辑关系。培养学生对篇章结构的理解能力；作者态度与读后评价。培养学生根据语言信息评价人、事、物的能力；⑥社会文化。培养学生积累社会经验以及跨文化交际的能力。

在起始阶段，学生对于如何预习、预习什么以及预习到什么程度都不太清楚，教师必须详细安排预习作业的内容，从语音、词汇、语法句型乃至课文理解要达到的目标做出具体的安排，而且做到有布置、有检查，久而久之，学生就会养成为达到某种预定的目标而自主学习的习惯。

很显然，这种预习方法不仅在课堂授课中有很明显的不同，在成绩上也有所体现。虽然这个预习法取得了一定成效，通过实践，我发现学生的预习习惯还有以下几点值得注意：

（1）认真执行课内外检查。叶圣陶先生指出："预习原很通行，但要收到实效，方法必须切实。"所以每次布置的预习作业第二天来老师一定要抽出时间查一查，让学生有紧迫感并且及时表扬做得好的同学并给予奖励，对于做得不够全面的同学要求补好并教育。让学生充分意识预习是和书面作业同等重要的，从而增强学生的学习兴趣。

　　（2）预习习惯的培养应循序渐进。"授之一鱼，只供一餐，授之以渔，可享一生。"只要我们坚持运用科学的方法培养学生的预习习惯，让学生们学会预习、运用预习、学会学习，为他们的终身学习打下良好的基础．而我们老师也会觉得教学越来越轻松，学生也越来越爱学习。

　　总之，预习新课对老师对学生都有很大的帮助，希望以后在实践中不断地去摸索探讨，让师生们都能快乐高效地学习！

第五辑　其他类

꿈의 묘 사용법

青年教师国家课程实施能力培养的研究

马跃阳

摘要： 当前，新一轮基础教育课程改革较原来的课程有了比较大的突破和创新。如何把先进的课程理念转化为实际可操作的教育教学行为，是摆在广大中小学教师面前的一个重大课题。现阶段，由于基础教育新课程的实施，必然对教师专业能力提出新的要求。深入研究探索新时期教师专业能力的培养方式与训练方法，对提高中小学教师实施新课程的能力、提升教师专业化发展将起到重要的作用。

鉴于酒仙桥中心小学教师队伍的总体状况，基于课程改革的发展现状，急需一支专业能力较强的教师队伍。此课题开展十分必要，要做到有效实施好国家课程，提升青年教师课程实施能力势在必行。

关键词： 青年教师　国家课程　实施能力

一、问题的提出

国家课程能确保所有学生学习的权利，明确规定学生在接受学校教育期间应达到的标准，能提高学生在接受学校教育期间的连续性和连贯性。因此，教师肩负着落实国家课程的重任。

酒仙桥中心小学35岁的教师占63.9%（其中近三年新招收毕业生23人，占专任教师的33%）。教师队伍年轻、知识新、头脑活，容易接受新鲜事物，敢于大胆创新。但是，他们往往在教育教学上经验不足。如何培养年轻教师，促其快速成长，以承担新课程实施的重任，成为当前学校紧迫而重要任务。

当前，新一轮基础教育课程改革较原来的课程有了比较大的突破和创新。如何把先进的课程理念转化为实际可操作的教育教学行为，是摆在广大中小学教师面前的一个重大课题。现阶段，由于基础教育新课程的实施，必然对教师专业能力提出新的要求。深入研究探索新时期教师专业能力的培养方式与训练方法，对提高中小学教师实施新课程的能力、提升教师专业化发展将起到重要作用。

鉴于酒仙桥中心小学教师队伍的总体状况，基于课程改革的发展现状，急需一支专业能力较强的教师队伍。此课题开展十分必要，要做到有效实施好国家课程，提升青年教师课程实施能力势在必行。

二、研究依据

（一）政策依据

随着新一轮基础教育课程改革的深入实施，青年教师已成为课程改革的生力军。新课程的实施，呼唤教师课程意识和课程领导意识力的提升，要求教师了解课程和教学的相关理论知识，提高教学实践和反思能力以及课程的开发、建设和实施能力。北京市朝阳区教委也十分重视对人才培养，每两年评选一次学科骨干教师，并进行奖励表彰。良好的政策环境为青年教师专业成长提供了动力支持。

（二）理论依据

青年教师是学校的未来和希望，青年教师的整体素质如何将决定学校发展的前途和命运。因此，对青年教师课程实施能力的培养是青年教师成长的需要，也是学校发展的需要。

在课改实践中，我们认识到：课改的成败在课堂。文本课程要转化为真实的实施课程，落脚点在课堂；教育理念要转换成教学现场可以实际操作的策略、方法，落脚点也在课堂；课程再丰富、理念再先进，没有课堂教学的有效实施，就不能真正落到实处。因此，课堂教学是学校教育最基本的形式、最主要的渠道、最核心的环节。

（三）现实依据

随着人民生活水平的提高，家长越来越关注教育，对享受高质量教育的需求越来越强烈，尽快提升青年教师的课程实施能力才能适应社会需求。

三、研究目标与内容

目标与内容主要在以下四个方面：

（1）文化引领，凝聚团队——明确专业发展目标；

（2）加强培训，转变观念——拓展专业学习力；

（3）探索模式，落实行为——提升专业基本功；

（4）建立机制，引发动力——增强发展内驱力。

四、研究对象与方法

培养对象为酒仙桥中心小学青年教师。

研究方法为行动研究法。

五、研究步骤与过程

教师专业能力培养的研究从立项开始，需要经过以下四个阶段。

第一阶段，构建学校文化目标体系，形成明确价值观。2013年7~9月，在学校原有"和文化"校园理念基础上梳理出教师文化目标体系。

第二阶段，教师工作体系的建立与梳理。2013年9~12月，基于教师文化目标体系，进行教师工作体系的建立与梳理。

第三阶段，实际实施。2014年1~6月，搭建落实路径，实施教师专业实践能力培养方案并制定实施细则，根据实际效果不断进行改进。

第四阶段，总结整理归纳。2014年7~12月，将研究成果进行整理，形成总结报告和相关规章制度，促进教师幸福成长。

六、研究结果与分析

（一）构建根植于"和"文化的教师文化目标体系

教师文化是教师在学校环境里，在教育教学活动中形成与发展起来的

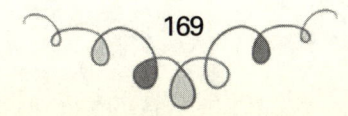

价值观念和行为方式。教师文化是教师成长的土壤，它在深层次上对教师的发展产生着无声的影响。

学校"和"文化，浸润了教师文化的形成。学校洋溢着共生、共荣、共发展的五种校园精神：送人玫瑰，手有余香——肯于奉献的精神；宝剑锋从磨砺出，梅花香自苦寒来——刻苦钻研的精神；不用扬鞭自奋蹄——主动进取的精神；一枝花开不是春，百花齐放春满园——成己达人的精神；新竹生于旧竹枝，全凭老干相扶持——甘当人梯的精神。

校园精神成为酒仙桥中心小学教师努力成为一名德艺双馨的教师的精神支柱。为了让老师们工作有标准，学校制定了《酒仙桥中心小学和馨教师发展目标体系》，将标准分解为"展现自身高雅的气质美、展现专业技能的艺术美、展现师德水平的高尚美"三要素。这三要素折射出酒仙桥中心小学教师人生价值的永恒追求，折射出一种朴素的、深刻的、和谐的大美。

表1 酒仙桥中心小学和馨教师发展目标体系

一级指标	二级指标	三级指标
展现自身气质的高雅美	阳光	积极向上，心态平和，身心健康
	儒雅	爱学乐学，有书卷气，文明规范
	大气	胸襟开阔，大度容事，光明磊落
	谦和	谦虚好学，与人为善，团结协作
展现专业技能的艺术美	会教——明白地教	基本功考核合格；能准确理解和把握教材；能独立带班，班级稳定；能胜任工作
	善教——智慧地教	基本功考核良好；能创造性使用教材；带班有方，班风良好；成为区优青
	乐教——幸福地教	基本功考核优秀；能熟练驾驭教材；带班有特色，班级有活力；能享受职业幸福；成为区骨干
展现师德水平的高尚美	学生喜爱	学生上课思维活跃，发言自信
	家长满意	家长无告状
	学校认可	群众测评满意度90%以上

（二）以理念文化为核心，建立教师文化工作体系

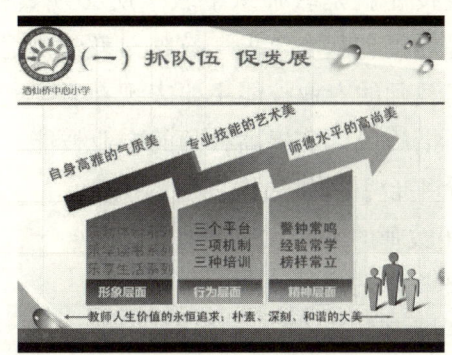

图1　北京市朝阳区酒仙桥中心小学教师文化工作体系图

（三）搭建落实路径，促进教师幸福成长

1. 加强师德建设，使教师展现师德水平的高尚美

教师职业道德不仅仅是对老师个人行为的规范要求，而且是教育学生的重要手段，起着"以身立教"的重要作用。建设一支师德高尚、素质精良的教师队伍，是提高教育教学质量的关键。为此，酒仙桥中心小学在教师队伍建设过程中，首先确立了师德建设的重要性，做到警钟长鸣、经验常学、榜样常立。

警钟长鸣——新教师到校第一课就是师德教育；一旦发现不良苗头，校长就要在校会上讲师德；遇到期末或工作压力大时能够做到早期预防；要求教师自己制定师德规划。为了更好地形成师德预警，学校运用三种问卷建立师德预警机制（学校问卷、家长问卷、学生问卷），第一时间发现师德问题，并在第一时间进行改进。

经验常学——听全国优秀班主任权福苗老师的报告，看优秀电影《放牛班的春天》，推荐书籍《和孔子学做家长》，以起到净化心灵、提升自我价值的作用。

榜样常立——每学期开展"感动中心"评选活动；每学年一次师德演讲评选师德标兵活动；《绘和苑》校刊宣传典型人物；以续写雷锋日记形式引导教师去欣赏、发现身边人的优秀品质，弘扬正风正气和高尚师德。

2. 加强专业培训，使教师展现教师专业技能的艺术美

所谓的教师专业技能就是教师从事教学所必须具备的专业技术能力，它是教师从事教学的前提和基本要求。教师对教学观念的理解程度直接影响教师的行为，提高教师的专业技能主要表现在教学行为的改变上。为此学校采取了以下几项措施以切实提高教师的专业技能。

（1）搭建了三个平台，提供人人发展的机会。

"新星杯"：新任教师的平台；

"成长杯"：胜任教师的平台；

"风采杯"：优秀教师的平台。

（2）建立了三项机制鼓励教师发展个性、发展专长。

目标管理机制让人人有努力的方向；

导向激励机制让人人有发展的追求；

奖励评价机制让人人有成功的体验。

通过制定机制方案和以项目为依托，形成激励激活机制，同时，学校出台每个项目考核标准，都要经教职工大会通过。每学期期末组织一次评选，按照申报奖励项目→述职→群众测评→行政会研究→公示→纳入年终考核的程序进行奖励，鼓励干部教师个性发展。

（3）通过三种形式培训促进教师专业化发展。

学校采取了群体培训（礼仪心理、师德、基本功）、分层培训（骨干、一般、薄弱）、个体培训（名师、新教师）三种培训方式，并通过依托专家、各级培训来开展。其中更多的是采取校本培训的方式。如通过"班主任名师工作室""学科名师工作室"的活动扎实推进教师队伍建设，并通过工作室建设弘扬五种校园精神。各项校本培训的开展也使得各个层面的教师都能展现其专业技能的艺术美。

3. 打造教研文化，让教师自主发展

校本教研是提高教师专业技能的主要途径，学校以"互助，双赢；自主，共进"为开展教研活动的理念。通过"青蓝结对"师徒研究、"干部追踪"实例研究、"名师引领"深入研究、"组长把关"常态研等形式调动教师自主发展的内驱力，促使教研更有实效。

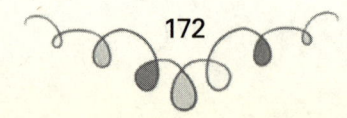

（1）措施一："青蓝结对"师徒研——通过师带徒希望青出于蓝而胜于蓝。

在校内，我们一直坚持"一帮一"的"师徒结对"，并把此举措当做一项工程来抓。师徒间不仅帮思想，更重要的是帮业务。从课前的学情分析、教材分析到教学过程设计、课后反思均进行随时对话、进行跟踪指导。以课堂为载体通过"师傅示范课与徒弟仿课""随堂听课与诊断听课"等形式手把手"传、帮、带"，让师徒在实践中双赢共长。

（2）措施二："干部追踪"实例研——让干部随时发现问题、随时解决问题。

教师的专业能力提升是教学质量提升的关键。我们要求教学干部做到"四个一"：引领一个专题、负责一个学科、深入一个年级组、联系一个薄弱教师。采取追踪指导的方式，通过研备课、研重点、研问题、研检测，让干部严把备课质量关、课堂实效关、检测力度关，从而提升薄弱教师、薄弱班级的教学质量：①研备课：备单元—备目标—备环节—备预设；②研重点：任教一个班—重点课示范—青年教师仿课；③研问题：听课观察—发现问题—课中指导—追踪落实；④研检测：有效使用书后练习—有效使用目标练习—有针对进行问题追练。

（3）措施三："名师引领"深入研——让名师发挥引领示范作用，展示做好校本培训。

我们选四位市区级学科骨干作为学校的名师组建了学科名师工作室，抓住"学科名师工作室"的骨干资源，开展了扎实有效的教师培训活动，引领教师把新课标的理念落实在课堂教学行为中，提升教师学科专业技能。这些名师在教师专业基本功培训中发挥重要作用，在第七届、第九届朝阳杯基本功大赛中，分别荣获A组、B组的团体优胜奖。目前工作室已经由开始的基本功引领，逐步走向每学期指导培训的常规化，在他们身上弘扬一枝花开不是春，百花齐放春满园的成己达人的精神。

（4）措施四："组长把关"常态研——抓实组长保证常态课有实效。

抓住三个点：基本点、立足点、关键点。

第一点：有效教研的管理。

①机制为保障，启动内驱力。

建立优秀教研组评选机制、基本功考核评价机制、建立课堂教学质量奖励机制。

②做好时间管理，确保教研时间。

a. 课表：调整课表分学段、分学科定出教研活动时间。

- 低段：每周三1、2节。
- 高段：每周四1、2节。
- 科任：每周五6、7节。

b. 四定：定内容、定专题、定人员、定主讲。

- 定内容：组长提前告知组员活动内容，让教师有备而来；
- 定专题：把问题作专题、把重点作专题、把薄弱点作专题、把习惯培养点作专题；
- 定人员：小教研是年级组，大教研是低中高学段；
- 定主讲：小教研锻炼新人，大教研历练骨干。

第二点：课堂教学的效益。

①制定管理流程，让教师工作有方向。

学校出台了《酒仙桥中心小学教学常规管理工作流程》，进一步完善教学管理责任体系，规范学校的教学常规管理。

②明确备课要求，让教师备课有标准。

a. 在学区成品备课的基础上，提出学校备课要求。

- 脑中有"标"（课标、教材），明确方向；
- 胸中有"本"（教材、教参），让教师读教材、教参，做书后练习；
- 目中有"人"（学生、差异），教师利用备课辅助本，深入分析学情；
- 心中有"数"（方向），落实二维教学目标的制定，让教学目标可检测；
- 手中有"法"（方法），合理设计教学环节。

b. 实际备课中提出操作流程：先看教材做练习—再读教参做批注—通读教案明思路—课前第一次备新授（批注、修改、辅助本）—课后复备做

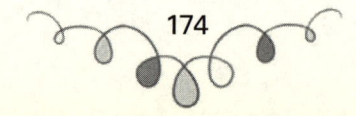

反思。

辅助本帮助青年教师理解把握教材，确保准确；预习单促使教师把握学情，研究好学生学习起点。

第三点：教研活动的有效度。

教研活动要"基于教师，为了教师，发展教师"，而专题研究是教研活动有效的载体，是避免教研活动形式化的关键。学校由各年级教研组长带领进行每周定时的常态教研，每月每个学段的学科主任带领进行一次大组教研，保证落实常规教学目标和专题研究的有效性。

①干部带学期大专题：低段写字教学研究；高段围绕"评价人物、概括文章主要内容"等语文学科薄弱点开展微课研究；英语教师进行幕课培训，围绕低段"语音"、中段"会话、高段"阅读"开展专题研究。

②年级组落实阶段小专题：如一年级语文围绕"课堂游戏"开展研究，创设快乐、高效的语文课堂，让刚入学的孩子爱上语文课；并通过同上一节课的形式让每位教师结合精备教案以及自己班实际情况进行上课，教研组长把关，确保每一个薄弱点要训练到位，历练青年教师。

七、研究结果与讨论

（一）研究结果

通过努力，学校被评为常态课免检学校，被评为教育教学成绩优秀校、朝阳区示范校。学校已有市区及骨干19人，校级骨干8人，形成梯队发展态势。

（二）下一步努力方向

当前，青年教师比重加大，对他们专业能力的提升需要一个长期过程。特别是如何通过课程建设提升教师专业化水平是我们的薄弱环节，也是努力方向。

参考文献

周广强：《教师专业能力培养与训练》，首都师范大学出版社2010年版。

将观察细化，从方法指导上培养学生善于观察的学习习惯
——浅谈小学劳动技术课堂中学生观察习惯的培养

毕春莉

摘要：作为教师，我们常常会对学生说：对客观事物的观察，是获取知识最基本的途径，观察是学习的"门户"和打开智慧的"天窗"。但是，在多少次的苦口婆心之后，我们发现，孩子们仍然没有养成善于观察的习惯。通过分析后认为：这个习惯的养成首先依赖于学生对观察方法的掌握，它需要老师将观察细化，需要老师给予方法上指导。怎么做呢？在劳动技术课堂中，笔者从培养观察兴趣，变被动观察为主动观察；进行观察指导，变无效观察为有效观察；给予鼓励表扬，变短时观察为长期习惯和实现观察与思考的有机结合，变表面观察为深入思考等几方面进行研究与实践，我们收到了良好的效果。在此，展现出来，希望能对各位老师有一定的帮助，同时，也诚恳各位专家、老师提出宝贵建议。

关键词：方法指导　善于观察　学习习惯

一、问题的提出

作为教师，我们常常会对学生说：对客观事物的观察，是获取知识最

基本的途径，也是认识客观事物的基本环节，观察是学习的"门户"和打开智慧的"天窗"。但是，在多少次的苦口婆心之后，我们发现，孩子们仍然没有养成善于观察的习惯。对待一件我们精心准备的教具，很多学生只是关注他们感兴趣的地方，或者只是关注事物的表面特征，而且他们的观察过程也往往是毫无章法的。在生活中，很多学生对于丰富多彩的事物更是熟视无睹，他们把很多有趣的现象当成理所应当的，殊不知很多科学知识早就在他们的不屑观察中悄悄溜走了。

二、研究主题的确定

为什么会这样呢？结合我们发现的现象和问题，笔者针对什么是观察、如何培养学生的观察习惯等问题进行了深入地研究与思考。在大量资料的研读中，笔者梳理感悟到：观察，是人的大脑通过感觉器官对客观对象的感知过程，它是人们认识事物，获取知识的一个重要途径。在观察的过程中，人们需要遵循一定的方法与规律，需要逐步深入地去实现观察的目的。同时，"观察"这两个字有两层意思，"观"是看的意思，"察"是想的意思，看了不想，不是真正的观察，对认识客观事物毫无意义。所以，在观察中还要做到观察和思考有机结合，通过大脑进行信息加工，总结得出事物的一般规律和特征。那么，习惯呢？习惯是经过反复练习而形成的较为稳定的行为特征，学习习惯是指学生为达到好的学习效果而形成的一种学习上的自动倾向性。著名教育家叶圣陶先生说："什么是教育？简单一句话，就是要培养良好的习惯。"

由此可见，培养学生善于观察的学习习惯非常重要，而这个习惯的养成首先依赖于学生对观察方法的掌握。所以，我们将研究主题确定为：如何将观察细化 在劳动技术课堂中从方法指导上培养学生善于观察的学习习惯。

三、研究过程及成果

确定了研究的主题，接下来就是制定周密的计划和进行有效的课堂研究。下面就围绕这个研究主题来简单谈谈自己的具体做法和所获成效。

（一）培养观察兴趣，变被动观察为主动观察

兴趣是最好的老师，一个人只有对观察产生了浓厚的兴趣，才能做到变被动为主动，变无心为有心。对于孩子喜欢的事物或活动，他们往往会瞪大一双好奇的眼睛，兴致勃勃地积极参与、细心观察，这样的观察，效果才容易事半功倍。

在讲《拓印》一课时，教师课前做了精心的准备，制作了很多色彩鲜艳、内容生动有趣的样品教具，有七彩小乌龟、有赛跑的小蜗牛等。展板一出示，学生间立刻响起了阵阵的惊叹声，他们的注意力一下子被吸引到作品上了，不用教师要求，学生就迫不及待地观察、研究起它的制法来。在观察中，学生细致入微，很快就认识了"拓印"的特点和制作手法，在自己的创作中，他们也力求结合课前的观察和搜集的资料来设计图案，作品样式多种多样，涉及的方面也较为广泛。直到下课，学生还在搜集素材，不断创作。有的学生说："我也想像老师那样，制作出那么多有意思的画面来。"

在一次研究《金属丝造型》的制作方法和要领时，老师也出示了由大量样品组成的展板，这个展板的出现，不但给学生一个视觉的冲击，而且激发了学生的研究和观察的兴趣，成为学生主动学习的有力工具。

还有一次，为了引起学生观察的兴趣，笔者和学生进行了一场小竞赛，"看谁缝沙包缝得快"，结果自然是技巧娴熟的老师取胜。比赛过后，学生都瞪大了眼睛观察教师的演示，谁不想观察得更清楚、缝得更快呢？

由此可见，浓厚的兴趣对于学生观察的效果、观察习惯的养成来说具有举足轻重的作用。经过一段时间的实践，切实感受到，兴趣使得观察不再是任务，不再是负担，孩子们把观察作为一种乐趣，有乐趣才会有收效。

（二）进行观察指导，变无效观察为有效观察

科学发端于观察，能否对观察对象作出客观、准确的观察，除了激发的观察兴趣外，还需要掌握一定的观察方法，这样才能事半功倍，取得观察的效果、达到观察的目的。

1. 观察要有明确的目标

观察必须具有明确的目的性。小学生观察能力不够强，对于一些事物和现象往往"视而不见"，所以，在平时的课堂训练和课后观察任务的安排中，教师都要帮助学生界定好观察范围，明确观察要求，鼓励学生做好计划，按计划进行观察，从而加强观察的实效性。如在《编家猫》一课的教学中，教师在鼓励学生借助样品观察研究制作方法时提出要求：请各小组边观察边研究编小猫需要编出哪几部分，各部分用的什么材料，怎么编。建议虽然简单，但是为学生提供了明确的观察方向，这种明确的方向，在很大程度上增强了学生观察的实效性，并且在一定程度上促进了研究进度的前进，使观察过程得到规范。

2. 观察要注意条理性、全面性

做任何事情都应当讲求一定的条理性，应该尽量做到全面而完整，观察也不例外。然而，许多学生在观察时，往往观察无序、缺乏条理性。学生面对一件事物，往往只注意事物本身显著的特征，或是他们感兴趣的地方，在交流中，也是看到一点就举手，观察缺乏条理性、系统性和全面性。因此，作为教师，在这一方面就要加强指导。

（1）引导学生学会按一定顺序进行观察。结合观察对象的不同特点，教师可以引导学生按不同的顺序进行观察。观察顺序可以是先整体后部分，也可以是从上到下、从左到右。像《做纸夹》一课，就可以有意地引导学生从外向内或从内向外的观察，这样可以加强观察的条理性。而在《折制小帆船》一课的教学中，可以鼓励学生先整体观察帆船的特点，然后再观察组成帆船的零件，最后再通过整体观察，发现帆船的组装方法。这样有序的观察可以疏理学生的思路，让学生的研究和实践变得更加具有条理性。

（2）引导学生学会多角度的全面观察。全面观察是观察的基本要求之一，也是一种基本的观察方法。在学生进行各种观察活动时，教师要有意识地引导学生从多个方面和多个角度去观察事物、认识事物，考虑事物间的相互联系，我们要使学生在反复的观察实践中，形成一种多向观察的习惯。切忌盲人摸象、偏执一端和固执己见，避免像苏轼诗中所说的那样："横看成岭侧成峰，远近高低各不同。不识庐山真面目，只缘身在此山中。"正如在《立体房屋》的教学中所做的，教师既组织学生对房屋的构造进行观察，又启发他们对房屋的平面剖面图进行研究，同时还与他们一起通过观察发现平面图与立体效果之间的关系。在教师的鼓励下，学生的观察过程非常全面。

3. 学会观察细节，寻找事物的特点

观察除了具有全面性，还应具有一定的深刻性。要引导学生不放过那些晃眼而过和不经注目的任何现象和细节，随时积攒创造的资源。生活中，有些科研成果就是在偶然中发现"异常"，再对这些"异常"进一步研究才发现出其规律的，观察到别人没有观察到的细微之处，是提高观察效果的重要途径。

此外，经过深入地观察之后，掌握事物本质特点，也是进一步发展事物、创造事物的基础。当然，学生对事物特点的把握，还需要教师给予方向性的指导。对此，我们可以经常采用对比的方法来训练学生，如在学习缝纫单元时，教师可以利用各种针法的缝制样品，让学生自己去观察、对比、分析，通过寻找不同，体会每种针法的特点，从而帮助学生认识它们的功能，学会针法的正确选择，进而实现知识地灵活应用。

（三）给予鼓励表扬，变短时观察为长期习惯

在学生具有了浓厚的观察兴趣，掌握了一定的观察方法之后，我们就要通过鼓励和表扬，有意地培养学生的观察意识，逐步地帮助孩子们养成观察的习惯，这样才能将研究成果逐步深化，实现研究主题的最终目的。学生的生活是丰富多彩的，只要他们养成处处留心观察周围的事物，细心发现身边问题的观察习惯，那么，他们的很多问题都会迎刃而解，同时，他们也可以通过自己的观察，发现和创造出更为奇妙而有趣的事物。而要实现这些，可以做到如下几点。

1. 培养观察品质，养成持之以恒的观察习惯

著名地质学家李四光曾说过："观察是得到一切知识的一个首要的步

骤。"他在地质学上有许多重大的创造性发现,都得益于他勤于观察的习惯。1921年,他在太行山东麓沙源岭调查地质时,发现了一些大石头,孤立地远离着大山。出于好奇心,他决心去揭开这个秘密。经过仔细观察,他断定这些石头就是冰川的漂砾,从而第一次发现了中国第四纪冰川的遗迹。

这些事例生动地说明,观察习惯的培养不是一时一刻的,它应该渗入学生的生活之中,不应随着观察任务的结束而结束,不应总是伴随着教师的要求而出现。学生对于观察应该具有持之以恒的精神,只有养成良好的观察习惯后,才能化平淡为神奇,产生出人意料的发现,从而迸发出创新的火花。对此,我们要加强日常的监控与激励。

2. 培养勤于记录的习惯,注重对观察结果的积累

观察习惯的养成并不是一朝一夕的事情,而且观察成果的显现也不是立竿见影的,学生只有在不断的观察过程中,才能体会到观察的美好,才能认识更多的事物,积攒丰富的创造源泉。因此,要想养成良好的观察习惯,发挥观察对于认识世界、创造世界的阶梯作用,我们还要培养学生勤于记录的习惯,这样可以便于知识的随时调用,方便我们对观察结果进行整理分析,保证观察成果的稳定性。很多科学家不正是因为具有这样的观察习惯,才取得了伟大的科学成就吗?如竺可桢晚年住在北京,他每天都到北海公园观察气候:哪一天北海冰雪初融,哪一天桃花乍放,哪一天布谷始鸣,哪一天柳絮飘起,十几年从未间断。他把每天看到的东西都详尽地记录下来,到最后累计800余万字,这些日记成为他编写《物候学》和《气候变迁》等著作的珍贵资料。

所以,在培养勤于记录的观察习惯上,我们也在积极地努力着。下面的两张表(表1、表2),就是我们曾经采用的课堂观察记录表:

表1　观察记录表

姓名：	日期：
观察记录：	
查找的相关资料：	
我的分析和理解：	

在学习《编家猫》一课，我们采取了这样的研究记录表，并通过成长档案袋的形式帮助学生进行保存。

表2　研究记录表　　　　　　　　第_____组

编小猫大体需要编出哪几部分？	
各部分使用的材料是	（请你根据观察进行连线） 　　　眼睛　　　　塑料管 　　　嘴 　　　耳朵　　　　塑料带 　　　身体 　　　尾巴 各部分的成型是否需要捆扎（是　　否）
我观察到的制作方法是	眼睛（　）　嘴（　）　耳朵（　） 身体（　）　尾巴（　） A. 剪　B. 缠绕　C. 粘接　D. 打结　E. 插　F. 画

（四）实现观察和思考的有机结合，变表面观察为深入思考

观察现象和思维分析是不能截然分开的，观察是正确思维的基础，而深入的观察需要思维的指导。敏锐的观察能力只是获取了一些感性认识，科学和创造不能就此止步不前，还要用理性方法，运用思维工具去对感性认识进行概括、判断和推理，使之去伪存真。李四光曾形象地说过："没有观察和实验，就无法进行思考和抽象，任何理论都可能是空的假的，是在空中翻筋斗；没有一定的理论和思考作根据，观察和实验就没有方向，只能是盲人骑瞎马。"因此，在学生深入观察之后，教师还要帮助他们养成将自己的观察成果与自己的深入思考相结合的观察习惯，通过观察与思维的紧密结合，使观察的过程不断深入，使观察的成果不断扩大，从而不断地增加观察的实效性。

此外，从创新的角度来看，把观察与思维紧密结合也是发展思维，特别是创造性思维的重要方法。观察是为创新积攒素材的，作为观察者，不能只做事实的保管人，而应当力图深入事物根源的奥秘，应当百折不挠地探求支配事实的规律，寻找事物间的联系。只有这样，我们才能有所发现，有所创造。这样的事例不胜枚举：达·芬奇在铃声与石头入水时发出的声音之间建立了联系，这使他得出声音以波的形式传播的结论；奥地利医生奥思布鲁格，在思考病例时，通过观察父亲常常用手指叩响木制的酒桶，凭借响声的不同，估计桶内的酒量，由此受到启发，进而观察病例，探索胸部疾病与叩击声变化的关系，从而发现了新的诊断法——叩诊法。

四、研究后的思考与讨论

伟大的生物学家达尔文曾说过："我既没有突出的理解力，也没有过人的机智，只是在觉察那些稍纵即逝的事物并对其进行精细观察的能力上，我可能在众人之上。"因此，在孩子们成长的关键时期，一定要重视他们善于观察的学习习惯的养成。也许我们教给孩子们的知识是有限的，但是，如果我们能够帮助他们养成这个习惯，那么，我们将可以带给他们无限的知识与财富。

当然，以上的这些认识也许还不是很成熟，而且我们仍然有一些问题需要深入思考：对于不同层次的学生我们应该采取怎样的不同策略呢？如何将观察习惯的培养走出课堂呢？这些都是非常值得进一步研究的。为了孩子们的健康成长，为了使我们素质教育的道路充满更多的生机与色彩，我仍将继续努力、探索！

参考文献

吴建光、崔华芳：《培养孩子观察力的50种方法》，北京工业大学出版社2007年版。

培养学生收集、处理信息能力的教学策略

宋京妍

摘要：收集处理信息的能力是学生参与各种综合实践等学习活动的基础能力，根据获取信息的渠道不同以及学生收集、处理信息存在的问题，采取多种策略的指导，引导学生采用不同方式获取信息，提高收集、处理信息的能力，养成多种途径获取信息的意识，在学习活动的实施中，利用实践活动提高学生收集处理信息的能力，在提升能力的过程中，帮助学习养成基本的习惯，接受正确的方法。

关键词：收集信息　筛选信息　处理信息

一、背景分析

开车上路，需掌握驾驶技术，确定好前进的目标，要考虑乘客及行人的安全、找对路线，安全驾驶，最终才能胜利抵达目的地。教育同样如此，只要有明确的培养目标、有正确的理论指引、找到正确的方法、有良好的心态并持之以恒，教育就可以成功。在信息社会中，人的信息素养决定他在信息社会中的生存与发展。能够准确获取信息，并将信息进行分类筛选，提炼有用信息运用到解决实际问题中，是学生成为信息社会主人的必备能力。从小学开始培养学生的信息素养有助于学生更好地适应信息社会的发展，是实现终身学习、终身教育、自主学习、自主发展的需要，也是素质教育中培养创新人才的需要，更是实现教育现代化的需要。

综合实践课程标准中提出学生要"体验并初步学会信息收集与处理等实践学习方式，发展学生收集处理信息的能力"，具体到中年级学段的目标是"了解基本的信息来源，能够利用身边的资源收集信息，学会对信息进行分类整理，知道分析和利用信息的价值。发展获取信息的能力"。高年级学段的目标是"了解收集信息和处理信息的基本方法，能通过多种渠道和手段收集信息，能辨别信息的真伪。学会查阅整理简单的文献资料，提高获取知识的能力和运用知识解决问题的能力"，提示教师设计多种活动，帮助学生提高信息收集与处理的能力。

二、学生在收集、处理信息时存在的问题

收集、整理信息资料是综合实践活动中最常用也是最基本的方法。在活动的各个阶段，需要学生学会通过各种途径收集、整理与主题相关的信息资料，并能够利用获得的信息去解决问题。根据小学生的年龄特点，他们在信息的收集、筛选、处理、运用在实际应用中存在很多问题。

（一）盲目性

这种情况多出现在中年级段，对于老师布置的查找资料无从下手。多数学生在家长帮助下能够利用网络搜索进行查找，有些家长为了省事，直接给学生找到后，打印好让孩子带到学校来。学生只是粗略地看一眼，或根本不看。汇报交流时，照着读下来。三四页的资料，给他一节课时间也读不完，这样"收集"来的资料意义有多大呢？

（二）收集手段单一

有问题找百度是学生找资料的基本方式，更是主要手段。不论资料的类型，网络是首选，这种思维定式可能与网络的庞大功能有关，学生认为网络无所不能，而资料的真实性、科学性根本不在考虑范围。而且，脱离了网络，就无从下手，不知道获取资料的其他途径和方法。

（三）筛选能力较弱

学生找到资料后，筛选主要信息的能力较弱，往往几页的资料直接复制粘贴导致收集的资料内容很多，看一遍都要花费不少时间，因此，在有限的时间内提取需要的内容，理解并能够运用到解决实际问题时就会很困

难。因此，收集来的资料实效性不大。

三、注重教学策略提升能力养成

在现实生活中，信息无处不在，怎样发现并利用信息对于小学生来说不是一件容易的事情。设计教学活动，选择教学策略时，有意识地帮助学生树立多种途径获取信息的意识，在教学活动的实施中，开展丰富的活动帮助学生养成收集、处理信息的习惯。信息资料的来源途径主要有书籍报刊、网络查询和通过观察、测量、访谈、调查问卷等方法获得事实资料。

（一）培养学生从书籍、广播中获得信息的习惯——查阅文献资料

1. 通过图书、报纸、杂志收集信息

阅读记录是收集处理信息的重要途径之一，学生可以通过到图书馆、阅览室去阅读、查找、摘录资料（或利用平时读书、看报、剪贴报）来进行资料的收集，这也是学生应该具备的能力。如果学生将这种收集信息的方法养成为一种习惯，肯定受益终身。

让学生从书籍中收集资料的训练应循序渐进，初级训练——如何在少量文字中提取自己需要的信息。给学生一些现成的资料，引导学生圈画出自己需要的内容。如在节水行动主题活动中，教师采用比赛的形式，有意识地训练学生在众多资料中提取世界水资源的现状等信息，找到正确的数据。

书籍、报纸、杂志中查找和处理资料的训练可以从关注每日头条开始。例如，准备丰富的书籍报刊资源，给出查找主题，让学生按照教师提供的方法和步骤，通过实践操作查找相关信息，并指导学生采用多种方式记录、整理资料，分阶段帮助学生总结、归纳、学习、掌握基本的过程与方法。第一步浏览资料时，要先通过看题目、目录，快速地浏览整个资料，从而判断这些内容是否对研究的课题有所帮助，如果是要查找的与主题有关的资料，要仔细阅读，一边读一边对重点、关键词语作出各种标记，还可以在空白处写上自己的想法或疑问。尤其是做标记有助于学生在众多的资料中找到自己需要的关键信息。从给一段文字做标记到大段文章的标记，通过几次主题活动的训练，学生就能建立用符号标记文字的基本

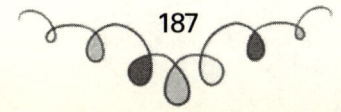

习惯,有了这样的习惯,学生在平时阅读时进行勾画,再使用这个资料时,看到标记符号能快速提炼信息。如果需要记录整理,还可以摘录、剪贴资料,或者制成资料卡,简要地记录一些内容,放在自己的资料库中,便于分类归纳、今后更好地查找使用这些资料。

　　2. 通过音像、电视、广播等收集信息

　　学生对音像、电视的接触还是较多的,其中所包含的知识、信息丰富,如学生可以通过观看《动物世界》了解动物的资料,通过观看《新闻联播》了解时事政治,通过观看纪录片《舌尖上的中国》能了解到我国饮食文化、开阔视野,通过观看《走进北京》了解老北京的一些历史等,通过交通广播时时了解北京交通情况、生活频道的小窍门。除了购买的音像资料,利用搜索引擎也能找到丰富的影视资料,这里要引导学生辨别众多的视频资料中,哪些是科学性较强的,比如官方网站的资料比较真实可靠,而有些视频是网友自拍传到网上的,科学性有待进一步确认。对视频的截取也是信息处理的一种手段,可以利用信息技术课学会对视频进行截取的方法,以保存自己所需的视频。

　　这种有明确目的的训练是非常必要的,只有学生实际参与了,才能真正了解掌握利用书籍等收集资料的方法,提高收集信息资料的能力。

　　(二) 培养学生在网络中收集筛选信息的习惯——准确快捷获取信息

　　网络搜索是目前人们最常用查找资料的方法,它的方便快捷、随时更新、海量等特点确实对查找信息起到了重要作用。中年级学生也应该具备在网络中快速找到自己所需要资料的能力,帮助学生掌握利用搜索引擎查找资料的方法是非常必要的,可以教给学生上网查找资料的方法,让学生根据主题选择关键词查找,根据需要对信息资料进行筛选。

　　学习搜索引擎时有分类查找和关键词查找,关键词查找的方法是教学策略研究的重点。以百度为例,导航栏中的分类,引导学生初步建立了按照类别查找资料的概念。根据需要查找资料的类型,先来确定导航栏中的选项,是文字类、图片还是视频资料等。

　　在"世界各国的国花"这个主题活动中,学生提出了"各国的国花是

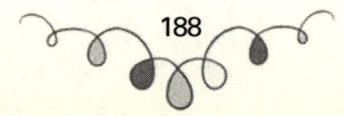

什么，为什么"等问题，我们可以从网络中快速找到答案。利用关键词查找时，关键词的选用直接影响着查找资料的准确性，通过学生的尝试可以了解准确的关键词能帮助我们更快捷地查找。目前搜索引擎也越来越智能，当输入关键词后，例如"各国国花"，会自动出现备选项，可以再次选择。

怎样在如此多的搜索结果中快速找到自己需要的内容？教学时可介绍一些技巧。首先，对标题进行筛选，将不符合的内容放弃；其次，略读内容摘要进行二次筛选；最后，打开标题或者百度快照，浏览网页中的具体信息进行第三次筛选。鉴于学生识字量、阅读速度和计算机操作熟练程度等的限制，开始阶段的查找，可在网络教室中进行，进行针对性的指导，开展适当的比赛活动，学生既体验了网络收集资料的过程，又完成了综合实践活动的前期准备。

网络上的信息大都来源广泛，往往混杂着一些不真实、不准确、虚假的、夸张的内容，如果直接选用网页上的资料可能导致信息的不准确。所以在筛选信息时，要引导学生注意：首先鉴别，判断其真实和准确程度。大型网站中的内容大部分是真实可靠的，一些小型网站或者个人博客中信息的真实性和科学性就不能保障。例如，百度百科中涉及的内容可靠性较强，而百度贴吧中有些内容是个人的一些观点就缺少科学性。对一些重要事件的记录和评述，引导学生从中国的政府网站上获取信息。其次是追根溯源，一定要将筛选出来的信息重新核实，最大限度地剔除其不确定因素，确保所选的资料科学、周密、准确。

（三）培养在观察中获取信息的习惯——通过观察记录获取信息

在综合实践活动中，观察是学生收集资料最基本而又最常用的方法和手段，有些信息资料是需要实践观察才能得到的，因此也可通过实验观察，把观察到的内容记录下来，积累成为有用的信息。教师在指导时，可以引导学生通过讨论了解以下问题：为什么观察（观察的目的）、观察什么（选择观察对象）；观察哪些方面（确定观察内容）；怎样观察（观察的方法）。为了便于记录，准备好观察活动所需的工具，如照相机等。

如在"寻找时间的痕迹"这个主题活动中，有一个活动就是在校园里寻找时间的痕迹，制订好活动计划后，学生们分小组使用数码相机去记录寻找到的痕迹，然后再进行交流，有的小组用数码相机拍下了一年级到六年级的班牌，有的拍下了校园里的银杏树叶，从发芽到长大后又变成落叶，还有的拍下了工友的手与学生的手进行对比，发现时间的印记，还有的发现了每一年的毕业留念照片，这样的活动学生对使用数码相机工具获取信息非常有兴趣，我们可以相信在今后的活动中，他们会更好地开展研究。

在研究性学习水资源时，有个小组提出了"空调水可以浇花、空调水可以养鱼吗"等这样的问题，对于"空调水可以浇花吗"这样的问题，建议学生通过实验对比，选取一种植物，它们的数据（高度、粗细、外形）尽量相同，然后一种浇普通的水，一种浇收集来的空调水，然后观察植物生长过程，在观察过程中，及时记录实验数据，配合请教、查阅资料，综合分析获得对观察对象的完整认识，形成观察结果：空调水可以浇花。这样的观察记录也是学生获取信息的重要手段，这种方式是学生亲身体验的整个过程，印象深刻，并且在观察记录的过程中锻炼了坚持观察的意志、耐心细心的观察态度。观察结束后，对记录进行整理归纳，还可以指导学生撰写简单的观察报告小论文。

（四）培养在生活中收集信息的习惯——通过调查访问来收集资料

调查访问、采访专家也能够获取科学性较强的信息，但由于各种因素，这种方法学生很少使用，几乎不使用。其实，有很多信息不一定非要采访专家、学者，很多可以从学生的周围获取。家长、邻居、老师、同学、伙伴等都是他们获取信息的对象。如在学习编织时，很多同学的奶奶、姥姥就是"高手"，邻近的几个同学一起跟着学习，到学校来进行介绍、展示。酒仙桥中心小学有不少学生是朝鲜族，在"早餐的学问"这个主题活动中，展示世界各国的花样早餐，他们准备了丰富的韩餐，让我和学生们一起领略了韩餐的独特魅力。学生的周围其实蕴藏着丰富的生活信息来源，这些信息不仅是为了课上要了解的，更重要这是一种学生走进生活、改善生活的经验积累的方法。

  在学校组织的丰富多彩的活动中，让学生带着问题走进电影博物馆，聆听博物馆工作人员专业的介绍，了解电影拍摄的奥秘，体验科技的魅力；让学生满怀好奇走进北京蝴蝶园，与蝴蝶培育养殖人员的交流，更真切地感受蝴蝶蜕变的生命奇迹；学校聘请交通警察、消防官兵走进校园，在与学生的交流互动、实验演习中，通过一张张震撼的图片、一组组悲惨的数据，使学生会更明确交通安全的重要性，了解火灾如何逃生，知道灭火器的使用……除了面对面的方式外，利用电话、电子邮件，也可以获得专业的信息和指导。在这个过程中，学生还感受到人与人的交流、沟通是有方法、有技巧的，运用好这些技巧就可以轻松愉快地学到很多东西。

  在综合实践活动中，每个主题研究都需要学生去收集整理信息资料。学生获取信息的方式很多，怎样帮助学生利用好这些方法来获取信息，是综合实践教师应该重点培养的，教师要在基本训练的基础上，鼓励学生在实践中积累经验，逐步养成主动收集信息资料的习惯，将收集的资料进行记录、分类，并要持之以恒地进行强化使之成为一种习惯，培养收集处理信息的能力和终生学习的能力。

关注学生三个走"jin",增强品德与社会课堂实效性

王万丽

摘要: "品德与社会"课程是在小学中高年级开设的一门以儿童生活为基础,促进学生良好品德形成和社会性发展的综合课程。它一个最大的特点是:回归生活。学生发展也是课堂实效性的体现。学生的发展是全面的发展,不单单指知识,还包括情感、能力的共同发展。学生要发展,课堂就要有实效性,就要针对学生、关注学生的生活。就要走"jin"学生的生活。

关键词: 关注学生 课堂实效性

"品德与社会"课程是在小学中高年级开设的一门以儿童生活为基础,促进学生良好品德形成和社会性发展的综合课程。它一个最大的特点是:回归生活。与此同时,学生发展的需要,也就是课堂教学实效性的需要。同时,学生发展也是课堂实效性的体现。学生的发展是全面的发展,不单单指知识,还包括情感、能力的共同发展。学生要发展,课堂就要有实效性,就要针对学生、关注学生的生活。就要走"jin"学生的生活。在此,本文仅以《一家人说说心里话》为课例谈谈笔者眼中的一节好课,即关注学生三个走"jin",增强品德与社会课堂实效性。

一、走"近"学生生活世界（课前）

走近学生，了解学生的所思所想，找到教学的切入点。每个学生的生活情况存在一定的差异性。课前通过问卷的形式，可以很快地、大面积地了解学生的实际情况。采取调查的原因是这样的：对于三年级的孩子，一方面，他们正处在身体和心理发育的不成熟时期，需要得到必要的帮助和指导；另一方面，在中国传统的家庭观念中，家长是高高在上的大人，学生不敢表达自己的意见和想法，孩子也很难与其他家庭成员形成一个平等、融洽和睦的家庭关系。

基于以上的思考，有针对性对三年级学生的年龄特点设计课前问卷，问卷采用单选、多选、回答题的形式对学生在家庭生活中的一些方面进行调查。调查问卷后再根据学生的填写情况进行数据统计及分析，以下是一个班级问卷的统计数据（本次调查班级学生人数为30人）：

(1) 当你遇到困难的时候，你最希望得到谁的帮助？
   11人选择家长。（不到半数）
(2) 你最想把自己的心里话告诉谁？
   14人选择家长。（不到半数）
(3) 当你和父母的意见发生不一致时，你会怎么做？
   12人选择把心里话告诉父母，与父母交流。
(4) 你最不愿意与父母聊哪些方面的事情？
   11人选择：学习方面的事情。
   10人选择：学校里的事情。（间接与学习有关的）
(5) 你不与父母交流的原因是什么？
   18人表达了怕被家长说的想法。

通过问卷及与学生、班主任访谈，课前的问卷及访谈很好了解了学生的所思所想，从而可以更有针对性地设计本节课。基于以上的思考，笔者设定了本节课的教学目标、重难点。

源于学生生活实际的东西才是课堂教学真正需要的东西，才是课堂实效的需要。因此，通过问卷及访谈等行之有效的方法，为第二步，走"进"学生的情感世界（课上）作好奠基，才能真正走"近"学生的生活世界！

二、走"进"学生情感世界（课上）

（一）生活情景切入，感知沟通的重要性

针对已掌握的教学实际设计情境：灵灵的苦恼。以录像的形式呈现一位同学的心里话。以这种形式接近与学生之间的距离，以学生的生活为切入点。这样的生活情景再现，使学生仿佛看到了某个时期自己。课堂中请学生推想此种情况长此发展下去，会有怎样的后果？

学生推想：

- 总这样不说真话，以后会养成说谎的坏习惯。
- 学习成绩会越来越不好。
- 心情很不好，心里老想着这件事。

……

（二）分析原因，初步感受沟通的重要

通过推想后果，学生认识到原来这样发展下去，后果是很严重的，从而使学生生发出有产生问题、解决问题的想法，使学生意识到不沟通的严重后果：可能会影响自己的成长、性格等诸多方面！产生不沟通是不行的、必须跟家人沟通的欲望，初步感知沟通的重要性！

（三）分析事例，深刻体验，产生沟通的愿望

课堂中对灵灵事件做深入分析，呈现灵灵的正确做法。通过两种截然不同的结果对比，引发学生对此事件的进一步思考。良好的沟通不仅可以得到家人的理解，明白家长那样做的良苦用心，而且得到了来自家人的建议和帮助。在此过程中，学生产生了应该主动与家人进行沟通的想法。再次体验沟通的重要性！

（四）敞开心扉，说说自己的心里话

通过对灵灵故事的学习，学生已经体会到沟通的重要性，产生了想要

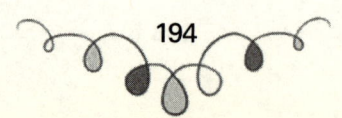

沟通的欲望。这时安排学生跟自己的同桌说说心里话。与同伴之间的交流，说出心里话的压力会小一些，可以很好地释放压力，畅所欲言。在课堂中尊重孩子的想法，愿意与大家交流的孩子，可以向大家说出自己的心里话，同时，不愿意开口的学生也给他们空间，通过其他方式表达想法。这样就达到了释放压力、创造和谐的沟通氛围的目的。

（五）情境创设，换位思考，理解、体谅家长

课前访谈中，许多学生说自己的家长管得太多，总是没完没了地唠叨，觉得家长唠叨是学生普遍存在的一个问题。通过学生反映的几个关键点入手。创设生活情景：妈妈是怎样唠叨的？面对妈妈的唠叨，你一般会采取怎样的做法呢？

课堂中以多媒体手段呈现一位妈妈的录音，其中展现的是一位母亲面对唠叨问题时的想法，学生就好像听到自己妈妈在对自己说一些从未听过的心里话，从而使学生在听的过程中产生换位的想法。在此基础上，再通过小动画《受伤的心》的播放，形象比喻，直观感受。

> 小动画《受伤的心》内容为：钉子扎到墙上，会留下难看的钉孔，当我们一时冲动说出的话或做出的事也会像钉子一样扎进家人的心里，留下伤痕。

直观而清晰的画图再次冲击学生的心灵，再次引发学生换位思考，反思自己平时的一些做法。课堂中教学的效果非常明显，表现为学生在观看过程中的表情、神态都产生了变化，有些学生在动画的最后部分（钉子扎入心灵）发出了感叹。观看后学生们结合自己平时的一些做法发表了感想。

- 我没想让妈妈的心流血，图画真吓人！
- 我平时应该对妈妈好点，不老跟她顶嘴了。
- 妈妈也是为我好！

（六）学习沟通方法，运用方法解决实际问题

体验式学习的优点就在于让学生能够在问题中有切身体会，从而找到

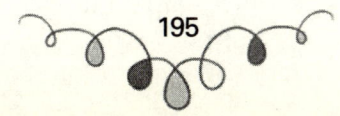

问题、解决问题。通过走"进"学生的生活世界，可以了解到学生在生活中最常用的沟通方法就是交谈法、写纸条法。但对于这两种方法如何选择、怎样使用、在何时使用，学生还存在模糊点。情境必须是源于学生生活实际的，让学生有真实切身体会的，才会产生迫切解决问题的愿望。因此，课前的问卷及访谈就显得尤为重要。根据课前的教学实际创设具体问题情境，学生在与同伴的讨论、表演过程中不断商讨、演练解决的办法，从而使问题找到最好的解决办法。

学习方法的目的就是要会运用方法解决问题，课堂中学生已经敞开心扉，与同学及老师说出了心里话，在此教学过程中就要学生把所学习到的写纸条法运用解决自己的"苦恼"，在多媒体背景音乐的气氛烘托下，学生动手制作说说心里话小卡片。这样的活动才是走"进"学生的情感世界，达到教学的实效性！

三、走"进"学生生活世界（课后）

课堂的实效性不仅仅止于课堂，而是向后延伸的。因此，本次的教学活动课堂之后的效果如何也直接关系到课堂的实效性。

【典型事例分析】

课堂上，一位学生讲述了自己的心里话：这学期妈妈为我报了一个周六、日上的公共英语一级（B），我学起来非常吃力，周一到周五我都会很开心地来上学，心情也很好。一到周六、周日要上英语班时，我的心情就很低落，感觉周六、周日都是灰色的！但我知道妈妈也是为了我好，所以一直没跟她说过我的想法。我一直把话放在心里。

通过这节课的学习，她先是在课上给妈妈写了心里话小卡片，上面表达了自己的想法。课后通过与这个学生的交谈，我了解到孩子后来又两次与家长沟通这件事，使家长能够理解她的想法。家长的态度就是英语是一定要学的，并仔细询问了她不想学的真正原因。其实孩子也不是不想学，只是有点跟不上，压力太大。于是他们又一起选择了一个孩子喜欢的较容易的英语学习班。

课后通过实践活动，使教育落在实处。课上设计制作的说说心里话小卡片，回家之后送给家长，进行沟通交流。将在课上所学习到的方法回归学生的生活实际中去，应用于生活实际，解决生活实际中的问题。这也是课程的特点：回归生活。

在此基础上再与班主任、家长合作开展一系列后续活动：
- 在班中进行与家人沟通的先进小个人评选活动；
- 在家中建立交流角或知心信箱；
- 通过家长会与家长进行交流。

《一家人说说心里话》这节课引发笔者关于什么是一节好课的进一步思考：

（1）关注全体的同时注意挖掘个体事例。课前的调查了解既要关注全体也要关注到个别，发现典型事例。灵灵的故事就是在问卷调查与个别访谈中，学生提到的苦恼，抓住典型事例，挖掘其内容，在课堂中予以呈现。在课堂中，即时生成的个体事例，对其进行关注，课后也要进行深入挖掘。

（2）课堂中尊重学生体验，进行有效沟通。课堂教学中同理心的应用，不仅学生要换位思考，教师也要换位思考，以良好的榜样形象给学生以潜移默化的影响。站在学生的立场，用孩子的视角去考虑问题，让学生对教师有认同感，放心地把自己的心里话说出来，进行有效的沟通。

（3）发挥教师正确引导作用。我们常说要尊重学生体验，但在有些时候，学生的体验不一定是正确的，在这时，对于这样的体验，教师在课堂中就要及时地给予正确的引导。如在体验式学习过程中，学生表演的与家人沟通做法不是很恰当时，教师就要及时进行正确地引导，使学生意识到自己的体验还存在一定的问题，通过思考，再体验，再应用。

通过《一家人说说心里话》这节课以案例的形式进行的深入思考，课前走"近"学生的生活世界；课上走"进"学生的情感世界；课后走"进"学生生活世界。通过三个走"jin"探讨如何更好地增强《品德与社会》课堂实效性。我想一节好课不仅仅要关注有限的40分钟，而是把这40分钟无限的向学校、家庭、社会外延，使课堂的实效发挥最大的效应，使之成为学生成长过程中一连贯的教育，终身受益！

参考文献

［1］《小学思想品德课课程标准（修订)》，北京师范大学出版社2002年版。

［2］《品德与社会课程标准》，北京师范大学出版社2012年版。

论心理教育与德育的关系

赵海娟

摘要：德育与心理教育的关系问题一直是一个争论不休的问题，不同的研究者从不同的研究视角可以得出不同的结论，可谓人言人殊。但这个问题绝非一个无足轻重的问题，正如石国兴教授在《论我国心理健康教育的缺失与应对》一文中所指出的那样，"理论上的不清必然导致实践上的盲目"，"学校心育与德育的关系是否能够理顺，关系到心育的生死存亡"。要理顺心理教育与德育的关系，首先应正确认识心理健康与道德健康之间的关系。

关键词：心理教育　德育　关系

德育与心理教育的关系问题一直是一个争论不休的问题，不同的研究者从不同的研究视角可以得出不同的结论，可谓人言人殊。但这个问题绝非是一个无足轻重的问题，正如石国兴教授在《论我国心理健康教育的缺失与应对》一文中所指出的那样，"理论上的不清必然导致实践上的盲目"，"学校心育与德育的关系是否能够理顺，关系到心育的生死存亡"。因此，重拾这个话题显然是有一定意义的。

要理顺心理教育与德育的关系，首先应正确认识心理健康与道德健康之间的关系。只有把这两者的关系理清了，德育与心理健康教育的关系问题才能迎刃而解。关于道德健康，有论者经过考证指出，世界卫生组织并没有在1989年提出一个所谓的健康新概念，"健康不仅包括身体健康、心理健康和社会适应良好,而且还包括道德健"。尽管如此,该论者也认为道德健康概念的提出具有一定的合理性。从学术探究的角度对道德健康的概念进行正本清源完全是有必要的,但鉴于道德健康已成为越来越多人的价值诉求,并得到学术界的广泛认同,因此这一概念存在的本身就具备其合理性和重要意义。

一、心理教育与德育的相对独立性

道德健康是心理健康的内在前提这一命题的提出,并非是要将德育纳入心理健康教育的范畴,将德育消融于心理教育之中。两者既不能混为一谈,也不能相互替代。首先,两者的理论基础不同。心理教育的理论基础主要是心理学、医学、教育学等学科的相关理论;而德育主要以马列主义的基本原理和伦理学的相关理论为其理论基础。其次,两者的具体目标不同。心理教育主要是帮助学生正确地认识自己,认识自己与他人及社会的关系,有效地克服成长中的障碍,以便能较好地适应社会和生活,其核心问题是学生心理的健康成长与个性的和谐发展,工作重点在学生心理的矫正、调适与发展上,以达到帮助学生维护健康心理、优化心理素质、发挥个人潜能的目的。而德育主要是解决世界观、人生观、道德规范及法律意识等问题,帮助学生树立符合一定阶级利益的世界观、人生观和价值观等。再次,内容不同。心理教育的内容主要包括学习辅导、智力训练、人格教育、情感教育、耐挫能力培养、人际关系指导、性心理教育等诸多方面。而我国传统德育的内容主要包括政治教育、思想教育和道德教育。最后,工作方法不同。心理教育中师生双方之间是一种平等民主的关系,强调"助人自助"的原则,注重发挥学生的主体性,一般采用会谈、放松、心理测量、角色扮演、行为矫正、心理训练、价值澄清等方法,反对强制与灌输,具有个别性、保密性和专业性等特点。而德育偏重于自上而下的教导与灌输,一般采用谈话、说服教育、检查评比、批评表扬、专题报告、榜样示范等方法,强调摆事实、讲道理,注重以理说服与言传身教,具有公开性、群众性等特点。这些区别说明心理教育与德育是学校教育系统中两个相对独立的组成部分,两者不可相互替代。

二、心理健康教育与德育的相互一致性

心理教育与德育固然具有相对独立性，但两者又具有一致性。不少研究者从两者的育人总目标——为了培养人格健全、全面发展的人才这一角度来探讨两者的一致性。而道德健康是心理健康的内在前提这一命题的提出，则为我们从一个新的角度来更深刻地认识两者之间的这种一致性提供了可能。

笔者认为心理教育与德育的一致性主要体现在两者都是着眼于人的幸福生活。道德健康是心理健康的内在前提这一命题的提出，不仅扩展了心理健康的内涵，也给当代德育提出了新的要求，即当代德育应把培养道德上健康的人作为自己的根本目的。因为只有这样的人，才能获得健康的生活，才能在生活中得到幸福和快乐。这样，德育就与人的健康与生活、幸福和快乐联系在一起。首先从道德健康的内涵上来看，道德健康并不是简单地否定"利己"，只是强调利己手段的合法性，即"利己不损人"的边界原则，同时它也包含了"利己且利人"和"高度利人"的境界。"自我舍弃的道德违背了生命的本性，剥夺了个体生命价值实现的权利，加重了人的道德负担。"道德负担过重一方面会导致个体扮演虚假道德行为以应付过高的道德标准，另一方面也会使个体因未能达到某种"道德标准"而导致内心不安（如做好事没有达到规定的数量而愧疚）。学校心理健康教育并不是以心理学的知识体系为逻辑的，而是以学生的生活和问题为逻辑的。心理健康教育无论是对学生健康心理的维护，还是对学生心理素质的优化与心理潜能的开发，说到底，它是"一种培养人的主体性生活经验和能力、提高人的生活质量与生命意义的活动"，"使生活向着好的方向发展"。很显然，着眼于人的幸福生活应是德育与心理健康教育的共同目的，也是两者的共同之处。

三、心理教育与德育的相互依赖性

（一）心理健康教育离不开德育

道德健康是心理健康的内在前提这一命题的提出，尽管并非要将德育纳入心理健康教育的范畴，却强调了德育之于心理健康教育的不可或缺、

不可分离的重要性。当前不少研究者认为，适应与发展是心理健康考察的对象，因而心理健康教育的主要任务就是更好地帮助学生完成人生各阶段适应与发展的两大课题。但对于适应与发展，各人的理解并不一致。事实上，无论怎样理解适应与发展，都无法逃避适应什么、如何适应、如何发展和向何处发展的问题。如果回避这些问题，适应与发展本身就会失去意义。贾晓波认为，心理适应的机制是由认知调节、态度转变和行为选择等环节构成的动态过程，而在态度转变这一环节中，主体的价值观念、对目标的期望水平以及情绪、情感的深刻性，对态度的转变具有重要的影响作用。这说明，良好的适应（包括发展）并不是纯粹的行为功能的问题，需要有正确的价值观念的引导。而正确的价值观念正是道德健康的重要方面。一句话，适应与发展和个人的道德品质紧密相关。弗兰克就曾对马斯洛著名的"需要层次论"表示过异议，认为马斯洛在低层次需要与高层次需要之间作了区分，并将意义意志归入高层次需要，似乎"人只有解决温饱问题之后才表现出对某种生活意义的追求"，而这种观点显然并不完全符合逻辑。弗兰克认为，不仅低层次需要的挫折会唤起意义问题，而且低层次需要的满足同样引来意义问题。很显然，即使是生存性的适应也不是"无条件"的，它离不开个体的价值观念的引导。而适应中的发展则更需要引导，因为它牵涉"向什么方向发展"和"什么才是好的发展"的问题。总而言之，良好的适应与发展必须依赖于个体正确的价值观的参与和引导。

（二）德育离不开心理教育

德育一旦把培养道德健康的人作为自己的目标，实际上就将关注的目光投向了人的健康与生活。酒仙桥中心小学以教育部《关于加强中小学心理健康教育的若干意见》和北京市《中小学心理健康教育指导纲要》为指导，通过以人为本的管理，引导教师全员参与，创建健康教育的和谐环境，扎实开展心理健康教育工作。回首学校研究的历程，主要从以下几个方面开展。

1. 心理教育为德育夯实心理基础

德育的实践已充分说明，德育的绩效取决于道德内化程度，而道德内化是道德教育信息通过个体心理素质，进行多方面的选择、分化、融合、顺应的过程。在课题实验中学校将心理健康教育工作纳入到学校整体工作中。有些教师由于缺乏心理学知识，在工作中有意无意地伤害到孩子的自尊心；而有的老师从思想上就没有意识到学生心理健康教育的重要性，无视孩子的自信心，压抑孩子的创造力，影响了学生健全人格的形成。所以，教师自身的心理学理论水平直接影响学生的心理健康状况，因此首先要提高教师的心理学水平。为了提高全校教师的心理健康教育工作水平，学校定期聘请心理健康教育工作的专家对全校教师进行培训，使教师掌握一些初步的心理健康教育的知识和方法。

2. 德育在内容上需要心理教育的补充

德育的生活转向意味着德育应关注学生的生活世界，解决学生道德上的困惑与难题，并由此形成一种道德的、健康的生活方式。要实现这样的目的，德育必须在内容上作一定的调整与充实，要把那些鲜活的、充满生命气息的、与学生的生活经验密切相关的素材纳入自己的内容体系。由于心理健康教育是从生活出发、在生活中展开并为了生活的教育，因而心理健康教育的内容无论是情感教育、性格教育、耐挫教育，还是人际关系指导、性教育等，都与学生的生活有着本然的联系，直接反映学生的心理需要。而这些内容在一定程度上可以充实德育的内容，使德育内容更贴近学生的生活。总之，当代德育的生活转向在内容上需要心理健康教育的补充。

3. 德育需要引入心理教育的理念与方法

心理教育尊重学生的主体地位，认为学生是实践的主体、发展的主体、能动的主体，它强调师生之间是一种平等、尊重、理解与信任的关系，因而教师主要采用疏导、自由联想、角色扮演、价值澄清等方法，引导学生自我探索、自我调节、自我提升、自我完善。因而，德育要寻求出路必须吸收心理健康教育理念中的合理内核，借鉴心理健康教育的人性化方法，把美好的期待与深沉的爱融于一体，用智慧与真情叩开一扇扇心灵之门，让道德的种子在每一颗稚嫩的心灵上生根、发芽。这是德育的魅力，也是德育的使命。以酒仙桥中心小学研究为例：

（1）日常教育活动中实现心理健康教育。教师日常的教育工作是心理健康教育的一个重要渠道。每天早晨上课前、课间休息时、放学后教师与学生的沟通与交往，都可以转化为很好的心理健康教育时机。我们倡议教师每天做到三观察：观察学生的表情，观察学生的状态，观察学生的变化。及时发现问题，及时进行疏导，化解学生的心理情绪。

（2）通过课堂主渠道结合学科特点对学生进行心理健康教育。课堂教学是学生的主要活动，在课堂教学过程中渗透心理健康教育是学校心理健康教育最主要和最有效的开展途径和方式。

（3）通过丰富多彩的传统活动开展心理健康教育宣传和普及。学校努力建设好校园文化阵地，建立心理咨询室，做好心理广播、校园网的心理论谈交流、心理健康小报、板报的宣传工作，使学生时时处处感受到心理教育的氛围。

（4）心理健康教育带动学校德育教育整体提高。由于学校一贯重视心理健康教育工作，并以心理健康教育促进学校整体发展，使学校在本地区享有较高声誉，学校不断收到家长、社区的表扬信，学生精神面貌得到家长、社会的认可。近几年学校先后获得朝阳区小学素质教育示范校、北京市中小学德育先进集体、北京市文明礼仪示范学校、中华传统美德示范校等荣誉称号以及全国百所德育科研单位荣誉称号。

综上所述，笔者认为，德育是心理教育的内在前提这一命题的提出并非是要将德育纳入心理教育的范畴，毕竟两者具有相对的独立性。但新命题的提出对德育也提出了新的要求，这样心理教育与德育教育就找到了新的结合点，即共同着眼于人的幸福生活。德育与心理教育应是两门相对独立的学科，不可相互取代，但两者在保持自身学科特色的同时可在诸多方面相互借鉴、相互补充、相互依托，特别是在当前德育发生生活转向的大背景下，这种学科间的合作就显得更为迫切、更为必要。

参考文献

[1] 石国兴、张冬梅："论我国心理健康教育的缺失与应对"，载

《教育研究与实》2008年第5期。

[2] 周围、杨韶刚："借鸡生蛋以讹传讹：道德健康概念的提出及其合理性分析"，载《上海教育科研》2008年第11期。

[3] 薛晓阳："道德健康的教育学刍议——兼议心理教育的伦理转向"，载《教育研究》2005年第11期。

[4] 扈中平：《教育目的论》，湖北教育出版社2004年版。

[5] 石文山："论学校心理健康教育的生活性"，载《河北师范大学学报（教育科学版）》2006年第1期。

[6] 叶一舵："心理健康标准及其研究的再认识"，载《东南学术》2001年第6期。

[7] 贾晓波："心理适应的本质与机制"，载《天津师范大学学报（社会科学版）》2001年第1期。

[8] [奥]弗兰克著，赵可式等译：《活出意义来》，生活·读书·新知三联书店1998年版。

给予空间，展示才华，在规范的机制中促进队干部的成长

王 珊

摘要：少先队小干部是少先队大、中、小队各级组织的核心与骨干，是沟通辅导员和少先队员的桥梁和纽带。

通过丰富多彩的活动，为队干部们提供增强本领、增长才干的锻炼空间，在规范的学校选拔、培养机制中，促进队干部的成长，建立优秀的少先队干部队伍，不仅可以为自己的工作增光添彩，而且可以使队员的组织能力得到锻炼。

关键词：给予 展示 促进 队干部 成长

少先队小干部是少先队大、中、小队各级组织的核心与骨干，是沟通辅导员和少先队员的桥梁和纽带。

从少先队结构看，干部队伍是少先队集体的重要组成部分。建立一支与少先队集体相适应的干部队伍，是创建优秀少先队集体的保证。少先队队干部在广义上可分为两类：一类是由少先队组织聘用、委任的，在大队内担任一定工作责任的队员，如大队长、副大队长、大队组织委员、大队旗手等；另一类是在少先队社团组织中担任职务的队员，如红领巾报刊小编辑、小记者、红领巾广播播音员、鼓号队队长等。一个大队里可以成为干部的队员越多，也就标志着大队集体发展水平越高。因此，培养少先

员成为少先队干部,具有十分重要的意义。少先队干部队伍的培养和形成,有其发展的规律,符合这些规律才能取得应有的效果。提高小干部的素质,发挥小干部的作用,培养小干部的管理能力是小干部队伍建设的首要任务。

一、公开竞选、加深了解,是培养小干部能力的前提

(一)自我推荐,加深了解

在少先队组织中,人人都是少先队的主人,广大的少先队员是活动的直接参与者,是教育的直接体验者。因此,只有加强队员和小干部之间的了解,共同投入到少先队活动之中,使队员真正在活动中得到提高。

在队员进行自我推荐、中队内初选的基础上,每个中队推荐出2~3名(二至四年级2名,五、六年级3名)大队委候选人,这些候选人要根据自己的情况,自行设计自我介绍报,由大队辅导员制作展板并组织队员观看,一张张精心设计的手抄报既彰显了候选人的风采、个性和特点,更加深了队员们对候选人的了解。布置后的展板也为学校的校园文化增添了一道风景线。

每届队干部评选都会举行一次"公开就职会",一部分是就职宣言,通过"星星河"广播站进行,全校队员共同参与。候选人们通过自己的语言,向全体队员介绍自己,谈谈结合自己的自身特点和特长适于哪个工作,畅谈自己的"施政大计"。另一部分是组织活动,选取中队队员代表参与。在此基础上,全校队员在每年一届的少代会上,选出自己心中满意的队干部。

通过这种方式,使队员对小干部有所认识和了解,并明确少先队下一阶段的工作方向。队员随时可以向主要负责人提出建设性意见,参与少先队大队的建设。

(二)自主择岗,闪亮登场

小干部由于自身素质和内在潜能的不同,工作能力上存在一定的差异。为使所有的小干部都最大限度地发挥自身潜能,辅导员调整少先队的管理岗位,根据工作内容和性质,进行细致的划分,使小干部们便于工

作，辅导员便于有针对性地指导。大队部设有"红领巾通讯社""礼仪示范岗""星星河广播站""童星电视台""地球村回收站""校园文化讲解团"等。本着自由、自主、自愿的原则，让小干部根据自己的兴趣、特长和能力，结合大队所设的管理职务，进行思考，自己作决策，选择工作内容。如会表达、写作比较好的小干部负责投稿工作；说话利索、胆量大的小干部负责礼仪岗；嗓音好，朗诵水平高的小干部负责广播；手巧、心细的小干部负责分放报刊与组织办队报等。

岗位选择好之后，别开生面地"闪亮登场仪式"必不可少。队干部在一阵热烈的掌声中步入会场，每名队干部都要在戴牌之前亮出自己的绝活（特长），之后在国旗下庄严地做"就职誓词"。这样做，不仅为小干部的发展和提高创造了更为有利的条件，而且能够最大限度地发挥小干部的潜能，为小干部提供更大的展示空间。同时，由于干部的工作并非辅导员指定，所以，干部兴趣浓厚，小干部能自觉自愿地完成工作任务。

（三）展示才艺、树立榜样

少先队小干部作为少先队组织中一支充满生命活力的核心成员，在少先队活动中充当着"领头雁"的角色。也就是说，小干部具有一定的影响力，真正发挥先锋的作用，才会为广大的队员所接受。

鼓励小干部参加各种形式的竞赛，为小干部提供展示的机会和舞台。如每周一国旗下讲话，由升旗班的小干部负责主持；每天的广播如周一的"大队广播"、周二的"专题广播"、周三的"卫生广播"、周五的"心理广播"全部由大队干部主持，周四的"中队广播"也由各种队干部主持。另外，学校组织的各种大、小主题教育活动，从策划到组织都安排队干部们参与，每一次活动的主持全部由队干部们承担，这样不仅可以培养小干部的参与意识、竞争意识，锻炼小干部的能力，而且可以提高小干部的知名度，增强小干部的影响力。

二、明确职责、加强培训，是培养小干部管理能力的途径

（一）知其责行其事

辅导员将队干部分共明确，将队干部一览表张贴在队室的墙壁上。带

领"小干部"认真学习队干部分工细则,并要求他们铭记职责要求,明确职责,各行其是。

(二)坚持例会制度

每周一次的例会使队干部的工作有布置、有检查,取得好的工作效果。分期分批对各级队干部进行培训,同时让队干部从报刊上找方法。采用讨论、经验交流会、问题咨询、实际锻炼等多种形式,队干部现身说法,生动具体,既可以促进他们学会总结工作,又可以使队干部互相学习,取长补短,从而提高其工作能力,建立一支"小主人"干部队伍。

(三)"头雁领飞"无私奉献

对小干部的教育,首先要使他们明确,在少队组织中,小干部的含义是什么,带领队员做队的主人。就像排头领飞的"大雁"那样,要以身作则,起模范带头作用,要以满腔的热情全心全意地为队员服务。服务意识是一种自觉的道德品质。少先队干部胳膊上的一道杠、两道杠、三道杠,代表着岗位、责任和义务;代表着光荣、信任和骄傲。争取当干部不是为了要"当官",对大家"指手画脚",而是要服务集体,锻炼自己。只有树立起这样的信念,才有可能得到大家的拥护,成为一名合格的队干部。

(四)"阶梯形"见习帮带

在少先队组织中,人人都是少先队的主人,都愿发挥自己各方面的能力,为组织增添一份光和热,同时组织也为每名队员提供为大家服务的机会。

对一些有能力、热心为大家服务的自荐队员,辅导员要大力支持,热情鼓励。"阶梯形"见习帮带就成了关键。当第一批小干部产生之后,就应从中、低年级选拔另外一批与之一起学习、见习,形成一对一或一对二的帮带见习队伍。同时,对预备队干部也布置相应的任务并给予评价(由所负责的队干部执行)。这样以老带新,循环往复,切实充实组织机构的力量,从而让更多的队员在工作实践中受锻炼,长才干。

三、给予空间、适时指导,是培养小干部管理能力的方法

少先队是队员自己的组织,队干部是他们的带头人。作为小干部,同

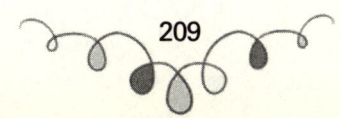

时也是一个孩子,在工作中一定会遇到解决不了的问题,这时作为辅导员要伸出援助之手,对小干部进行适当而有效的指导,这是培养小干部能力行之有效的方法。

(一)活动形式要独特

辅导员要善于启发队干部们采用队员们喜闻乐见的多种形式开展少队活动。活动的形式要新颖、有趣、活泼,要校内外相结合,动与静相结合。如拓展训练的形式,让孩子们在活动中动手、动脑,相互配合体验合作等。或者是组织心理游戏等方式,通过聆听心理故事、做心理游戏等形式让孩子们体验、感悟,明白道理、掌握技巧。

(二)工作方法有条理

小干部光有好奇心、好胜心是不能干好本职工作的,这就需要老师给予适当的指导、扶持。当孩子们遇到棘手的问题时,辅导员应伸出援助之手,帮助其战胜困难,继续投入到新的工作之中。一般来讲,辅导员应从以下方面进行指导:(1)要以身作则,活动带头搞;(2)有民主作风,遇事同大家商量;(3)工作细心,每次活动提前做好准备;(4)学会设计活动方案,会做活动讲评;(5)不分男女界限,与同学团结好;(6)掌握一项或几项基本活动技能。

队干部要把自己的工作写成日记,既写优点,也要写出存在问题。针对问题老师点拨,教给解决方法,化解不利因素,帮助他们顺利地开展工作。他们的工作有了方法,形成了习惯,就可以放手了。少先队大队每周值周生例会都是由少先队小干部主持、管理,无论是每天进校、离校,还是课间十分钟的纪律,都秩序井然;少先队"收集废品、变废为宝"的地球村回收活动一直都是由小干部自己组织进行的。每年入队前的队前教育等准备活动,从讲解队史、传授少先队基本知识等也都是由队干部组织开展的。看来,大胆放手与有效指导相结合,为小干部的工作创造了条件,让小干部能够自己当家做主,是培养小干部能力的有效方法。

(三)给予空间多实践

辅导员要坚持"疑而不用,用而不疑"的原则,充分信任小干部,授予小干部职权，给小干部创设大展拳脚的空间，支持他们独立地开展工作，创造性地完成任务，充分发挥主观能动性。

少先大队委员根据本大队实际提出在全校举行各种活动，为全体队员们展示才艺创造机会，搭建舞台，还组织开展大队委才艺展示等活动。

通过开展活动，小干部的能力有了一定程度的提高，成为少先队组织中不可缺少的中坚力量，他们用自己的才华为少先队、为全体少先队员服务。

（四）不重成绩重沟通

在小干部培养过程中，可以适当建立奖惩机制，激发小干部学习的兴趣，调动工作积极性，但更重要的是重视活动后的交流，促进队干部间的沟通等。在我们的队干部工作和培养机制中，要求小干部定期进行阶段性的工作汇报、总结，为干部与队员之间沟通感情，交换看法。自从建立了小干部评比制度以后，每月按时举行一次小干部思想汇报会，先让小干部进行工作汇报，再让其他队员评比小干部。通过评比、汇报，双向交流，互相沟通，既培养了小干部的自我教育能力和自我评价能力，也增强了团队的凝聚力和向心力。

培养少先队小干部，发挥其自主意识，提高其潜在能力，是进行素质教育的重要途径，只有抓好小干部队伍的培养，少先队工作才能得到基本保证，才能顺利开展下去。"给予空间　展示才华"在规范的机制中促进队干部的成长，在队干部的成长过程中，建立优秀的少先队干部队伍，不仅可以为自己的工作增光添彩，还可以使队员的组织能力得到锻炼。然而培养一支优秀的少先队小干部队伍，是一个长期的过程，尤其需要在日常的点滴工作中不断对队干部进行指导、锻炼，天长日久，就会建立起一支优秀的少先队干部队伍，少先队工作就能得到基本保证，就能顺利开展下去。

第二部分

案 例

第一辑　教学篇

低年级学生倾听习惯的培养
——教学案例及反思

白颖洁

著名的教育家叶圣陶曾说过:"教育就是养成良好的行为习惯。"儿童期是形成习惯的关键时期。孩子的心灵是一块神奇的土地,你播种一种思想,就会收获一种行为;播种一种行为,就会收获一种习惯;播种一种习惯,就会收获一种性格;播种一种性格,就会收获一种命运。今

天我和大家分享的是在自己教学中发现的一些问题和自己思考。

一、案例描述

以下是发生在我上二年级语文《风娃娃》的三个教学片段:

【教学片段一】在整体感知课文过程中,我提出了一个问题:"风娃娃都来到了哪里?"孩子们纷纷举手,我叫了一个小女孩回答,这个女孩说话的声音有点儿小,语速也比较慢:"风娃娃来到了田野、河边,还有……嗯——"她稍微停了一会儿,正思索着。这时有几个孩子,一边举手一边喊着:"还有广场!还有广场!"这时这个女孩尴尬地望着我,嘴里咕哝着:"嗯,还有广场。"说完就坐下了。

【分析】女孩在回答问题的过程中,只作了短暂的停顿,稍加思考。其余孩子便没有耐心听下去,着急的代替她回答。这实际上,等于剥夺了孩子思考、回答的权利。

【教学片段二】当时我组织大家以小组的形式交流。我说道："请大家把风娃娃做的这些事分分类，然后在小组内交流怎么分？为什么这么分？看看谁能把理由说清楚。希望在一个同学发言时，其他同学认真听。"未等我说完，孩子们已迫不及待地行动了起来，轰轰烈烈地展开了讨论，我的后半句话早已淹没在了孩子们的声浪中。我怕孩子们没听清要求，又提高嗓门，把后半句话重复了一遍。我在参与有些小组的讨论中，发现还是有不少孩子没有听到老师后半个要求。

【分析】学生们还没有听完老师的要求，便展开了讨论。表面看是热热闹闹的，但实际上并没有达到老师的要求。有不少小组只是停留在了自己拼自己的程度上，并没有达到互相倾听，互相学习，互相帮助的效果。

【教学片段三】在拓展写话练习时，我先给学生介绍了一段课外资料：

风是一种宝贵的自然能源，风可以吹干衣服，风可以在夏天给人们带来凉爽，风可以传播种子。人类利用风力来吹动风车抽水和加工粮食，现在人们还利用风车来发电。帆船的行驶也是靠风力的推动。但风有时也经常给人类带来灾害。暴风、台风、飓风、龙卷风等对人类的危害都很大，风能破坏农作物，掀翻房屋，给人的生命和财产带来极大的危害。

学生们听得津津有味，之后我降低写话难度，给了这样一段文字：

妈妈把洗好的衣服晾在衣架上。风娃娃轻轻地吹，不一会衣服就干了。它看着干净的衣服笑了。

有了范文，学生们立刻有了自己的想法，一个一个起立发言。我见一位小男孩举手特别积极，便请他发言，他说："蒲公英妈妈准备了降落伞，风娃娃轻轻一吹，蒲公英的种子就纷纷出发。"此语一出，有的孩子便说："××已经说过了！"男孩不服气，有些委屈地说："我又没有听到。"

【分析】男孩在别人发言时，没有认真听，结果回答的内容与前面发言的同学内容相似，重复了。

二、案例反思

从上面的案例很清晰地看到我们在平时的教学中，没有足够重视对孩子"听"的习惯的训练、培养。而"听"是课堂学习的一个重要习惯，特别对低年级的小学生而言，正是应该大量听记、大量输入、大量积累的黄金时间。作为语文教师，我们必须在语文课堂扎扎实实地进行相关训练，帮助学生形成有效倾听的习惯。

（一）增加课堂活力，激发倾听兴趣

首先，在课堂中，可把猜谜语、听故事、做游戏、小组合作学习等活动请进课堂，这些集趣味性、知识性、挑战性于一体的活动，可以激发起学生的学习兴趣，让学生在积极的状态下学会倾听。

其次，在教学中灵活运用教学辅助手段。孩子是生龙活虎的个体，久而久之，他们会对一味的讲解产生厌倦，再优美的语言也会变得苍白。巧用各种辅助手段，如动画课件、实物投影等都有利于创设真切的情景，形象直观，不仅能很好地突出突破教学中的重难点，优化课堂教学，而且更能激发起学生的学习兴趣，丰富学生的视听，使"说"更具感染力，使"听"更具吸引力。

（二）情感熏陶，懂得倾听

学生的向师性强，老师的一举一动都会引起他们的注意。所以要求学生学会倾听，教师先得做好榜样，并在此基础上进行适当的指导。当某个学生发言时，无论他发言的质量如何，老师都要专心去倾听他的发言，若有学生突发灵感，要打断别人的发言时，我们常做个请安静的动作，"嘘！请认真听。"这样，让发言的同学感觉到老师对他的尊重，从而激发他的学习热情，潜移默化中，学生会感到倾听是一种礼貌，一种尊重，更是一个人的修养。久而久之，也会学着老师的样儿懂得去"倾听"。

教师能够倾听学生的发言，不仅仅是课堂生成的前提，更是尊重学生的第一要素。倾听还是一门艺术，懂得倾听的教师其实不仅仅在听学生的发言，更是在收集了解学生的学习现状，并寻找点拨提升的最佳契机。

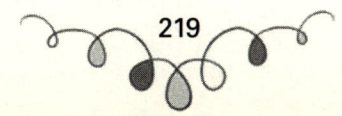

（三）渗透方法，学会倾听

"倾听"，不是"录音"，不仅要细心听、用心听，还需要勤于思考。引导学生在听别人发言时，不要打断别人急于发表自己的见解，要静静地听，必要时可适当做一下笔记：精彩的地方、有同感的地方、见解分歧的地方。如果他有道理，则可以微笑、点头或给予热烈的掌声表示赞同，也可进行恰当的评价；如果不认同他人观点、想法，不要随便否定他人的意见，更不能嘲笑和起哄，可以比较温和的方式参与交流："我来帮助他补充……""我有不同的看法……""我给××提个建议……""我觉得他的说法不正确"……进行这样的倾听交流，课堂气氛轻松和谐，"好表现"的心态，拉近了同学间的距离，增进了友情。学生既学会了倾听，也保持了一颗理解的心，大大地加强了学生学习的信心与兴趣，效果也就明显不同了。

三、培养方法

在日常教学中，我经常用以下方法提醒和要求孩子们养成认真倾听的习惯：

（1）"能等会儿吗？"针对学生没有听完别人的话就举手抢着发言的现象，我没有大声地呵斥，而是善意地提醒他们："请等一下！"我总是要求学生等别人的发言结束后，再说出自己的看法。课堂上，我还尽量利用手势和眼神提醒孩子们注意倾听。

（2）"你听懂了吗？"有些学生既不打断别人的发言，又听不进别人的发言。针对这种情况，我有意识地"设疑布阵"："刚才这位同学的发言你们听懂了吗？""谁能把老师（或同学）的发言再复述一遍？"接着我会让发言的同学再说一遍。这样就会引起孩子们的足够重视。

（3）在学生听的过程中，我善于观察，及时表扬听得认真的学生，对同学的点评我们也要作出相应的评价，让我们的课堂成为一个互尊、互重、平等、能让学生畅所欲言的一个学习场所。

"学习着就是快乐着"。我坚信：只要学生在这倾听的过程中有了收获，享受到了快乐，他们就会心甘情愿的主动去参与，积极地投入其中。因此，我们要善于挖掘、创造一切可利用的教学资源，唤起学生倾听的兴

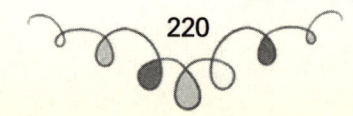

致，养成良好的倾听习惯。让学生边听边想、边听边记、听后评述、视听结合。在听中生疑、听中解惑、听中积累、听中成长。听出聪明的头脑，听出健全的人格，听出灿烂的未来，听出精彩的人生。

美术课？数学课！——换一种方式学数学

董春艳

一、背景介绍

（一）理论依据

《新的课程标准》指出，"自主、合作、探究"已成为学生重要的学习方式。要求教师最大程度地调动学生学习的积极性，鼓励学生对待问题敢想、敢问、敢说、敢做，让他们在数学王国里自由地探索，从发现中寻找快乐、主动获取知识、体会到数学的实用价值和"做"数学的乐趣。认知心理学家认为：

活动是认知的基础，智慧是从动作开始的。对于动作形象思维占优势的低年级小学生来说，听过了，就忘记了；看过了，就明白了；做过了，就理解了。他们最深刻的体验莫过于自己双手实践过的东西。因此，要让学生动手做科学，而不是用耳朵听科学，让学生在"做"的过程中，动口、动脑、动手，积累丰富的直接经验，主动参与数学知识的发生、发展、形成过程中。

在学校的公开中，我偶然听了一节美术课，作为一个"外行"，我也学到了一些门道。在这节美术课的教学中，学生们学的热情充分地被调动起来，剪剪、贴贴、画画，再配上优美的背景音乐，整个教学活而不乱，构成了一种轻松、和谐的学习氛围。看到这种教学方式，无不给我这只与枯燥数字打交道的数学教师给予启发，在我的心中立即产生一个想法："把这种学习方式能不能引进数学教学中呢？"让我的学生不再死板的学，让他们在动中学、在动中探究，获得新知。于是，我根据一年级学生思维的特点，在进行《图形的认识》时，进行了大胆尝试，精心设计了本节课。

（二）教学背景分析

1. 内容分析及学生情况分析

认识长方形、正方形、三角形、圆是学生已经直观认识长方体、正方体、圆柱、三棱锥为起点的，在认识立体图形时，我们引进了三棱锥，在本节课中，教师通过设计一系列实践活动帮助学生初步体会长方形、正方形、三角形、圆的特征，是为今后继续学习平面图形特征的重要基础，有利于培养学生的动手能力、创新能力，发展学生的空间观念。

一年级学生刚刚入学，活泼好动、好奇心强，思维发展正处于直观形象的阶段，而且有小部分学生已经都认识许多平面图形，本节课的教学内容，遵循低年级学生的年龄特点及认知发展规律，安排了丰富的学习活动，在学生充分感知的基础上抽象出平面图形，由感知到表象。

2. 教学方式与手段说明技术准备

在本节课中，对几何图形的认识主要是通过操作、实践而获得的，引导学生进行操作活动是教学的一个重要教学方式，引导学生在操作中进行思考，在突破重难点时，教师使用了多媒体课件的直观演示，使学生对重难点的理解"一幕了然"，然后把问题抛给学生，再通过各种办法验证自己手里的图形特征，让学生在动中学习了新知，在脑中形成深深烙印！

二、案例描述

【活动一】摸面。课的一开始出现了"图形王国里的小博士"，它给同学们带礼物的情境，从生活中入手，与以前的老朋友再次重逢，起到复习铺垫的作用。这时，让学生触摸物体表面，初步感知"体""面"的不同，对"面"有了初步的感知。学生在充分动手"摸"后，把自己发现的与大家交流：

学生1：我摸的是"长方体"，它的每个面是平平的。

学生2：我摸的是"正方体"，它的每个面也是平平的，而且还有点滑。

学生3：我摸的是"圆柱"，它的每个面是上下两个面平平的、滑滑的，身体是弯弯的。

学生4：我摸的是"三棱柱"，它的每个面是光光的。

学生5：我摸的是"长方体"，我摸每一个面时感觉是粗糙的。

教师：你摸每一面的感觉是粗糙的，这是因为由于物体的质地不同而造成的。

【活动二】"画"面。感知"面"是从"体"得到的。在课堂教学中，我让学生小组合作动手操作、实践，充分体验到解决问题的多种方法。

教师："你能不能想个办法，使这个物体的一个面给它搬个家呢？然后在按照黑板上图形的名称，帮助他们找到'新家'。"学生小组交流后，各抒己见：

学生1：我用印泥印把图形印在上面。

学生2：我用笔把图形画在纸上，然后再剪下来。

学生3：我用橡皮泥把图形按在上面……

教师根据学生的回答给予适当鼓励与肯定，说："请你们用自己喜欢的方法至少做出三种图形。"这时再配上欢快的背景音乐。学生在这种轻松活泼的课堂气氛下，各显其能，画、印、剪、贴……用不同的材料、不同的方法、不同的颜色绘制出一幅幅美丽的"作品"。这样，让学生体验到把不同位置、不同形状大小、不同颜色的图形进行分类，不仅提高了学生的兴趣，而且学生对四种图形有了初步的感知，使学生充分体验到解决问题的多种方法，使他们感觉到"我能行！"充分地调动了学生学习的兴趣，小组交流活动有实效。

【活动三】折面。本节课突出了让学生主动探究，从而得出结论。学生在教学过程中，带着"学法"来折一折今天所学图形，找到图形的特点，这也是教学的难点，这时教师给予学生适时的指点，让学生从动中感悟这些图形的特点，比如：正方形的四边相等，学生很难理解。教学中教师问："正方形的四条边有什么关系呢？"把问题抛给孩子，让他们自己解决。

教师：你能想办法证明你的看法吗？

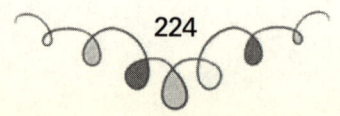

教师（出示正方形的纸片）：大家猜猜，正方形的四条边有什么关系？

学生1：四条边长短相等。

学生2：四边一样长。

教师：是吗？你能想办法证明你的想法吗？

学生1：我把正方形纸片的四边折在一起，发现正方形的四条边重合了，说明正方形的四边相等！

学生2：我用尺子量正方形纸片的四边，也能发现它的四边相等。

学生3：我用毛线来比正方形的四边。

教师：大家都动手想办法证明了自己的想法！看来只要大家勤于动脑、动手，就能越学越聪明！

【活动四】实践运用"找面"。《课程标准》主张学生学习生活中的数学，并把所学的新知运用到现实生活中，使学生觉得数学有用，数学与生活有密切联系。于是，我问同学们："你在日常生活中还见过哪些物体的面是这些图形呢？"学生兴趣盎然，在教室里找、在家里找、在商店里找、在人身上找……这样结合生活实际设计了寻找身边的图形的活动，使我们的学习和生活紧密相连。

【活动五】我们的作品：图形拼组。

在教学中，为发展学生的想象力，让学生在学完本课认识的几个图形后，让他们发挥自己的想象，拼一拼，摆一摆，这样不仅提供了学生创造想象的机会，也培养了小组合作意识。学生在规定的时间内都能根据小组的特色，拼出的作品风格各不相同，孩子们的智慧，在集体的合作与互助、探索与创新中展示了出来，使学生的个性得到了发展，创造欲望得到满足，同时通过学生介绍了小组的作品，体现了学科之间的整合。

三、效果反思

（1）提供参与机会，使学生充分参与，做学习的主人。本节课教学中教师的设问充分考虑到学生的参与率，让他们动手、动口、动脑、参与观察、思考、讨论、实验，真正把课堂还给学生，由此激发了他们探究的兴趣和欲望。如："小博士还为每组的同学准备了一小篮礼物，把你认识的形状与同组的同学说说""请你选一个最喜欢的图形像老师这样摸摸它的每一个面,你有什么感觉?"……这样的设问不仅调动了学生的积极性,激发了兴趣,而且也使他们在探究中独立发现了事物的规律。

另外,在课将要结束后,一般情况是老师给学生留作业,但本节课改变了以往的形式,让孩子们给学生留作业,孩子们各抒己见,发挥得格外出色,教学效果很好。比如学生在课上说:"如果我是小老师我会给大家留收集信息的作业并记下来明天交给我""如果我是小老师我让大家回家找一找家里那些物体上还有这些图形""如果我是小老师我让大家用今天学过的图形折一折,把折好的作品交给我"……听到学生这么精彩的回答,看来教师不可低估孩子们的潜力,要在平时的教学中不断地挖掘,让学生作学习的主人。

(2)多采用动手操作、小组合作的学习方式,培养学生的探究能力,增强学生的合作意识。学生在动的过程中,情感、态度、价值观得到充分的发展。在教学中通过让学生动手操作、实践,充分体验到解决问题的多样性。如:"你能不能想个办法,使这个物体的一个面给它搬个家呢?"这样的设问充分的调动了学生学的兴趣,让学生在动中体会了解决问题的多种办法。

(3)注重发展学生的创造性想象的能力。在教学中,为拓展延伸让学生拼一拼,摆一摆,这样不仅巩固了所学图形,又培养小组合作意识,发挥他们的创造想象力,拼出的作品风格各不相同,给人一种美的享受。

(4)加强数学与生活的联系,引导学生感受数学、用数学的乐趣培养学生用数学的能力。

在本课例中,由一节"美术课"对我引发的思考,以至于在数学教学中的尝试 实践 反思,使我感觉到在课堂教学中,要使学生成为主动探索者,教师的教学观念、教学理念的转变是前提,把先进的理念转化为教学行为是关键。

参考文献

[1]《小学数学教师》,上海教育出版社2007年合刊。

［2］《中小学数学（小学版）》，中国教育学会主办2007年合刊。

［3］关文信主编：《新课程理念与小学数学课堂教学实施》，首都师范大学出版社。

一次意外的美术实践课

刘东君

一、背景介绍

每个教师都希望孩子喜欢上自己的课。实际上，孩子喜欢不喜欢主要在于教师的教育方法。教师只有采用了孩子喜欢的教学方式，设计的课题才会受到孩子的欢迎。我本着对孩子的了解和长期的磨合，在我的教学中尽量地让孩子能在我的美术课上得到应有的快乐与绘画知识。

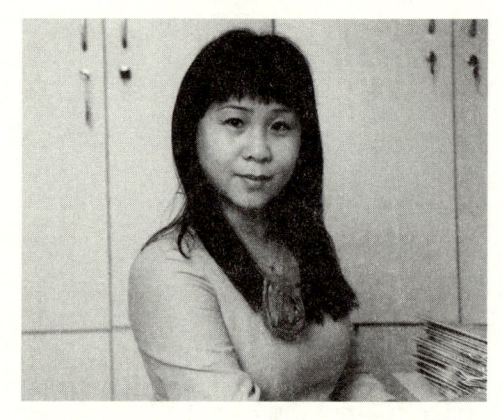

四年级的孩子已经对老师对学校非常熟悉了，又处在中年级的转折阶段，平时的学习任务也很紧张，所以每周一次的美术课，对于一部分孩子就好像是被牢笼里放出的小鸟——终于可以"自由呼吸"了。平时我在美术课的教学管理的问题上本着既不能管得过严，限制了孩子的自由，又不能放任，任其自流，而应找到给孩子自由的"度"。做到宽严适度，既给自由，又要权威。所以这也是孩子们喜欢我的美术课的原因，可能是时间的原因，我已经带了他们四年，难免有些学生"浑水摸鱼"。平时我总是给他们营造轻松学习美术的课堂，19年的教师职业生涯告诉我，那些生性顽劣的"小捣蛋"们见"混熟"的火候已到，就要在课堂上不守常规了。美术用具不带或者落下几样不带齐，就等着我一心软让他们互相借呢。

对此，我专门对他们进行了学情分析，准备应对的措施以便不时之需，可还没有完全进入状态，这些"小捣蛋"们就开始了他们的第一招

"浑水摸鱼"。

二、案例描述

已经是开学两个月有余，这天我拿着演示写生用具来到四年级一班。刚一上课，我就先检查常规学具的准备，因为自己带这个年级已经是第四个年头，也深知这个班情况，小淘气多，聪明又很有个性与想法，但是也不乏调皮捣蛋的孩子所以也就格外"照顾"这个班。因为这节课是写生课，我提前就叫课代表通知每人带速写本、铅笔、橡皮。结果，一个班34人，竟然有17人不带（而我开学第一节课就布置了）。这就意味着，常规的造型实践在这个班不能开展。当时我心里挺生气，可还是告诫自己"静一静，用提前想过的办法，一定会把他们整好"。

经过简短地调整，我采取了对"影响整体常规的普遍问题，应做即刻即时有效处理的对策"：当堂宣布：这些"上阵不带武器"的17名"士兵"到教室外走廊单独列队；对其余一半带速写本的同学，我当堂进行了表扬，临时把《我们身边的植物》一课改成《我身边的同学》，并选出一位大家公认的"帅哥美男"为模特，请他站到讲台上，让大家对着他画写生，因以前也画过人物，所以没有深入讲解。留在教室写生的学生自然产生了优越感，并高高兴兴的开始写生了。

这边，我走出教室，临时任命了一位组长（这17名学生中平时违规最严重的一位高个男生）负责整队，并命令他用课代表的常规记分册，把这17人名字、家庭电话统统登记。并不忘告诉他们：这次只是记录，下次要通过家校互动平台告知家长。孩子们看着我紧绷的脸有的低着头，有的吐了吐舌头，但没有一个敢出声了。看来有点成效，我忍住心里的窃喜，又进行了一番教育："播种行为收获习惯，播种习惯收获性格，播种性格收获命运，各位若想一生交好运，必须遵守学习常规。"之后，我当堂拿出100元人民币，写好出校门的条子，并给传达室的师傅打了电话，责成那位"捣蛋组长"用最快的速度到学校门口（一出门就是，不用过马路）的文具店买17个卖5元一本的速写本（有个别自己有速写本这次不带者，责其下次带或自行去那店里退款，然后和大伙一样把5元钱交给

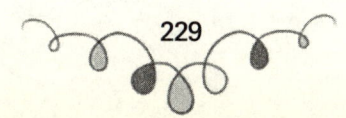

"最闹组长")……片刻之后,当"捣蛋组长"满头大汗的提着一大沓速写本归队时,17人的队伍中发出欢叫和掌声。

三、效果反思

于是,全班每人都有了一个速写本,速写练习终于进入了常规阶段。一周后,那位"捣蛋"组长,将85元按人头一分不差地交还我时,他的神色态度自然没了那种敢于违规的兴奋和张狂,反而多了几分认真和懂事。

通过这一次,他和全班同学都开始感觉到:课堂常规是神圣的,它像马路上行人和司机必须要遵守交通规则,否则弄不好就要出问题;更让这些小学里的"大孩子"明白了:要想一生交好运、养好性格,要靠常规习惯,而违反常规习惯会很不划算的。(为此,我还私下奖励了那位"捣蛋组长":我画了一张他最喜欢的《三国杀》里边的一个人物——"关云长"。)

儿童心理学这把带有魔力的神秘钥匙,会带领我们教师和家长走进孩子们心灵世界。为了这个难以掌控的世界我拜读皮亚杰的儿童发展的认知阶段的理论。所以知道学生这个年龄这个阶段出现这样的情况是必然的。这样我自己首先心理上就有所准备与预防。

美国著名哲学家罗素曾经说过:"人生幸福在于良好习惯的养成。"教育的核心是培养人的健康人格,而培养健康人格应从培养良好习惯入手。小学生是养成行为习惯的关键时期。教师的引导和监督作用对于学生良好习惯的养成是非常重要的。因此,必须把培养良好的行为习惯作为教育的重要环节,更要自觉地依据儿童的年龄、身心特点,因势利导,以求最佳效果。在教育实践中,我们要以多种有效的方式从细节抓起,从现在做起,扎实有效地进行学生良好习惯养成教育。习惯中规则意识更是有利于学生终身成长和发展的基本习惯,一旦养成将终身受益。美术课,对于学生来说很容易喜欢,很可能因为没有良好的学习习惯而是一些学生停步不前,也会影响其他。知道这个要害,我也采取出了应对措施。

多年的经验与心理学的结合使我在对孩子提要求时,既没有要求过高，使孩子望而生畏，又没有要求过低，迁就他们，而是在我们这个学习的环境中找到了我要求的"度"，使孩子"伸手摸不到，跳一跳能摘到"，又锻炼了他们之间的合作能力。在学生的心理承受程度上是适中的，也符合我们这个环境的因素影响。

　　这就是对强化常规教育的认知：师生之"情感"，认真之"态度"，终身受用之"价值观"！

　　故事记录完后，我回忆着所有的创新之举，往往是不按常规行事的。可转而一想：而所有的创新，恰恰都遵循了事物发展与时俱进的客观规律，这规律微观而言，不就正是在学生缺少规则意识的状态下就应对其教养，而当学生死守陈规陋习时则应破旧立新的基本规律吗，遵循事物的规律，在课堂教学的游戏规则下去尽兴创造，才真正反映了宇宙间一切事物的进步的节律、和谐的恒美。我们当教师的在教学实践中，要学会考虑孩子心理发展的特点，才能取得好的教育结果，也更有助于我们解决儿童心理在美术教学中反映的实际问题，也就更好地去应对孩子在我们科任课中出现的小故障。美术教师在日常教学中应加强学习动机、学习态度、良好学风及政治思想品德教育，寓德育于美术教学内容和教学过程的各个环节之中，把加强德育具体落实到教学工作的实处。从而使我们的孩子们在美术课堂教学中，潜移默化地受到美的感染和熏陶。

表达习惯微课题研究案例
——《让头脑转起来》

岳雪媛

一、背景介绍

语言是人类最重要的交际工具，它同思维有密切的联系，是人类思维和表达思维的手段。现代心理学、教育学认为：语言的准确性体现着思维的周密性，语言的层次连贯性体现着思维的逻辑性，语言的多样性体现着思维的丰富性。要提高学生思维能力，就必须培养学生的语言表达能力，即通过听、看、想、说等活动充分挖掘学生的潜能，从而促进思维能力的充分有效发展。培养学生的语言表达能力不仅是提高学生观察力、思维力、想象力的重要依据，而且对于发展学生的智力也有极大的帮助。

二、案例描述

以下是发生在我上六年级数学课堂上的例子：

【教学片段】在进行百分数应用题的教学中，给出一道题："1997年至今我国铁路已经进行了多次大规模提速，一列火车原来每时行驶80千米，提速后这列火车的速度比原来增加了40%，现在这列火车每时行驶多少千米？"让学生充分思考解答。教师在行间巡视时，发现大多数同学都做对了，便提问："谁能帮大家分析一下这道题？"片刻的停顿之后，有几个尖子生举手了。教师一直鼓励其他同学也来试试，可是毫无反应。于是，教师让好学生回答后让其他同学复述，依然没有人愿意说。试着叫了一个男同学试试，结果说话吞吞吐吐、声音很轻、语言啰唆、词不达意、条理不清、疙疙瘩瘩。又试着叫了一个女同学，干脆站立不语。

【分析】学生在课堂交流时，总是几个尖子生争相发言，绝大多数学生却变成了光听不说的"机器"。即使被迫发言，由于经常不表达自己的想法，对于别人的想法总是被动接受，产生被动学习，缺乏兴趣。

三、效果反思

从上面的案例中，我们不难发现，作为一线教师的我们常常能够感觉到一些孩子的思考问题的方法是正确的、高效的，但其他听众往往在听完孩子的表达后却一头雾水，不知所云。这些情况说明了孩子的语言表达问题已经影响了孩子学习的质量。现代心理学、教育学认为：语言的准确性体现着思维的周密性，语言的层次连贯性体现着思维的逻辑性，语言的多样性体现着思维的丰富性。这说明能力和思维是相辅相成的，而思维的发展与语言的发展又紧密相连。因此，提高学生的思维、推理、判断能力就必须培养学生的语言表达能力，从而促进思维能力的发展。

在日常教学中，我们可以尝试以下方法提醒和要求孩子们养成语言表达的习惯。

（一）规范课堂表达语言，强化学生说的能力

数学语言是一种特殊的语言，它要求用词精确、简练，具有逻辑性强的特征，教师通过对学生进行规范数学语言的训练，实质是在训练习学生思维的过程，因此在数学教学中应重视对学生规范数学语言的训练，通过规范语言表达，使学生做到善想善说。

在平时的教学过程中，我经常要求学生用语言来表达出自己的思维过程，学生通过表达可以及时纠正自己思维中的不足，同时不断地表达，也有利于学生对自己的表达语言的自我规范，有得于学生在今后的学习过程中对概念、性质、法则及公式的学习。长此以往，学生数学语言的表达才能越来越精练、简洁、有逻辑性。

首先，当学生语言表达有困难时，教师语言表达起示范作用。小学生具有较强的模仿能力，作为教师本身应注意语言的规范化，让学生在模仿中形成规范的数学语言。所以教师语言要具有准确性、示范性，教师说话时必须语法规范，用词恰当，言简意明。

其次，学生表述数学语言缺乏规范性，无序时，教师可规定了一定的格式。如："要求什么必须先求什么""我根据什么知道了什么""我是这

样想的""我们小组认为……""我认为××是对（错）的，因为是……"这样表述，使人感到观点明确，思路清晰，理由充分，值得信服；当学生表述得不够完善时，老师可在此基础上加以修正，让学生在老师的修正中感受到数学语言表述的严密性，数学语言表达能力才能得以提升，表达思维也得以拓宽。

通过这样的训练，学生再遇到类似的问题，就知道了该怎样思维、怎样表达更准确，为使学生养成良好的数学思维品质打下基础。

（二）有条理，有层次

加强语言的准备性和连贯性训练，给学生直观凭借让学生有足够的感性认识。然后逐步形成理性认识，实现形象思维向抽象思维的转化。

如讲一道百分数应用题："1997年至今我国铁路已经进行了多次大规模提速，一列火车原来每时行驶80千米，提速后这列火车的速度比原来增加了40%，现在这列火车每时行驶多少千米？"通过分析题意，引导学生抽象出问题的实质并叙述出来：把原来行驶80千米看作单位"1"，求现在这列火车每时行驶多少千米，也就是求原来速度的（1+40%）是多少，进而叙述为求80的（1+40%）是多少。所谓"扩展"，即把简单的式子用不同方式叙述成文字题，把简单的文字题再改编为应用题。如把上题再反过来训练。开始我让学生模仿练习，再逐步让学生自己表述，这样学生不但积极性高，而且大大提高了学生的语言表达能力和分析应用题能力，促进了思维能力的发展。

（三）外显思维过程，让学生精于表达

1. 操作过程，表达形象化

数学的本质是抽象的，而小学生抽象思维的发展在很大程度上要与感性经验相联系，教学时要借助直观操作演示知识的形成过程。教师要让学生通过说操作演示过程，使头脑中分散的、不稳定的、暂时的、不连续的表象在"说"中进行连接、沟通，得到稳定、持久的连续表象，促使知识的迁移。

在教学"圆的周长"时，可以让学生边动手操作，边动口自由地说：

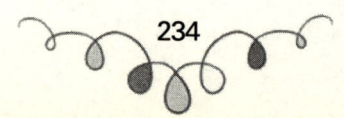

"圆的周长就是圆一周的长度。可以用绳子绕圆的一周记下长度,这就是圆的周长,圆的周长实际就是一条线段。"

2. 探索过程,表达深刻化

在教学中要积极引导学生"说"探索的过程,通过各种学具、教具、电教媒体为中介,让学生感悟探索过程中蕴含的道理,促使思维有条理、有层次,化内部的无声语言为外部的有声语言,从而促进学生表达、计算、分析思维等能力的全面发展。例如教学"圆的面积"时,首先让学生回忆学过的图形的面积的推导过程,然后让学生带着问题思考,如何推导圆的面积?从而渗透"化曲为直"的方法,把圆通过分割成相同的若干份,然后拼成一个近似的长方形,思考长方形的长、宽与圆的半径、周长等有怎样的关系,由学生观察、分析获得,并通过口头表达。进一步理解长方形的长与周长的一半是相等的,圆的半径与长方形的宽是相等的,便于教师根据学生的反馈信息调节自己的教学,从而有的放矢地去发展、提高学生的表达能力和思维能力。

数学表达能力的培养是个长期的过程,来不得半点急躁,所以,面对学生的不吭气、学生的小声小气、要晓之以理、动之以情,只有通过师生的、生生的共同努力和坚持不懈才有可能取得长足的进步。

围绕概念核心，在"退"中完成知识迁移

耿晓波

一、案例背景

在继承我国数学教育注重"双基"传统的同时，突出了培养学生创新精神和实践能力，提出了使学生理解和掌握"基本的数学思想和方法"，获得"基本的数学活动经验"。基于对课标的学习，我们感受到现代数学教育越来越注重培养学生的数学思想方法。数学思想方法是数学学习的灵魂，它是伴随学生知识、思维的发展逐渐被理解的，数学思想方法的感悟是在学生数学活动中积累的。教学中渗透数学思想方法可以使学生自觉地将数学知识转化为数学能力，最终通过自身的学习转化为创造能力。

二、案例描述

【教学片段1】复习口算：

第一层：

10 + 2　10 + 9　10 + 6

7 + 10　3 + 10　8 + 10

教师追问：你们怎么算得这么快啊？

十加几就等于十几。

第二层：

2 + 9 + 8 = 19　3 + 8 + 7 = 18　6 + 5 + 5 = 16

4 + 7 + 6 = 17　9 + 9 + 1 = 19

教师追问：这里没有10了，你们怎么也算得这么快啊？

【小结】这里虽然没10了，可是我们可以先把它们凑成10，把这样稍复杂的题，转换成10加几的题，算起来就快了。

【教学片段2】

探究："9+4"怎么就等于13了？

针对凑10法，教师追问：为什么要把一盒酸奶挪到盒子里？为什么要凑成10？

【小结】我们前面学习的10加几，今天再学习9加几，就这么一挪，就把今天学习的9加几的题，又转化成10加几的题了。

【教学片段3】

（1）刚才那种方法，谁听懂了？

每个人都有小棒，请你借助手里的小棒，你也挪一挪，把这方法说一说，看看你是不是也懂这个方法了。

（2）同学们刚才都把转化、凑10这个意思说得很明白了，咱们都放下小棒，都不许摆了，看着这个算式，想象着刚才摆的过程，你能说说刚才我们是怎么算的吗？

（3）就你们刚才说的意思，我们还可以这样简单表示呢：

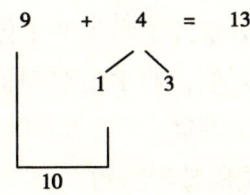

（4）谁能看懂我的意思？谁给我们讲讲？

【小结】通过交流，我们也会发现，9加几这样的题，也可以这样凑一凑，转化成10加几的题进行计算。通过交流，我们又学到了新的本领，怎么用凑10的方法，来算出得数。

【教学片段4】

（1）通过今天的学习，我们做这样9加几的题，都是怎么算的啊？

转化成以前 10 加几的题来进行计算。

（2）今天小红又遇到了一个问题，你们能帮他解决吗？

"8＋6"这个问题怎么解决？

（3）你们看，刚才我们算 9 加几，现在算 8 加几，虽然数都不一样，但还我们用的方法都一样，我们都用的是什么方法？凑 10 法。那再给大家出几道题，"7＋4"得几啊？

三、案例分析

本节课，我是分四个层次，帮助学生在数学学习中感悟数学思想，积累数学活动经验，完成知识的迁移的。

（一）在知识的发生过程中，适时渗透数学思想方法

对于教材的了解：9 加几的教学，是在学生学习了 10 加几之后安排的，是整个单元 20 以内进位加法的一节起始课。9 加几教学，是以 10 加几作为知识基础的。于是，在教学初，设计了教学片段 1 的环节。这样一来，学生既复习了旧知识十加几，同时又渗透了转化的思想方法。在此，教师在教学中应恰当地对转化这种数学思想方法给予提炼与概括，以加深学生的印象。

（二）在探究中揭示数学思想方法

教学片段二的设计，充分发挥了学生的主体作用，学生参与问题的探索，大大激发了学生的求知兴趣，使学生在知识学习的同时，感受和领会到了转化这种数学思想和方法的魅力。

（三）在练习巩固中，领悟数学思想

数学知识的学习要经过听讲、复习、做练习等过程才能掌握与巩固。数学思想方法的形成同样要有一个循序渐进的过程并经过反复训练才能使学生真正领悟。所以在教学时，设计了片段 3 这个环节。在经过有小棒作为形象支撑、看支形图说过程的抽象思维感受凑十法这种转化的思想方法之后，教师再次揭示凑十法，使学生印象深刻。只有在这样反复训练、不断完善的过程才能使学生形成直觉的运用转化这种数学思想方法的意识，建立起学生自我的"数学思想方法系统"。

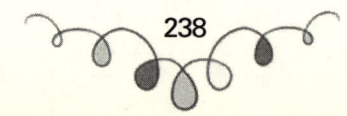

（四）在小结中提炼概括数学思想方法

转化这种数学思想方法贯穿在很多数学知识的学习当中，要使学生把这种思想内化成自己的观点并应用它来解决问题，就要努力把各种知识所表现出来的数学思想方法表层化。作为教师，我们首先弄清楚教材中所反映的数学思想方法以及它与数学相关知识之间的联系，并适时作出归纳和概括，在具体的授课活动中，以适当的方式将数学思想方法加以揭示，并使之表层化，使学生达到真正意义上的领会和掌握，增强学生对数学思想方法的应用意识。本单元是20以内的进位加法的学习，除了9加几，后面的8、7、6加几的进位加法的学习，仍然以是转化这种思想贯穿的。所以，在教学的最后，设计了教学片段4这样的环节。

不仅是为后面的学习做了铺垫，更重要的是引导学生对知识中蕴藏的转化的思想加以归纳和概括，使学生逐步形成用数学思想方法指导思维活动的能力。授之以"渔"比授之以"鱼"更为重要。

当然，要使学生真正具备个性化的数学思想方法，还要有一个反复训练、不断完善的过程。这就要求我们教师在教学中大胆实践，持之以恒，寓数学思想方法于平时的教学之中，使学生真正形成个性的思维活动，从而全面提高自身的数学素养。

第二辑　教育篇

做学生心灵的指路灯

曹梦媛

一、背景介绍

我在这个班二年级时接手，班上有一个胖胖的、有点笨拙的大个子男孩，字写得不漂亮，学习成绩并不好，连体育方面都稍弱于其他孩子。

刚开始，我对这个有礼貌、热心的大块头男孩子第一印象很好。可是一个星期过去了，他的问题一个接一个地来了：上课注意力不集中、作业不认真完成、和同学相处不好，书写不干净也不整齐，个人卫生更是让人头疼，经常会收到其他同学的"投诉"。于是我找到同学们和他以前的老师了解了情况，大家都说一年级时他已经是这个样子了，在孩子们的口气中我听出了他是学生眼中的"差生"，是老师眼里的"难题"。

二、案例描述

（一）发现问题

我一下子有点气馁。可是孩子出现了问题不能不管，于是我决定先找他谈一谈。"你喜欢和同学们玩吗？""不喜欢……""为什么呢？""他们都不喜欢我。""大家都很喜欢你的，你平时可以试着和同学们多玩一玩。"男孩沉默了。"为什么总是不写作业呢？""老师，我忘了。""你觉得自己有什么优点？""好像没有吧。"我发现这个大男孩对自己一点信心都没有，甚至还有些自卑，从此以后，我开始更加关注他。

有一天，我目睹了事情发生的整个经过。有一个学生走路时不小心撞到了他，他立马打了那个同学一拳，而那个同学又无辜又委屈。我赶紧找到他问："你为什么打他呀？""老师，他故意撞我。"我亲眼见证了是那个同学没有看到后面的他、走路又太快不小心才撞到的他，但这个被撞的男孩却认为是大家故意欺负自己，想法很偏激。

在后来的一次家长谈话中,男孩的妈妈说:"老师,您总是和我说他在学校不爱说话,没有朋友,但我在家中看到的孩子是活泼开朗的,怎么到了学校完全变了一个人呢?难道他不想和学校里的同学们玩吗?他不想和大家做朋友吗?"家长的这个问题如同警钟向我敲响了,之前一直关注了孩子的学习成绩,行为习惯。却忽略了孩子内心的想法,忽略了他的需要与变化。

(二)问题分析

从上面的例子可以看出,这个学生在与学校同学交往的过程中,由于外在各种因素稍弱于其他学生,久而久之在面对周边同学时心理能量开始缺失,甚至导致他与同学相处时有自卑的情绪。

于是我试着站在他的世界里思考:每天下课都是写作业,和同学们玩的时间都没有。他们玩的真有意思,我学习成绩这么差,他们愿意带我一起玩吗?和他们一起会不会被嘲笑呢?

心理健康的人既能悦纳本身,也能悦纳他人,如果这个学生是一个心理积极的孩子,他应该能与少数人建立深厚的感情,有自己的朋友,不会与其他孩子为敌,更不会认为别人故意欺负他。从男孩的表现上看,他现在基本看不到自己身上的优点。对于平常事物,甚至每天的例行工作,也没有太大兴趣,把学习当作了负担,很少和同学交流,更是没有朋友。虽然男孩子身体健康,精神健康,但如果长期生活在不良的情绪影响下,他会变得越来越不自信,心理上是会有缺陷的。

虽然在他身上看到了一些问题,但总的来说,我觉得他还是一个很善良的孩子,在自己的能力范围内,他乐于帮助别人。只是不良的学习习惯和生活习惯影响了他在同学们心中的印象,其他孩子慢慢不愿意接触他,老师批评他,家长忙于工作无暇顾及他,慢慢的他自然将自己封闭起来以求保护,不和同学交流避免伤害。

(三)采取措施

长期以往,这个学生的交际能力、自信心一定会下降,变得自卑起来。长大后社会适应能力、交际能力也会受到严重影响。这样一个心理能

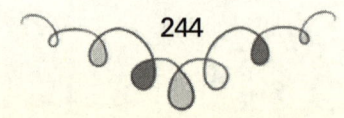

量不足的孩子，我该怎样给他力量，让他心理更健康、生活得更快乐呢？

1. 站在孩子的角度想问题

自此，我不仅关注这个学生的学习，并且开始观察他的课余生活。他因为学习习惯稍弱导致每天总是要改作业，少了和同学们交流、游戏、相处的时间，自然不善于与其他孩子沟通。于是我减少了他的一些不必要的作业，让他休息的时间多了起来，这样他就可以多和其他孩子交往，让同学们也能更多地发现他的优点，越来越喜欢他。但他偶尔还是会和其他学生发生一些矛盾，还会认为其他同学欺负他。于是我叫来了和他发生矛盾的同学，了解了事情的起因结果，我先站在他的角度想，理解他觉得自己很委屈，但我没有立马作出评价，我先让那个不小心让他以为"欺负"自己的同学做了解释，然后再让他自己想想，如果换做自己该怎样做，这个男孩似乎没刚才那么愤怒了，也原谅了"欺负"他的同学，我说："握握手吧。"男孩不好意思地笑了。然后我心平气和地告诉他："有的时候同学们想和你玩，但是你的个子太大了，他们不知道该怎么和你玩，可能你会觉得是故意欺负你，这样吧，下次你想个游戏教给他们玩。"男孩兴高采烈地离开了。

2. 信任他，让他有存在感

这个学生不自信的一个方面是没存在感。在班中没有优势的他能做些什么呢？他个子最高，坐在班里的最后一个，于是我把"节能小卫士"的称号送给了他，并且在班里显眼的位置放上了他的责任岗。于是他每天都记得出门关灯，特别认真负责。这样大家都能看到他为班里做的贡献，我会时不时地帮他加把"火"。"同学们，今天你们知道是谁来的最早吗？""哎呀，是他带给咱们光明呀，快用掌声谢谢他吧。"男孩不好意思的笑了，我看到其他同学眼神也柔和了起来。后来他自己也对这个工作特别热衷，从来都不用我督促，可见他是愿意为大家服务的，也是一个热心的孩子。

3. 夸出孩子的信心

不仅交给他一份小"工作"，我还开始找各种理由表扬他，这个学生

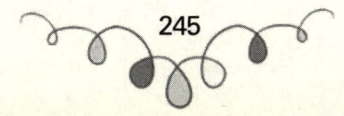

245

听了，就像吃了"兴奋剂"，一下子来了劲。我说"今天他上课听的真认真，这么难的问题都能解决！"下一个问题，他一定会更大声、更坚定地作出回答。如果答错了，我会说："虽然答错了，但是声音洪亮值得我们学习。"有时他读完书，虽然不是很流利，但我会找同学来夸夸他："谁能说说他读的哪里好？""老师，他声音洪亮、读书特别有感情""老师，他的进步真大，比以前读得好很多。"就这样在鼓励声中。慢慢地，这个男孩头抬得高了，声音变得大了，连笑容都变得更灿烂了，自卑的阴影一扫而空。愿意发言也爱上了听讲，成绩自然突飞猛进。课下不会再那么偏激的和同学们发生矛盾，交到了很多朋友，变得爱说爱笑起来。

三、效果反思

学生的成长不只是身体上和智力上的成长，往往让我们忽略的也是最重要的就是他们心灵的成长。很多孩子身上出现的种种问题都源于心理的能量缺失，心理素质不高。以前的我总是看到他身上的问题，少了夸赞与鼓励，孩子自然慢慢会自卑，在别的孩子面前就会减少自己的发言，一点小矛盾就会让他很愤怒。慢慢地，孩子的内心会承受巨大压力，影响心理的健康成长。

那么作为一名教师，在平时的教育教学工作中，不仅要关注孩子外在的发展，还要及时关注到他们心灵上的变化，及时帮助他们辅导，才是帮助孩子全面健康成长。而我们要做的其实很简单，在生活中多看孩子的闪光点，多鼓励，多赞美，建立孩子的自信心。让自信变成养料，随时滋润这些花朵。

每个孩子都有一颗美丽的心灵，那么，我们教师就要做孩子心灵的指路灯，帮助他们找到迷失的方向，让每一颗幼小的心灵上开出灿烂的花朵。

学会合作

李晶晶

一、背景介绍

联合国教科文组织近日公布的一份报告中指出21世纪教育的四个基本点，即学会认知，学会做事，学会为人处事，学会和睦相处，这四点构成了现代教育的有机整体。未来的社会越来越要求人们"学会共同生活，展开彼此间的相互协作以解决人类所面临的生存和发展的危机。今天的教育，在兼顾高尚品格与聪明才干、创新精神与实践能力的同时，必须把培养善于合作的一代新人的任务放在首要位置。

二、案例描述

现在小学生的团队合作意识，发展情况有待改善，部分学生不能考虑到其他同学的感受，同时当一个团队或集体由于某个人或多个人发生失误时，其他的人就会指责他们，这时，大家不会得到任何快乐和成功而且会陷入不良情绪中，团队合作意识有助于学生良好的心理素质养成，对学生的积极情感态度的提高也有好的促进作用，促进学生心理和生理的和谐健康发展。

许多社会学家、心理学家都认为儿童的同伴关系对形成人的行为和个性特点非常重要，是儿童形成和发展个性特点、形成社会行为、价值观和态度的一个独特而主要的方式。在整个小学时期内，由于小学生的社会认知能力得到发展，他们能更好地理解他人的动机和目的，更好地对他人进行反馈，其同伴间的交流更加有效。

【活动目标】

（1）了解团队合作的含义及重要性，认识合作的意义。尝试用合作的方式解决生活中的实际问题。

(2) 体验团队合作带来的愉快体验，体验与合作相关的感受。

(3) 感受团队中他人的情感，学会在团队中互相帮助。

【活动准备】

(1) 课前教室布置，小组分座式。

(2) 教具准备：分组彩纸、报纸、音乐、PPT 演示文稿。

【活动过程】

大家好！我是咱们学校的心理老师李老师。感谢大家能够陪着老师一起来上一节心理活动课。先请大家欣赏一组图片。看看他们在做什么呢？

预设：帮助人，一起拿好吃的。

教师：看得出来，大家觉得这两幅图很有意思，实际上这都是合作。今天我们就一起来聊聊关于合作的话题。（板书：合作）

教师：谁能用自己的话说一说什么是合作？

预设：团结协作　一起努力

教师：其实生活中到处都需要合作。

【设计意图】了解合作的含义。

（一）活动区

教师：下面我们通过一个活动进一步体验什么是合作。老师这里有图书室的书需要还回去，谁来帮老师送过去？（1个人送）

还有一摞书，这次谁来帮他一起送过去？（2个人送）其他同学一起给他们加油鼓劲儿！

替宋老师谢谢你们！辛苦了！请这两位同学先到前面来。我想现场采访这位同学，你搬了两次，感觉有什么不同吗？

预设1：搬得快，省力气。

预设2：没有不同。追问：但是我们大家可发现不同了。谁来说说？

教师：那这位同学，你帮助他省了力气，你有什么感受？

学生：挺开心的。

教师：好，谢谢这两位同学。

教师：刚刚这两位同学一起搬书的过程就是合作。那你们觉得一个人可以合作吗？

学生：不行，得是几个人。

教师：对，合作不是一个人，而是2个人以上共同完成一件事。也就是有共同的目标。（板书：目标）这样的方式才可以称为合作。

教师：那你们说合作重要不重要？学生：重要。

教师：的确，通过刚才的活动我们可以看出合作不仅<u>省时省力</u>，而且<u>提高了效率</u>。（板书）

【设计意图】了解合作的作用，省时省力，提高效率。

（二）明理区

过渡语：那到底该怎么合作呢？我们继续来探讨这个话题。（板书：学会合作）

教师：我们按照颜色分为了四个组。我说到的组请举手示意。红色组，黄色组……（分区）

接下来我们进行集体渡船的游戏。

每艘船是这么大，就在你们的桌上。（出示报纸）

教师：情况是这样的。由于任务需要，我们要集体乘船到对面。在这个过程中，第一，要保证所有组员在船上。第二，能够坚持5秒钟，那就表示渡船成功。

先别着急，听清老师要求。请各组在活动过程中声音尽量放小，不要影响到其他组。同时一定注意安全。当听到老师的掌声（123、123、1、2、3）请 立刻 回到座位。

小组活动。

教师：哪个组愿意先来来试试？集体数5声。好，成功！其他组掌声鼓励。

看来这个任务难不倒你们。

可是情况发生了改变，由于资源有限，每组分到了一只这样大小的船，能够坚持3秒钟，那就表示渡船成功。现在请各组想想办法让大家都

能安全渡过。（教师指导：轻的可以抱起来节约空间，你们可以按照老师的思路试一试）

教师：哪个组愿意来展示一下？好，成功！其他组掌声鼓励。

分享：下面我们请成功的组来谈谈你们是怎样合作的？

预设：团结合作　追问：还有吗？

学生：互帮互助。（板书）

教师：谁想出的办法？

教师：你们可真聪明！为什么选选择托起他？为什么他俩举着他呢？

预设：因为他说得很有道理。力气大，个子小。

教师：真聪明，你们真善于利用组员特点！有力气的拖着重量轻的。（板书）

【设计意图】体验合作解决具有一点挑战的困难的乐趣，小组内成员出谋划策，互相帮助，利用组员特点解决问题。

（三）互助区

教师小结：通过刚才的活动我们知道了合作 需要我们互相帮助，每个人都出谋划策，（板书）同时 还得利用组员的特点。那你们思考一下，在我们的生活当中，哪些活动需要合作？

（跳绳比赛，拔河比赛，扫除，联欢会环境布置，做游戏）

教师：老师从你们所说的 这么多的事情中 挑出了3件：运动会、教室扫除、元旦联欢会。

咱们先分别看看 这三项活动。

教师：你们知道扫除都有什么内容吗？（扫地，拖地，擦玻璃，打水，擦桌子，擦黑板……）

那联欢会需要做哪些事情？（摆桌椅，拉花，气球，黑板，窗花，彩喷……）

班级开运动会你们来负责需要作哪些准备呢？（运动员，送稿，搀扶运动员，啦啦队……）

请你们小组来设计活动的合作方案。下面各组派一名代表到前面来抽签。

反馈：

运动会：恩，拿着你们这个方案，你们班运动会一定会安排得井井有条！

大扫除：看你们分工可真仔细，我想在你们的安排下教室一定会打扫的非常干净！

联欢会：恩，你们安排得很全面啊！相信教室一定布置的非常漂亮！

相同组：虽然方案主题相同，但是内容不同，说明你们都动脑筋想了。

分享：这么短时间，你们怎么这么快就完成了？

预设：谁来做什么，谁来做什么。我们有具体的分工。

今天的活动结束了，你有哪些收获？

预设：合作很重要，省时省力，提高效率。合作中应该出谋划策，互相帮助，利用特点。

【设计意图】利用合作尝试解决生活中的实际问题。

(四) 实践区

其实我们在一起可以做出单独一个人所不能做出的很多事情；智慧、双手、力量结合在一起，几乎是万能的。

可见合作是多么的重要。希望我们大家 都能够学会 与他人合作！好今天的课就上到这。谢谢同学们的合作，同学们再见！

(五) 板书设计

<pre>
          学会合作
            ↓
            目标

      省时省力   提高效率
   积极沟通   出谋划策   互相帮助   利用特点
</pre>

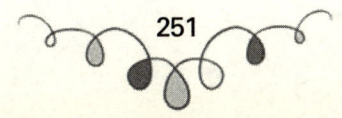

三、效果反思

由于现在的小学生基本上都是独生子女，学生的自我意识较强，但是与别人合作的意识较差。通过本节课的学习，学生一方面知道了与人合作带来的好处，就是省时省力，而且还提高了效率。同时也知道了如何与同学合作。那就需要积极沟通，出谋划策，互相帮助并利用团队成员的优点。整节课上活动内容较为丰富，学生参与积极踊跃。同时在轻松愉悦的氛围中学生切身地体会到合作的重要性，体会到了与他人合作的快乐，并愿意与人合作。整堂活动课，既有活动，又有讨论，形式多样丰富。学生在课上参与度较高，但是在拓展提升方面做得还不是很够，没有更多地在生活中利用合作来提升。

友善的魅力

刘 丽

一、背景介绍

2012年,党的十八大报告首次以24个字概括了社会主义核心价值观:"倡导富强、民主、文明、和谐,倡导自由、平等、公正、法治,倡导爱国、敬业、诚信、友善,积极培育社会主义核心价值观。"因此,在生活和工作中对人友善,是一名小学生应具备的基本道德素养。

二、案例描述

活动目标:(1)学生知道友善的含义,了解友善的魅力。(2)学生通过交流知道友善是人与人交往最有效的方式之一,愿意与人交往,珍惜友谊。(3)学生通过情景再现、小游戏掌握与人交流的方法,来指导行动。

活动准备:PPT、了解班级情况、视频。

三、揭示主题,追根溯源

(一)游戏导入,揭示主题

小游戏,猜猜看。

【设计意图】以抽签的方式,猜一猜同学们的一些特征,唤起学生四年生活中对同伴们的了解,揭示班会主题。

班主任:看来同学们在一起生活四年,相互之间已经非常了解了,但是大家在一起有欢乐,也有摩擦,今天我们就以友善为话题,四3班"友善的魅力"主题班会现在开始。

(二)追根溯源

主持人:同学们你们知道什么是友善吗?在生活中友善都体现在哪些方面?

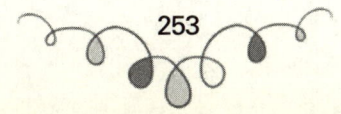

（学生自由发言）

出示："友"字的演变，哲人如何看待？PPT呈现。

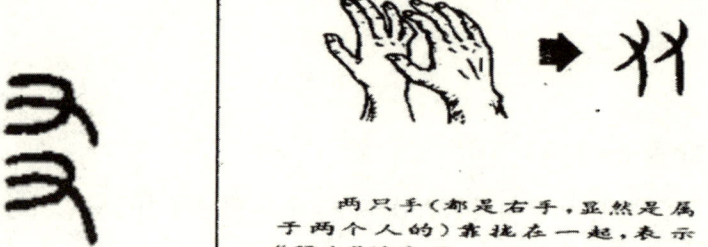

图1 "友"字演变图

（大家看，这是两个人的右手，并靠拢在一起，表示朋友的意思，后来就逐渐演变成我们所看到的友字。）

主持人：友善是什么呢？我想说，友善是天空，包容天地间的万物；友善是氧气，孕育新的生命；友善是阳光，是雨露，照耀、滋润着美德的生成。

合：朋友，请奉献你的友善，那是人与人和谐相处的润滑剂。

主持人：在我们同学中是如何体现的呢？那么同学之间交流情况如何？今天咱们就来聊聊这个话题。谁来说一说，在同学们相处的这些日子里，哪些事情给你的印象最深刻？

主持人小结：是啊，正像同学们所说，在我们这四年的生活中充满了酸、甜、苦、辣……我这里有一些数据，能够很好地描述出大家这四年多生活中的一些现象。

四、交流困惑，寻找病因

（一）课前调查，呈现问题

主持人：请同学们看这些数据，你们发现了什么？

教师出示课前调查数据统计图（根据课前调查，分别统计出学生印象深刻的生活中一些小摩擦事因所占的比例）。

主持人：看来，同学之间确实存在一些问题，为什么会有这样的情况发生呢？下面请看一段情景再现。

【设计意图】通过生生交流，使学生理解团结友善需要以和为贵。

（二）情景再现，分析原因

主持人：同学们下面请看由下面几位同学出演的小话剧。小品剧欣赏：一次值日。

生生交流：

（1）在这部小品中发生了什么事？发生这样额事情会带来什么样的后果？

（2）不团结的原因是什么？（存在不团结现象，不和谐因素彼此间缺乏包容，不为对方考虑，自私。）

（3）怎样才能使班级中的卫生变得更整洁、干净起来？（学会包容他人、听取他人的意见、分工明确遇事不斤斤计较。）

【设计意图】情境再现根据课前调查显示，大部分同学对于班级做卫生效率低、成果差这件事都有自己的看法。因此我选择剧情回放，目的是：通过生生交流，总结出班级卫生差的根本原因，直指主题——生生之间缺乏友善。

（4）主持人鼓舞班级士气：

主持人：同学们说得太好了，你们看看因为小小的争吵造成同学的不团结，最终导致班级环境不理想。

难道我们就这样一直争吵下去吗？大家想不想找用实际行动扭转班级卫生差的现状？真的就要各干个的吗？

（5）只有团结一心，要想团结一心，才能把事情做好，就要学会如何友善相处。接下来我们就来找找交流的秘方？

主持人：友善，可以使大事化了。不仅善待了他人，也能使自己得益。友善有改变人的力量，友善就像春风化雨，它丝丝渗入人的心理。

【设计意图】找到病因，鼓舞势气、激发学生友善相处的思想。

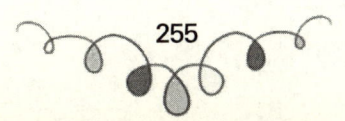

五、活动体验，方法渗透

（一）怎样体现友善

主持人：同学们，看了刚刚的小话剧，你们觉得在平日中我们的说话方式应该如何调整？我们在平日的生活中应该怎样做呢？如何正确与他人交往呢？

预设：（1）说话要注意语气。（2）要注意神态。（3）要谦虚。

主持人：同学们你们知道吗？能否以友善的态度为人处世，体现着一个人的道德水平。

【设计意图】通过"照镜子""找星星"等全员参与的活动，引导学生体验和感悟如何包容别人，使学生自发地找到解决办法。

班主任：出示群星图，引导学生观察画面，看到了什么？想到了什么？

交流感悟和心得：

(1) 避免对缺点明显的同学形成思维定式；
(2) 自己是班集体中的一员，做到不自卑也不自傲；
(3) 原谅别人的失误；
(4) 最闪亮的人我们要向他学习。

班主任小结：每一颗星星就代表我们班里的一名同学，群星汇聚，闪烁迷离构成美丽的星空就代表我们的班集体。正像这发光的星星一样，有的看着亮，有的似乎微弱，都无论谁发出多大的光芒，都会为我们的班集体增添光彩。多看看别人的优点，互相欣赏，就会彼此包容，减少很多因为看不上眼而引起的矛盾。

（二）珍惜友谊，五项图

【设计意图】每个人都是班级中的一员，我们要平等相处，我们这个班集体会越来越好。

主持人：请你写出最好的朋友，并和大家交流为什么要写对方？

主持人：依此划名，你有什么样的感受？（珍惜眼前人，不要因为一句话，一个小误会而失去友谊。）

主持人：生活是一面镜子。当你面带友善走向镜子时，你会发现，镜中那个人也整满怀善意的向你微笑。

支持人：当你以粗暴的态度面对他时，你会发现，镜中那个人也正向你挥舞拳头。人生在世，请拥有一颗有爱之心，保留一份友善之情吧。

六、传递友善，延续提升

班主任：同学们，友善是希望，它表明一个人胸怀的宽广，友善是光明与和平的使者，友善，是一个人更好额融入社会的前提。通过我们今天的班会，相信大家也收获颇丰，希望大家也能在未来日子里，写出对自己的承诺，装在时间翁里，六年级后，我们一起来打开，一起见证我们的诺言。让我们珍惜友谊，和睦相处，尽最大努力，建设和谐班集体，这就是友善的魅力。师生齐唱《孝和中国》。

【活动说明】三四年级的小学生是形成自信心的关键期。他们在接受别人的评价中能发现自身的价值，产生兴奋感、自豪感，对自己充满信心；有的还表现出强烈的自我确定、自我主张，对自己评价偏高，甚至有时"目空一切"，容易导致自负的心理。因此，这个年龄段的孩子，比较自我为中心，班集体的意识薄弱，同学之前缺乏包容，不能友善相处。基于以上对三四年级孩子的分析，我设计了本节班会，意在提高同学们的集体意识，使同学们能够珍惜友谊，体会友善的魅力。

【活动延伸】通过时间翁这个环节，同学们写下对自己的承诺，希望大家也能在未来日子里，写出对自己的承诺，装在在时间翁里，六年级后，我们一起来打开，一起见证我们的诺言。让我们珍惜友谊，和睦相处，尽最大努力，建设和谐班集体，这就是友善的魅力。

七、效果反思

通过这节班会，大部分学生知道友善的含义，掌握了与人交往的方法。能够正确认识班集体的现状，愿意友好往来，共建和谐班集体。在过程中虽提到了些方法，需要长期的过程，需后续开展活动，结合本校的星级少年评选机制，吉利同学，践行班级口号，尽最大努力，做最好自己。

耕耘结硕果，奉献获真情

邢晨曦

爱——是人类最美好的语言，爱——会产生巨大的能量，爱的满足会使一个个小生命蓬勃生长，生机盎然。

初为人师的我，每天与学生朝夕相处，与其说是教学生不如说是与他们共同成长。我与学生之间每天都会发生一些小事是让人深思、让人回味、让人感动的，这个学期刚开学就有这么一件小事。

一、目标

结合小学生的身心发展特点，利用灵活多样的教学和训练，调节小学生的心理机能，开发其心理潜能，让学生懂得自我心理保健，保持良好的心理状态和具有较强的社会适应能力，促使其人格健全发展和心理素质全面提高。

二、理论依据

这整个学习需要坚持很长时间，每一步骤又需精心地再细分为若干小步骤，每一小步骤都有自己的小目标；这些小目标都为最终的目标服务，是逼近和达到最终目标所必需的。人类具有比动物高得多的学习能力。就人类的学习能力来说，许多新行为甚至无须通过复杂的行为塑造过程即可直接掌握。然而具有高度的学习能力不等于就一定能掌握新的行为型式。关于人类学习的许多研究表明，学习的效果是受许多因素影响的。例如，动机便是一个很重要的因素。即使一个人具有学习能力和适当的动机，也不是想学什么就能学会什么。掌握新的行为型式还需要一定的客观条件，何况人的许多新行为型式的建立往往意味着必须破除旧有的、习惯的行为型式。一个人的习惯行为，作为他的生活方式或风格的一个组成部分，是在长期的生活中逐渐形成的，因此，不良的习惯行为是不易一下子消除

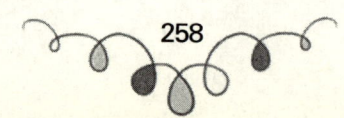

的；新的健康的行为型式也不可能在一夜之间便形成；更不可能一经出现便巩固下来、成为个体生活风格的一部分。

三、问题的学生情况

褚某某同学，是我们班唯一的一个随班就读的学生，他性格孤僻，不爱与人交往，心理压抑，每天不爱说话，不爱学习，不爱交流，整天就是趴在桌子上。无所事事。他基础比较差，数学10以内的加减法仍存在问题，语文拼音不会，基本常用的字写起来也很困难，不会写出一句完整的话来，针对这种情况，该学生一定存在心理问题，我要帮他走出阴影。

四、问题分析、采取的措施

就这种情况，我很担心孩子的发展问题，我坚持每天和他进行交流，每天课间我都和他进行沟通，开始他从来不理我，后来慢慢和我开始交流，交流的特别少，有时对我一直端详。因此我制定了一些计划，让孩子感觉我和他特别友好。慢慢他越来越喜欢喝我沟通了，因为他家里是单亲，所以每天缺少关注、关爱，因此变得孤僻。我动员全体学生喜欢每天和他进行友好交流，他慢慢有些好转。

用心去浇灌他，感动他，让他学会学知识，学会交流。即使是随班就读的学生也应该有一定的知识量，不然到社会上会很麻烦，因此，我对他也有了一些要求，给他找一、二年级的语文书和数学书，每天学习一点，每天上课都要抄写2课的生字，交给我检查，并给予奖励，第一次，天舒特别不理解我，很讨厌我，总是和我闹脾气，把我说的话当做耳旁风，我也很生气，我留的作业，他还不按要求做，也不写就是在自己的位子上玩，我真的很为他着急担心，每天没有收获的上学来，后来我就想了一个办法，我想：每个孩子都有他的闪光点，都有值得我们感动和惊讶的一面，只是作为教师的我们总是喜欢凭自己的喜好和学生的表现，给他们加上一个一成不变的框框，开启着大小不同的凯旋门，给予他们的只是片面的，不公平的评价，最后留下的只有遗憾。作为老师的我对学生的关注与爱应该是平等的，应该学会激励每一个孩子，为他们搭一个合适的，使他们快乐的"凯旋门"，让他们走好人生的每一步，至少让他们有一个好的开始。

在我的精心的鼓励下，该同学对我的态度改变了，有什么事情也愿意跟我说了，我用心跟他沟通，他完全的信任了我，开始知道我是对他好的，赢得了他的信任，我就开始计划怎么帮他学习一些生活中基本的知识和常识，每次都按要求完成我布置的作业，每次我都会鼓励他，给他一些小奖品，让他对学习产生了兴趣，就这样天舒，一天一天的进步着，我从中感到非常高兴，天舒的识字量也在大大地增加，每个周末还可以给我写一些悄悄话用周记的形式，我们的师生友谊也飞速地发展着。

五、措施实施的效果及反思

现在，我们班的天舒已经能够正确写个小作文了，每周都特别主动地向我交他写的周记，每次我也都会特别认真地给他写些评语，让他再接再厉，努力学习，坚持不懈，多学知识。希望他将来能够在社会上能够独立。

平时，锻炼天舒与人沟通的能力，让他主动帮老是发作业本，帮同学干一些事情，这样使他不在孤僻，也增进了同学之间的友好关系。

现在的天舒，不再沉默、不再懒惰、不再堕落，而是对自己充满信心，充满希望，对自己的将来努力地学习着。

面对眼前同样充满好奇和天真的孩子们，要珍惜，更要努力让每一个孩子的心中充满阳光，让每一个孩子在爱的抚慰下快乐成长。孩子的心灵是纯洁而美丽的，如水晶；孩子的心灵是脆弱而易碎，如玻璃。作为教师不但要欣赏着他们水晶般的心灵，而且更要保护着他们玻璃一样易碎的自尊辛勤耕耘结硕果，爱心奉献获真情。教师真挚、深厚的情感可以发出强大的爱流，有利于传导，教师把心里的情感用语言、行为表达出来，师生间通过精神的交流，达到思想感情上的联系和信赖，教师真挚的情感在学生的情绪上就会产生共鸣。我会全身心的地爱孩子，用爱撑起一片蓝天，驱逐孩子心头的阴霾，让每张笑脸在阳光下灿烂。

我相信自己，也有信心，正如这样一句话："把每一件简单的事做好就是不简单，把每一件平凡的事做棒就是不平凡。"

知人者智　自知者明

兴艳云

一、案例主题

教育者面对的是一些身心未成熟、能力兴趣各异的学生，每天面对的情境也大不相同，因此，衍生而来的问题常常具有复杂性和突发性。如何应对这些突发、复杂的情况？如何及时化解一触即发的冲突？需要教育者保持开放的心态，既有知人之智，又有自知之明。

二、案例描述

这两天有总有学生告诉我说我们班的刘某和王某老在一起，连午饭时也总凑在一起嘀嘀咕咕的，老师提醒他们，他们也不听。这天中午，我专门到教室看看，果然见到他俩端着饭盆儿在教室的角落里窃窃私语，看见我后，赶紧回到了自己的座位上了。我看到他们如此慌张，便说："吃饭时间，要注意保持安静，这样对身体有好处。"

刘某是从外地转来的一名学生，父母离异，和爸爸、奶奶一起生活。但因爸爸又组建了新的家庭，于是刘某平时就和奶奶一起生活。虽然他的基础不太好，自我管理的能力也不够强，但他的自尊心强，不甘人后，因而思想、学习一直在进步，开学以来学习成绩更是直线上升。王某则是典型的城市男孩儿，品学兼优，是班干部，学习成绩一直名列前茅，平时是个爱说爱笑的男孩儿，虽然上次考试他的成绩出现退步，但我认为仍属正常情况。这个学期突然发现他俩走得特别近，为此，我曾和他们交换了一下看法，他们对我的意见均表示接受，并保证注意自己在班上的言行。谁知才过一个多月，他们又开始在班中表现得格格不入了，似乎还有过之的趋势。这该怎么办呢？

上管理班时，我把刘某叫出了教室。交谈中，我不经意地说了一句：

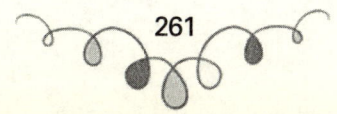

"全班那么多同学，你老找王某干吗？"谁知刘某的反应令我吃惊。他瞪大眼睛，拧紧眉头，着急地说："您凭什么断定是我老找他？我才不——"刘某把后面的话吞了回去。看到他的这一举动，我马上意识到自己犯了错误。是呀，自己凭什么这么说呢？因为他学习不如他好？因为他是外地转来的？成见、偏见这么容易、也这么不自觉地影响着自己——想到此，我毫不犹豫地向刘某道了歉，并真诚地表达了自己对他们的关心。结果，我得到了刘某的谅解，同时也了解到了真实的情况。

王某其实是个敏感脆弱、依赖性强的孩子，只是由于他平时嘻嘻哈哈，学习成绩好，我便忽略了他的这一特质。上次月考成绩出来后，王某一直情绪低落，父母对他很不满意，也不听他的解释。他想求助于老师，可看到我太忙也没好意思开口。内心的烦恼无法排遣，他只好又去找刘某了。可是，无论刘某怎样劝导，他对自己的学习仍无信心，刘某也不知如何是好。

原来是这样。自己的粗心和主观不仅委屈了学生，还动摇了自己与学生互信的基础啊！我马上表扬了刘某，肯定他在同学需要帮助的时候，伸出了援助之手。然后我又找到了王某进行了深入的交谈，帮助他分析了自己的现状，教他客观地认识自我并把这种认识运用到调整自身的过程中，还特别告诉他，有问题随时来找老师，老师很高兴能与他进行交流。过后，我又与王某的父母在电话中进行了沟通，希望他们对王某少一点责备，多一点鼓励，并得到了他们的支持。事情妥善地处理了，可是我仍在思考。

三、案例反思

每个教育者与学生经过一段时间的相处后，都会在心底对每一个学生形成一定的印象、看法和期待，这种看法往往是主观的，并在一定程度上是定型化了的，如果教师盲目相信自己的这种看法，并将之绝对化，就很容易形成偏见或成见。而这种偏见或成见又常常会成为指导自身态度和行为的主要依据。我对两个学生的行为表现不满意，没有仔细探究其原因，而是想当然的进行推测，这一惯性思维差点儿给这次教育活动打上了死结。可见，教育的成败往往在教育者的一念之间。要避免情绪蒙蔽理性，

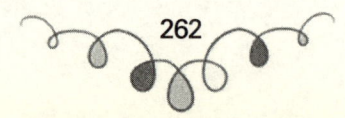

认识偏差导致处置不当，就需要教育者具有敏锐的洞察力，这既包括"知生"，还包括"明己"。"知生"是要了解学生各方面的情况，特别是与"问题"有关的情况，将心比心，设身处地的了解学生的感受，倾听学生的心声，接纳学生，与学生建立起相互信任的关系，以形成无障碍沟通，这是教育者能"对症下药"，获得较佳"疗效"的前提。

开启学生"心锁"的过程，实际上是师生互动的过程。由于问题情境的复杂性和紧迫性使得许多教育决定是在十分矛盾的情况下做出达到一种"无奈"选择，这就使得教育者的"明己"显得尤为重要。就是说，教育者必须能够敏锐、及时、准确地察知自己教育决策的错误，并敢于正视它，进而修改自己的认识，校正自己的态度，调整教育的方法。我正是在师生的"冲突"发生的第一时间意识到了自己的失误，及时地检讨、纠正了自己的认识，并果断地作出了新决定，才避免了严重的后果。

由此可见，面对错综复杂的教育情境与教育因素，我们也许不可能不犯错误，但我们至少要少犯错误，而且不能让自己迷失在这些错误里。关键在于两点：一是对自身人格特点有清醒的认识，这是扬己之长，避己之短的前提。二是要永远把学生的幸福当作最优先考虑的因素，以此来检讨我们的教育决定，重新界定我们所面临的问题情境，摆脱教条，从而把潜在的"危险"转化为"具有教育意义与价值的学习机会"。

我们的低碳生活——主题班会设计

张彦丽

一、主题

主题班会的教育全题是：低碳生活，节能减排，从我做起。

主题班会的活动主题是：我们的低碳生活。

二、活动背景

"低碳生活"虽然是个新概念，提出的却是世界可持续发

展的老问题，它反映了人类因气候变化而对未来产生的担忧，世界对此问题的共识日益增多。全球变暖等气候问题致使人类不得不考量目前的生态环境。人类意识到生产和消费过程中出现的过量碳排放是形成气候问题的重要因素之一，因而要减少碳排放就要相应优化和约束某些消费和生产活动。我们普通人民更要从身边小事做起。

我们学生接受的环保教育从一年级就开始了，大家懂得节水、节电，懂得保护环境，懂得环保回收活动的重要意义，并积极参与。但是，"低碳生活"这个名词我们并不熟悉，尽管我们正在或多或少的做着节能减排的事情。因此，召开本次班会《我们的低碳生活》，就是让我们的孩子了解"什么叫做低碳生活？为什么要提倡低碳生活？怎样做才是低碳生活？我们小学生应该怎样做？等等。"让孩子明理，并践行，把环保的理念，把节能减排的倡议带到家庭，带到社区，为保护地球环境做出自己的贡献。

三、活动目的

（1）通过本次活动，使学生了解低碳生活，以及如何做才是真正的节能减排，把"低碳"当成一种生活习惯，养成自然而然的去节约身边各种资源的习惯。

（2）在收集资料的过程中，树立生态环境的善恶观，在生活中自觉做到节能减排，感受到低碳生活的重要性和可行性。

（3）通过开展"我的低碳生活"的活动，呼唤每一个人自觉投入到节能减排的环保活动中，并为身边的人做榜样。

四、活动地点和准备

本次活动的地点是：本班教室。

活动准备如下：

（1）利用报纸、电视、网络、调查问卷等各种途径收集节能减排、低碳生活的相关资料，增长环保知识。

（2）在家庭、学校、社会中发现低碳生活好方法，并进行节能减排的宣传活动。

（3）剪辑影片、配乐，学生准备展板。

（4）排演小品、相声等节目，准备汇报。

五、活动过程

（一）回顾环保活动，引出"低碳"

【设计意图】通过回顾环保活动，使学生理解低碳生活就是环保，节能。

出示环保活动的部分影像（包括回收、节水、节电、环保班会等剪辑），指出我们的环保活动带来的收益，对生活的影响，明确环保活动就是节能减排，引出"低碳"这一名词。

宣布：《我们的低碳生活》主题班会现在开始。

（二）交流所查资料，理解"低碳"

【设计意图】通过前一段的收集资料，学生已经对低碳有了了解，通

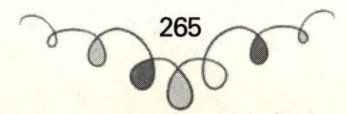

过交流使学生理解什么是低碳生活。

1. 了解低碳的概念

（1）出示调查问卷结果。

有多少人知道低碳？了解低碳生活？大家怎样看低碳生活？

【学生问卷】

①觉得气候和环境问题已经影响到生活的有20人。

②了解"低碳生活"的有27人。

③从网络、报纸、电视等媒体宣传过低碳生活的有31人，环保志愿者宣传的有1人。

④认为减少二氧化碳排放量与自己有关系的有28人，采取行动的有18人。

⑤进行宣传的有10人。

⑥主动去做？以步代车有26人，少用或不用一次性筷子有28人，以环保袋代替塑料袋有29人。

⑦从吃穿住行等方面减少碳排量：服装方面有16人；天然气更环保有32人；知道在汽车后备厢放杂物会增加二氧化碳排放量的有16人；知道少吃肉可以减碳的有16人。

⑧大多数认为可以在家庭用电、家庭用暖、交通工具的选择、采购环保的家庭用品等方面采取行动实现低碳生活。

【家长问卷】

①对低碳生活了解和听说过的有31人。

②认为气候和环境问题已经影响到自己生活的有31人。

③从网络、报纸、电视等媒体了解低碳生活的有31人，有1人从朋友处了解。

④知道倡导低碳生活能缓解环境的压力的有32人。

⑤认为减少二氧化碳排放量与自己有关系的有32人，采取行动的有18人，没采取行动的有7人，主动宣传的有10人。

⑥主动去做以步代车有23人；以节能灯代替白炽灯30人；不用电脑

时选择关机 31 人；少用或不用一次性筷子 32 人；以环保袋代替塑料袋 30 人。

⑦从吃穿住行等方面减少碳排量：服装方面有 21 人；天然气更环保 30 人；知道在汽车后备厢放杂物会增加二氧化碳排放量的有 21 人；知道少吃肉可以减碳的有 17 人。

⑧觉得低碳时代的来临会影响自己生活的有 29 人。

（2）相声：我要低碳富氧。

（3）韦博士大讲堂。

明确：低碳，是指较低或更低的温室气体（二氧化碳为主）排放。"节能就是最大的减碳。"减碳是每个人的责任，从衣、食、住、用、行都可体现低碳生活。

2. 新闻报道（央视 CCTV4 视频）：关于两会与低碳生活、哥本哈根气候大会等

3. 大家都做了哪些了解，互相交流。（学生发言：全球熄灯一小时活动等。）

（三）关注平常生活，做到"低碳"

【设计意图】在本环节一是对学生部分活动的总结，也是对活动的深入认识。

1. 校园低碳生活

快板：我的快乐周（学生在快板中汇报自己在一周的学校生活中环保活动。）

导语：低碳生活就是返璞归真地去进行人与自然的活动，在家庭生活中处处能做到节能减排，也就是低碳生活。

那可怎么做呀？

节电、节气和回收再利用三个环节来改变生活细节，养成低碳的良好生活习惯：倡导低碳，呵护地球。

2. 家庭低碳生活

（1）小品（穿插视频剪辑）汇报在家的低碳生活。

淘米水，再利用，洗手自然又滋润；废旧报纸垫衣橱，吸潮还能吸异味；面膜纸，不要扔，它的作用可不小，擦首饰，擦家具，不仅光亮还留香气；茶叶渣，要晒干，茶叶枕头促睡眠。出门购物，自带袋，又环保来又省钱；出门自带喝水杯，一次性筷子省下来；随时随手关电源，避免浪费多用电；节能减排我先行，少用空调多扇扇；跑步机，练身体，可不如户外好空气；节能灯替换大灯泡；节能可是不老少；小汽车，真方便，节能减排大祸患，平时多骑自行车，低碳生活随时办。

（2）学生、家长代表发言（结合家庭减排小妙招等谈感受和做法等）。

3. 社区宣传活动

（视频：学生自发到校园周边、社区内进行宣传）

【宣传单A】

你也算一算。

少搭乘1次电梯，就减少0.218kg的碳排放

少开冷气1小时，就减少0.621kg的碳排放

少吹电扇1小时，就减少0.045kg的碳排放

少看电视1小时，就减少0.096kg的碳排放

少用灯泡1小时，就减少0.041kg的碳排放

少开车1公里，就减少0.22kg的碳排放

少吃1次快餐，就减少0.48kg的碳排放

少烧1kg纸钱，就减少1.46kg的碳排放

少丢1kg垃圾，就减少2.06kg的碳排放

少吃1kg牛肉，就减少13kg的碳排放

省一度电，就减少0.638kg的碳排放

省一度水，就减少0.194kg的碳排放

省一度天然气，就减少2.1kg的碳排放

如果一天做到每一项，那么我们可以每天减少21.173kg的碳排放量

如果全中国每一人每一天都能做到每一项，那么我们每天可以减少29 642 200 000kg的碳排放量吨

如果全世界每一人每一天都能做到每一项，那么我们每天可以减少

1 058 650 000 000kg的碳排放量

【花店宣传单】

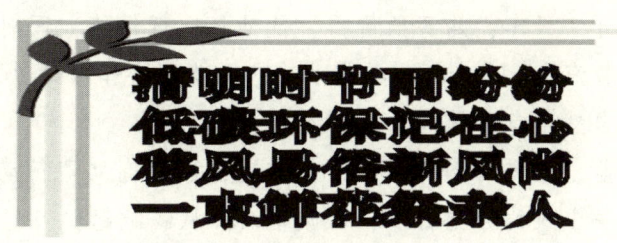

图1 花店宣传单图

(四)总结活动过程，畅谈"低碳"

(1) 学生谈感受。

(2) 班主任老师总结。

(3) 倡议书：

亲爱的同学们：

如果说保护环境，保护动物，节约能源这些环保理念已成行为准则，低碳生活则更是我们急需建立的绿色生活方式。因此我们倡议：

(1) 做"节能减碳"的宣传者。

结合自身实际开展学习，争做校园节能减碳的学习者，并把好的经验与建议推广给自己的同学以及身边的人。把在校园中学习到的好点子、好方法带到家庭和社会中，争做节能减碳的宣传者。

(2) 做"低碳生活"的实践者。

①少买不必要的衣服。

②购买简单包装的商品，用布袋代替塑料袋，少用一次性制品。

③不用洗衣机甩干衣服，让其自然晾干。

④减少喝瓶装水和饮料。

⑤改用节水型淋浴喷头。

⑥使用节能电器，电器使用后完全关闭电源。适度使用空调（夏季不低于26℃）；

⑦尽量少用电梯。

⑧重复使用纸张，双面打印，多发电子贺卡、电子邮件，保护森林，多用 MSN、QQ 等通信工具。

⑨每月少开一天车，购买低价格、低油耗、低污染，同时安全系数不断提高的小排量汽车。多步行或骑自行车，乘坐公交车或地铁。

⑩亲近大自然，参加植树造林活动。

为了天更蓝、水更清、地更绿、人更美，让我们立即行动起来，把节能减碳变成每一个人的自觉行动，低碳生活，从我做起！

酒仙桥中心小学
2015.3.8

宣布：《我们的低碳生活》主题班会到此结束。

六、活动延伸

（1）在家中进行低碳生活记录，时时处处做到低碳生活；

（2）查阅资料，了解"阳光经济""风能经济""生物质能经济"等低碳经济，开阔视野；

（3）关注新闻报道：让"低碳"借走近百姓生活，关注低碳生活理念。